Grund- und Aufbauwortschatz

Englisch

8 000 Wörter zu über 100 Themen

Hans G. Hoffmann
Marion Hoffmann

Hueber Verlag

Wenn Sie Fragen zum englischen Sprachgebrauch oder Kommentare zum Inhalt dieses Buches haben, besuchen Sie uns doch auf unserer Website *www.englishmaster.de*
Dort finden Sie auch Informationen zu Grammatik, Wortschatz, Sprachgebrauch und Landeskunde sowie Übungen und Hinweise auf nützliche Lernhilfen.

Hans G. Hoffmann, Marion Hoffmann

| 4. | 3. | 2. | | Die letzten Ziffern |
| 2021 | 20 | 19 | 18 | 17 | bezeichnen Zahl und Jahr des Druckes. |

Alle Drucke dieser Auflage können, da unverändert, nebeneinander benutzt werden.
1. Auflage
© 2014 Hueber Verlag GmbH & Co. KG, München, Deutschland
Die farbig unterlegten, hoch frequenten Wörter sind dem Macmillan English Dictionary entnommen. Das Macmillan English Dictionary ist bei Macmillan Publishers Limited erschienen; © Macmillan Publishers Limited 2007 (www.macmillandictionary.com)
Umschlaggestaltung: creative partners gmbh, München
Fotogestaltung Cover: wentzlaff | pfaff | güldenpfennig kommunikation gmbh, München
Coverfoto: © Matton Images/Stockbyte
Redaktion: Valerio Vial, München
Layout und Satz: Kerstin Rieger, München
Druck und Bindung: Friedrich Pustet GmbH & Co. KG, Regensburg
Printed in Germany
ISBN 978–3–19–109520–8

Art. 530_14997_001_02

Einführung

Dieser *Grund- und Aufbauwortschatz Englisch* ist gedacht für die Nutzung in Schule, Volkshochschule, Beruf und Alltag sowie im Zusammenhang mit Reisen. Er besteht im Wesentlichen aus zwei Teilen:

1. Einem alphabetisch geordneten Allgemeinwortschatz der 500 häufigsten und wichtigsten Wörter.
50 bis 60 Prozent eines jeden beliebigen englischen Textes bestehen aus Wörtern, die in dieser Liste enthalten sind. Daher sollten Sie diese Wörter beherrschen. Sie sind das Gerippe der Sprache.
Ohne Wörter aus dieser Liste können Sie keinen englischen Text formulieren. Mit ihnen allein allerdings auch nicht, denn Sie wollen mit Ihrem Text ja etwas mitteilen; Ihr Text hat ein Thema.

2. Einem thematisch geordneten Wortschatz.
Zum Ausdrücken eines Themas benötigen Sie nämlich außer den Allgemeinwörtern der 500-Wörter-Liste auch noch Wörter aus einem engeren thematischen Bereich. 8 000 solcher alle wesentlichen Lebensbereiche erfassenden Wörter finden Sie nach Themen geordnet im Hauptteil des Buches.

Auch im thematischen Hauptteil des Buches stoßen Sie immer wieder auf Wörter aus der 500-Wörter-Liste, und zwar vor allem in den Anwendungsbeispielen. Nehmen Sie zum Beispiel auf Seite 104 den Satz *She's (= She has) given us a lot of homework.* (= Sie hat uns viel aufgegeben.) Von diesen acht Wörtern gehören sieben zum Allgemeinwortschatz; das achte allerdings (*homework*) ist ein thematisches Wort, das dem Satz erst seinen Sinn gibt. Es kommt aus dem Themenkapitel *Teaching and learning* und ließe sich durch viele Nomen aus anderen Kapiteln – je nach Aussageabsicht – ersetzen: *affection, freedom, kindness, material, motivation, optimism* usw. Mit der Fähigkeit, Allgemeinwortschatz und thematischen Wortschatz sinnvoll miteinander zu verknüpfen, wächst Ihr Ausdrucksvermögen.

8 000 Wörter sind eine Menge, könnten Sie sagen, und Sie hätten damit Recht! Wenn Sie im Laufe Ihres Englischlernens einen aktiv verfügbaren Kernwortschatz von ca. 2 000 Wörtern erwerben, sind Sie schon sehr gut. Neben dem aktiven hat jeder Sprachbenutzer aber auch einen passiven Wortschatz; dieser ist wesentlich größer und individuell verschieden.

Mit diesem *Grund- und Aufbauwortschatz Englisch* können Sie sich entsprechend Ihren thematischen Interessen Ihren persönlichen aktiven und passiven Englischwortschatz aufbauen – ein interessanter

Lernprozess, bei dem Sie die spaltenweise Anordnung des Materials, die farbige Kennzeichnung des wichtigsten Alltagswortschatzes, die vielen Infoboxen und die beiden umfassenden Register wirksam unterstützen.

Hinweise für den Gebrauch:

1. Einzelne benötigte Wörter finden Sie schnell über das deutsche oder englische Register. Aber die thematische Anordnung des Wortschatzes ermöglicht Ihnen natürlich auch systematisches Suchen und Lernen – ein wesentlicher Zweck dieses Buches.

2. Die über 150 farbig gekennzeichneten Infoboxen bieten Ihnen Listen thematisch zusammengehörigen Wortmaterials sowie Hinweise zu Übersetzungsproblemen, Sprachgebrauch, Grammatik, Landeskunde, Idiomatik und Aussprache.

3. Die farbig gekennzeichneten Wörter werden nach Angabe des Macmillan English Dictionary besonders häufig gebraucht und sollten darum vorrangig beachtet und gelernt werden.

4. Auf Unterschiede zwischen britischem (BE) und amerikanischem (AE) Vokabular wird konsequent hingewiesen. Schreibweise und Ausspracheangabe entsprechen dem britischen Sprachgebrauch.

Wie prägen Sie sich neuen Wortschatz ein?

Für das Vokabellernen gibt es viele individuelle Methoden, unter denen die folgenden am häufigsten praktiziert werden:

- ☐ Sie lernen den spaltenweise angeordneten Wortschatz nach Möglichkeit laut, erst links – rechts und dann rechts – links.

- ☐ Sie testen sich, indem Sie zunächst die deutsche Entsprechung des englischen Eintrags abdecken, die deutsche Übersetzung aus dem Gedächtnis sprechen und dann das Blatt nach unten schieben, um die Übersetzung zur Überprüfung sichtbar zu machen.

- ☐ Später verfahren Sie entsprechend mit der englischen Spalte.

- ☐ Nehmen Sie sich nie einen zu langen Abschnitt vor! Mehr als acht Einträge sollten Sie nicht auf einmal lernen.

- ☐ Begrenzen Sie Ihre Lernsitzungen. Jeden Tag eine Viertelstunde ist besser als einmal die Woche zwei Stunden üben.

Was machen Sie mit „hartnäckigen Verweigerern", d. h. Wörtern oder Wortfolgen, die Sie sich nicht merken können?
Schreiben Sie sie auf Zettel im Format DIN A7 – das Englische auf die eine Seite, das Deutsche auf die andere. Legen Sie die Zettel an auffälliger Stelle in Ihrer Wohnung aus oder tragen Sie sie bei sich, damit Sie immer wieder einmal üben oder sich testen können.

Inhaltsverzeichnis

Der wichtigste Allgemeinwortschatz

Die folgenden besonders häufig gebrauchten Wörter sind thematisch neutral und kommen daher nur beiläufig in den Themenkapiteln vor.

a(n) ein(e)
able imstande
about ungefähr; etwa
about: talk about sth. über etw. reden
above (dar)über; oberhalb
across über
actually an sich; eigentlich
after nach; nachdem
again wieder
against gegen
ago: ten years ago vor zehn Jahren
agree der gleichen Meinung sein
air Luft
all all(e); alles
allow erlauben
almost fast; beinahe
along entlang
already schon
also auch
although obwohl
always immer
among (friends etc.) unter (Freunden etc.)
and (so on) und (so weiter)
animal Tier
another noch ein(e)
answer antworten; Antwort
any irgendwelch
any: not any kein
anyone (irgend)jemand
anyone: not anyone niemand
anything (irgend)etwas
anyway sowieso; jedenfalls
appear erscheinen
area Gebiet
argue argumentieren; sich streiten
around herum; umher
as (big) as so (groß) wie

as if als ob
as well as sowie
ask fragen
ask for bitten um
at (the door) an (der Tür)
at least mindestens
at: not (good) at all überhaupt nicht (gut)
away weg
back zurück; Rückseite; Rücken
bad schlecht; schlimm
be sein; werden
be to sollen
because weil
because of wegen
become werden
before vor; bevor; vorher
begin anfangen
behind hinter
believe glauben
better besser
between zwischen
big groß
bit bisschen
body Körper
book Buch
both beide
boy Junge
break brechen; kaputtmachen
bring bringen
build bauen
building Gebäude
business Geschäft(sleben)
but aber; sondern
buy kaufen
by (car) mit (dem Auto)
by (Shaw) von (Shaw)
by: (finish) by (5 o'clock) bis (5 Uhr fertig sein)

call rufen; anrufen	door Tür
can kann	down (he)runter; hinunter
cannot / can't kann nicht	drive fahren; treiben
car Auto	during während
carry tragen	each jede(r, s) (einzelne)
case Fall	each other einander; sich
catch fangen; erwischen	early früh
cause Ursache; verursachen	easy leicht; einfach
centre Zentrum	eat essen
century Jahrhundert	either ... or entweder ... oder
certain(ly) gewiss; bestimmt	else sonst
chance Chance; Möglichkeit	else: (sb.) else (jem.) anders
change ändern; (Ver-)Änderung	end Ende; enden
child [aɪ] – children [ɪ] Kind – Kinder	enough genug
choose (aus)wählen	enter betreten; eintreten
church Kirche	especially besonders
city Stadt	even sogar
class Klasse	evening Abend
clear klar	event Ereignis
colour Farbe	ever je(mals)
come kommen	every jede(r, s)
company Gesellschaft	everyone jeder(mann); alle
condition Bedingung; Zustand	everything alles
consider erwägen; halten für	example Beispiel
cost [ɔ] kosten; Kosten	expect erwarten
could könnte; konnte	explain erklären
country Land	eye Auge
cut schneiden	face Gesicht
date Datum; Verabredung	fact Tatsache
day Tag	fail scheitern
dead tot	fall fallen
death (der) Tod	family Familie
decide entscheiden; beschließen	far weit
decision Entscheidung; Entschluss	father Vater
describe beschreiben	feel (sich) fühlen
die sterben	few wenige
difference Unterschied	few: a few ein paar
different verschieden	field Feld; Gebiet
difficult schwierig	fight kämpfen; Kampf
difficulty Schwierigkeit	finally schließlich
discuss diskutieren	find finden
do tun; machen	fine schön
doctor Arzt, Ärztin	finish beenden; fertig sein (mit)
dog Hund	fire Feuer; Brand

first   erste; zuerst
floor   (Fuß-)Boden; Stock(werk)
follow(ing)   folgen(d)
food   Essen; Nahrung; Futter
foot   Fuß
for   für
for (two years)   zwei Jahre lang;
   seit zwei Jahren
foreign   ausländisch
forget   vergessen
free   frei; kostenlos
friend   Freund(in)
from (Italy)   aus (Italien)
from ... to   von ... bis
full   voll
further   weiter
future   Zukunft
game   Spiel
garden   Garten
get   bekommen; kommen; werden
girl   Mädchen
give   geben
glass   Glas
go   gehen; fahren
good   gut
government   Regierung
great   groß(artig)
group   Gruppe
grow (up)   (auf)wachsen
hair   Haar(e)
half   halb
hand   Hand
happen   geschehen; passieren
happy   glücklich
hard   hart; (*Aufgabe*) schwer
have   haben
have (got) to   müssen
he   er
head   Kopf
health   Gesundheit
hear   hören
heart   Herz
help   helfen; Hilfe
her   sie; ihr

here   hier
high   hoch
him   ihn; ihm
his   sein
hold   (ab)halten
home   Heim; Wohnung; Haus
home: at home   zu Hause
hope   hoffen; Hoffnung
hospital   Krankenhaus
hotel   Hotel
hour   Stunde
house   Haus
how   wie
however   jedoch
I   ich
idea   Idee
if   wenn; falls; ob
important   wichtig
in   in
including   einschließlich
indeed   wirklich; tatsächlich
information   Information(en)
interest   Interesse
international   international
into   in (hinein)
it   es; er; sie; ihn
its   sein; ihr
job   Arbeit; Job
join   beitreten; sich anschließen
just   gerade; genau; einfach; nur
keep   halten; behalten
kill   töten
kind   Art
know   wissen; kennen
land   Land
language   Sprache
large   groß
last   letzte(r, s)
late   spät
law   Recht; Gesetz
lead   führen
learn   lernen
leave   (ver)lassen
less   weniger

let lassen
letter Brief
lie liegen
life (das) Leben
light Licht
like wie; mögen; gern haben
line Linie; Zeile
little klein; wenig
live leben; wohnen
long lang(e)
look schauen; Blick
lose [lu:z] verlieren
lot: a lot of viel(e)
love lieben; Liebe
low niedrig
main Haupt-
make machen
man Mann
many viele
market Markt
matter Sache
may darf; mag; kann
me mich; mir
mean meinen
meet (sich) treffen; kennen lernen
meeting Sitzung; Begegnung
member Mitglied
might könnte (vielleicht)
mind Kopf; Geist; Gedanken
minute Minute
money Geld
month Monat
more mehr
morning Morgen
most (die) meisten; höchst
mother Mutter
move (sich) bewegen
much viel
music (die) Musik
must muss
must not darf nicht
my mein
name Name
national national

nature (die) Natur
near in der Nähe von
necessary notwendig; nötig
need brauchen; Notwendigkeit
never nie(mals)
new neu
next nächste(r, s)
nice nett; hübsch
night Nacht; Abend
no nein; kein
no one niemand
not nicht
not anything nichts
nothing nichts
now jetzt
number Zahl; Anzahl
of von
of course selbstverständlich
off weg; aus(geschaltet)
office Büro; Amt
often oft
old alt
on auf
on (the first of May) am (1. Mai)
once einmal
one ein(s)
one: a good one ein(e) gute(r)
only nur
open (er)öffnen; offen
or oder
order Ordnung
order: in order to um zu
other andere
our unser
out hinaus; (he)raus
over (her/hin)über
own eigen
paper Papier; Zeitung
part Teil
party Partei; Party
pay (be)zahlen
people Leute; Menschen
perhaps vielleicht
person Person; Mensch

picture Bild
piece Stück
place Ort
plan Plan; planen
play spielen
please bitte
point Punkt
police Polizei
political politisch
poor arm
possible möglich
pound Pfund
power Macht
president Präsident(in)
price Preis
probably wahrscheinlich
problem Problem
produce herstellen
product Produkt
program(me) Programm
public öffentlich
put stellen; legen; setzen
question Frage
quick(ly) schnell
quite (right) ganz (richtig)
raise erhöhen
rather ziemlich
reach erreichen
read lesen
real(ly) wirklich
reason Grund
reduce reduzieren
relationship Beziehung
remain bleiben
remember sich erinnern (an)
report Bericht; berichten
rest Ruhe; ruhen; Rest
right richtig; rechte(r, s)
rise (an)steigen
road Straße
room Zimmer
round rund; (rund)herum
rule Regel
run rennen; laufen

sale Verkauf
same selbe
say sagen
school Schule
sea: the sea die See
see sehen
seem scheinen
sell verkaufen
send schicken
several mehrere
shall soll
she sie
shop Laden
short kurz
should sollte; müsste
show Show; zeigen
side Seite
similar ähnlich
simple einfach
since (May) seit (Mai)
sit sitzen
size Größe
small klein
so so; sodass; damit
social sozial
some einige; etwas
someone jemand
something etwas
sometimes manchmal
son Sohn
soon bald
sorry! Entschuldigung!
sort Art; Sorte
speak sprechen
special besondere(r, s)
spend ausgeben; verbringen
stand stehen
start anfangen
station Bahnhof
stay bleiben
step Schritt
still (immer) noch
stop (an)halten
story Geschichte

street Straße
strong stark
student Studierende(r)
study studieren; lernen
such solch(e, er, es)
such as wie (zum Beispiel)
suggest vorschlagen
sure sicher
table Tisch
take nehmen; bringen
talk reden; Gespräch
teacher Lehrer(in)
tell sagen; erzählen
than: bigger than größer als
thank you danke
that dass; das; diese(r, s)
the der; die; das
their ihr
them sie; ihnen
then dann
there dort
they sie
thing Ding; Sache
think denken
this dies(e, er ,es)
though obwohl
through durch
time Zeit
to zu; nach
today heute
together zusammen
too zu (sehr); auch
town Stadt
true wahr
try versuchen
turn drehen
under unter
understand verstehen
union Union
until bis
up hinauf; rauf
us uns
use [juːs] Gebrauch; Nutzen
use [juːz] gebrauchen; benutzen

used to pflegte zu
usually meistens
very (much) sehr
wait warten
walk (zu Fuß) gehen
want (to) wollen
war Krieg
watch beobachten
water Wasser
way Weg; Art und Weise
we wir
week Woche
well gut
what was
when wann; wenn
where wo(hin)
whether ob
which welche(r, s)
while während
who wer; der / die / das
whole ganz
whose wessen; dessen / deren
why warum
wife (Ehe-)Frau
will wird
win gewinnen
wish wünschen
with mit
without ohne
woman Frau
word Wort
work arbeiten; Arbeit
world Welt
would würde
write schreiben
wrong falsch
year Jahr
yes ja
yesterday gestern
yet: not yet noch nicht
you du; Sie; ihr; dich; dir; Ihnen; euch
young jung
your dein; Ihr

1.1 Personal data
Angaben zur Person

name [neɪm]	**Name**
What's your name?	Wie heißt du / ist Ihr Name?
Her maiden name is Smith.	Ihr Mädchenname ist Smith.
first name / given name	**Vorname**
surname / *AE* **last name**	**Familienname; Nachname; Zuname**
middle name [mɪdl 'neɪm]	**mittlerer Name; zweiter Vorname**
George Bush's middle name is Walker.	George Bushs zweiter Vorname ist Walker.
nickname ['nɪkneɪm]	**Spitzname**
date of birth [bɜːθ]	**Geburtsdatum**
She was born on the sixth of May / on May (the) sixth, nineteen sixty-two.	Sie ist am sechsten Mai neunzehnhundertzweiundsechzig / am 6. Mai 1962 geboren.
When is / When's your **birthday**?	Wann hast du **Geburtstag**?
It's his birthday today.	Er hat heute Geburtstag.
She has a birthday next Monday.	Sie hat nächsten Montag Geburtstag.

 Vermeiden Sie die abgekürzte Form:
6/5/62 heißt *BE* 6. Mai, *AE* dagegen 5. Juni!

age [eɪdʒ]	**Alter**
What age are you?	Wie alt bist du / sind Sie?
place of birth [bɜːθ]	**Geburtsort**
place of residence ['rezɪdəns]	**Wohnort**
nationality [næʃə'næləti]	**Nationalität; Staatsangehörigkeit**
What nationality are you?	Welche Staatsangehörigkeit haben Sie?
marital status ['mærɪtl steɪtəs]	**Familienstand**
Married, single, or divorced?	Verheiratet, ledig oder geschieden?
sex: male [meɪl] – **female** ['fiːmeɪl]	**Geschlecht: männlich – weiblich**
height [haɪt] – **weight** [weɪt]	**Größe – Gewicht**
What height are you?	Wie groß sind Sie / bist du?
What weight are you?	Was wiegen Sie / wiegst du?
address [ə'dres]	**Adresse; Anschrift**
at this address	unter dieser Adresse
What's your e-mail address?	Wie ist deine E-Mail-Adresse?

1.2 Parts of the body
Körperteile

head [hed]	**Kopf**
from head to toe [təʊ]	von Kopf bis („Zeh") Fuß
brain [breɪn]	**Gehirn**
hair [heə]	**Haar; Haare**
I had my hair cut.	Ich ließ mir die Haare schneiden.
face [feɪs]	**Gesicht**
eye [aɪ]	**Auge**
She's blind [blaɪnd] in one eye.	Sie ist auf einem Auge blind.
nose [nəʊz]	**Nase**
mouth [maʊθ]	**Mund; Maul**
tooth [tu:θ] – **teeth** [ti:θ]	**Zahn – Zähne**
tongue [tʌŋ]	**Zunge**
lip [lɪp]	**Lippe**
ear [ɪə] – **eardrum** ['ɪədrʌm]	**Ohr – Trommelfell**
an infection of the middle ear	eine Mittelohrentzündung
neck [nek]	**Hals** (*von außen gesehen*)
He broke his neck.	Er brach sich das Genick.
throat [θrəʊt]	**Kehle; Hals** (*von innen gesehen*)
I've got a sore [sɔ:] throat.	Ich habe Halsschmerzen.
shoulder ['ʃəʊldə]	**Schulter**
He shrugged his shoulders.	Er zuckte mit den Achseln.
arm [ɑ:m]	**Arm**
She has broken her arm.	Sie hat sich den Arm gebrochen.
elbow ['elbəʊ]	**Ell(en)bogen**
hand [hænd]	**Hand**
He injured ['ɪndʒəd] his hand.	Er verletzte sich an der Hand.
finger ['fɪŋgə]	**Finger**
(finger)nail [('fɪŋgə)neɪl]	**(Finger-)Nagel**
leg [leg]	**Bein**
knee [ni:]	**Knie**
foot [fʊt] – **feet** [fi:t]	**Fuß – Füße**
chest [tʃest]	**Brust(korb)**
breast [brest] – **breasts**	**Brust – Brüste**
Breast milk is best for babies.	Muttermilch ist für Babys am besten.
rib [rɪb]	**Rippe**
heart [hɑ:t]	**Herz**
lung [lʌŋ] – **lungs**	**Lungenflügel – Lunge**
liver ['lɪvə]	**Leber**

kidney ['kɪdni]	**Niere**
stomach ['stʌmək]	**Magen; Bauch**
on an empty stomach	auf nüchternen Magen
abdomen ['æbdəmən]	**Unterleib**
the bowels ['baʊəlz] /	**der Darm**
the intestines [ɪn'testɪnz]	
have a bowel movement	Stuhlgang haben
faeces ['fi:si:z] – **stools** – **motions**	**Stuhl; Kot**
He's got blood [blʌd] in his faeces.	Er hat Blut im Stuhl.
buttocks (*Mit Pluralverb!*) ['bʌtəks]	**Gesäß; Hintern; Hinterteil**
anus ['eɪnəs]	**After; Anus**
urine ['jʊərɪn] – **urinate** ['jʊərɪneɪt]	**Urin / Harn – urinieren**
genitals ['dʒenɪtəlz]	**Genitalien; Geschlechtsteile**
vagina [və'dʒaɪnə]	**Vagina; Scheide**
penis ['pi:nɪs]	**Penis**

Euphemismen

Ein Euphemismus ist eine beschönigende, „verhüllende" Umschreibung für etwas, das man sich scheut direkt auszusprechen. Beispiele: *anus* ['eɪnəs]: *back passage* • *breast* [brest]: *bust / chest* • *buttocks*: *behind / bottom / seat* • *defecate* ['defəkeɪt] (= Kot ausscheiden): *have the bowels opened* • *faeces* ['fi:si:z] / *stools: motions* • *genitals* ['dʒenɪtəlz]: *private parts* • *penis* ['pi:nɪs]: *private part(s) / privates* • *urinate* ['jʊərɪneɪt]: *pass water* • *vagina* [və'dʒaɪnə]: *down below, front passage, private (part)* • *vomit* ['vɒmɪt] (= erbrechen): *be sick*

circulation [sɜ:kju'leɪʃn]	(der) **Kreislauf**
blood [blʌd]	**Blut**
blood donor ['blʌd dəʊnə]	Blutspender(in)
vein [veɪn] – **artery** ['ɑ:təri]	**Vene – Arterie**
varicose ['værɪkəʊs] veins	Krampfadern
skeleton ['skelətən]	**Skelett**
bone [bəʊn]	**Knochen**
joint [dʒɔɪnt]	**Gelenk**
swollen ['swəʊlən] joints	geschwollene Gelenke
skin [skɪn]	**Haut**
muscle ['mʌsl]	**Muskel**
nerve [nɜ:v]	**Nerv**
She has good / bad nerves.	Sie hat gute / schlechte Nerven.
He gets on my nerves.	Er geht mir auf die Nerven.
nervous ['nɜ:vəs]	**nervös; ängstlich; Nerven-**
She is a nervous type [taɪp].	Sie ist ein nervöser Typ.
a nervous breakdown	ein Nervenzusammenbruch

1

Human beings

1.3 Outward appearance
Äußere Erscheinung

tall [tɔːl] – **short** [ʃɔːt]	groß – klein (gewachsen)
slender ['slendə] / **slim** [slɪm]	schlank
thin [θɪn]	dünn
wiry ['waɪəri]	drahtig
the wiry figure of a runner	die drahtige Figur eines Läufers
skinny ['skɪni]	mager; dünn
lean [liːn] – **gaunt** [gɔːnt]	mager – ausgemergelt
a lean boy of seventeen	ein schmaler Siebzehnjähriger
haggard ['hægəd]	ausgezehrt; verhärmt; abgespannt
underweight [-weɪt] – **overweight**	untergewichtig – übergewichtig
plump [plʌmp]	rundlich; mollig; pummelig
stout [staʊt]	korpulent; beleibt; füllig
broad (-shouldered) [brɔːd'ʃəʊldəd]	breit(schultrig)
husky ['hʌski] / **burly** ['bɜːli]	kräftig (gebaut)
stocky ['stɒki] / **thickset** [θɪk'set]	stämmig; gedrungen
stooped [stuːpt] (with old age)	(vom Alter) **gebeugt**

Attractiveness [ə'træktɪvnəs] (= Attraktivität)
cute [kjuːt]: *a cute little baby* (= ein niedliches kleines Baby)
lovely ['lʌvli]: *a lovely little girl* (= ein reizendes kleines Mädchen)
attractive [ə'træktɪv]: *an attractive man* (= ein attraktiver Mann)
handsome ['hænsəm]: *young and handsome* (= jung und gut aussehend)
good-looking: *a good-looking man* (= ein gut aussehender Mann)
shapely ['ʃeɪpli]: *shapely legs* (= wohlgeformte Beine)
smart: *a smart, lightly built man* (= ein schicker Mann von schlankem Wuchs)
pretty ['prɪti]: *a pretty young girl* (= ein hübsches junges Mädchen)
beautiful ['bjuːtəfl]: *beautiful blue eyes* (= wunderschöne blaue Augen)

Unattractiveness [ʌnə'træktɪvnəs] (= mangelnde Attraktivität)
homely AE: *a plump, homely woman* (= eine rundliche, wenig attraktive Frau)
plain: *plain, almost ugly* (= unansehnlich, beinahe hässlich)
unattractive: *an unattractive woman* (= eine unattraktive Frau)
unpleasant: *an unpleasant-looking man* (= ein unangenehm wirkender Mann)
ugly ['ʌgli]: *a fat, ugly woman* (= eine dicke, hässliche Frau)

face [feɪs]	**Gesicht**
an oval ['əʊvl] / round face	ein ovales / rundes Gesicht
eye [aɪ]	**Auge**
dark eyes – bright eyes	dunkle Augen – strahlende Augen
He was pale and hollow-eyed.	Er war bleich und hohläugig.
complexion [kəm'plekʃn]	**Gesichtsfarbe**
a ruddy / pallid ['pælɪd] complexion	eine rosige / bleiche Gesichtsfarbe
radiant ['reɪdiənt]	**strahlend; leuchtend**
She was radiant with joy.	Sie strahlte vor Freude.
wrinkles ['rɪŋklz] – **wrinkled** ['rɪŋkld]	**Falten – runzlig / faltig**

Zur Beschreibung des Haares

a trendy hairstyle ['heəstaɪl] / *hairdo* ['heədu:] (= eine aktuelle Frisur)
his shining blond [blɒnd] *locks* (= seine leuchtenden blonden Locken)
her beautiful blonde [blɒnd] *hair* (= ihr schönes blondes Haar)
brunettes, blondes, redheads (= Brünette, Blondinen, Rothaarige)
dark-haired – white-haired (= dunkelhaarig – weißhaarig)
straight, curly, and frizzy ['frɪzi] *hair* (= glattes, lockiges und
  krauses Haar)
a crew cut ['kru: kʌt] (= ein Bürstenschnitt)
His hair is thinning ['θɪnɪŋ]. (= Sein Haar lichtet sich langsam.)
He wears [weəz] *a wig.* (= Er trägt eine Perücke.)
He's in his fifties turning grey. (= Er ist in den Fünfzigern und
  wird langsam grau.)
He's balding ['bɔːldɪŋ]. (= Er bekommt langsam eine Glatze.)
He's bald [bɔːld]. (= Er hat eine Glatze.)

dress [dres] – **dressed** [drest]	**Kleidung – gekleidet**
stylishly / trendily dressed	elegant / modisch gekleidet
She was dressed in a blouse and skirt.	Sie trug eine Bluse und einen Rock.
He's a smart dresser.	Er geht immer schick / flott gekleidet.
well groomed [u:] – **badly groomed**	**gepflegt – ungepflegt**
dishevelled [dɪ'ʃevld]	**ramponiert; ungepflegt**
his dishevelled / unkempt appearance	seine ungepflegte Erscheinung
dirty ['dɜːti] – **grubby** ['grʌbi]	**schmutzig – schmuddelig**
a grubby shirt	ein schmuddeliges Hemd
shabby ['ʃæbi] – **scruffy** ['skrʌfi]	**schäbig – vergammelt**
rumpled ['rʌmpld]	**zerknittert; verwuschelt; zerzaust**
He was wearing [eə] a rumpled suit.	Er trug einen zerknitterten Anzug.

1.4 Childhood and youth
Kindheit und Jugend

child [tʃaɪld] – **children** ['tʃɪldrən]	**Kind – Kinder**
children's wear [weə]	Kinderbekleidung
childminder / nanny / baby-minder	Tagesmutter
She's an only child.	Sie ist ein Einzelkind.
baby ['beɪbi] – **babies**	**Baby – Babys**
a newborn ['nju:bɔ:n] (baby / child)	ein Neugeborenes
baby-sitter / sitter	Babysitter
toddler – **infant** ['ɪnfənt] **child**	**Kleinkind**
infancy ['ɪnfənsi]	**frühe Kindheit; Kindesalter**
cradle ['kreɪdl]	**Wiege**
from the cradle to the grave [greɪv]	von der Wiege bis zur Bahre
cot [kɒt] *BE / AE* **crib** [krɪb]	**Kinderbett**
pram [præm] *BE / AE* **baby carriage** ['kærɪdʒ]	**Kinderwagen**
pushchair [ʊ] *BE / AE* **stroller** [əʊ]	**Buggy**
dummy [ʌ] *BE / AE* **pacifier** [æ]	**Schnuller**
crèche [kreʃ] *BE*	**Kinderkrippe**
(day) nursery ['nɜ:səri] *BE / AE* **day-care center**	**Kindergarten / -tagesstätte** (für 2- bis 5-Jährige)
playgroup ['pleɪgru:p]	**Spielgruppe** (für 2- bis 5-Jährige)
a **toy** [tɔɪ]	ein **Spielzeug**
Every child needs toys.	Jedes Kind braucht Spielzeug.
toy train set	Spielzeugeisenbahn

Dinge, mit denen sich Kinder beschäftig(t)en

play (with a) ball (= Ball spielen) • *play cards* (= Karten spielen) • *play at mothers and fathers* (= Mutter und Vater spielen) • *doll* [dɒl] (= Puppe) • *doll's pram* BE / AE *doll carriage* ['kærɪdʒ] (= Puppenwagen) • *doll's house* BE / AE *dollhouse* (= Puppenstube) • *stuffed animal* (= Stofftier) • *teddy bear* [eə] (= Teddybär) *building blocks* ['bɪldɪŋ blɒks] (= Bauklötze) • *model* ['mɒdl] *railway* BE / AE *model railroad* (= Modelleisenbahn) *comics* [ɒ] / *comic books* (= Comic-Hefte) • *comic strips* • *picture book* (= Bilderbuch) • *fairy tale* (= Märchen) *colouring* ['kʌlərɪŋ] *book* (= Malbuch) • *colouring set* (= Mal- / Tusch- kasten) • *crayons* ['kreɪənz] (= Buntstifte) • *wax crayons* (= Wachs- malstifte) • *paints* (= Farben) *board* [ɔ:] *game* (= Brettspiel) • *puzzle* ['pʌzl] (= Rätsel, Denksport- aufgabe) • *jigsaw* ['dʒɪgsɔ:] *(puzzle)* (= Puzzle / Puzzlespiel)

roller [əʊ] *skates* (= Rollschuhe) • *ice skates* (= Schlittschuhe) •
skateboard (= Skateboard / Rollbrett) • *bicycle* ['baɪsɪkl] / *bike* (= Fahr-
rad) • *tricycle* (= Dreirad) • *sledge* BE / AE *sled* (= Schlitten)

young [jʌŋ]	**jung**
young people ['piːpl]	junge Leute; Jugendliche
young children ['tʃɪldrən]	kleine Kinder
for the young	für die Jugend; für junge Leute
youngster ['jʌŋstə]	**Jugendliche(r)**

Männliche Jugendliche sind boys , *guys* [gaiz], *lads, youngsters,
youths* [juːðz]. Weibliche Jugendliche sind girls oder (besonders
nordenglisch oder schottisch) *lasses* ['læsɪz], auch *young ladies.*

youth [juːθ]	(die) **Jugend(zeit)**
youth club – youth hostel [ɒ]	Jugendklub – Jugendherberge

Entsprechungen für „Jugend"
Jugend = Jugendzeit:
I spent my youth in Hull. (= Meine Jugend verbrachte ich in Hull.)
Jugend = junge Menschen:
Young people are optimistic [ɒptɪ'mɪstɪk]. (= Die Jugend ist
optimistisch.)
Today's youth has its own problems ['prɒbləmz]. (= Die heutige
Jugend hat ihre eigenen Probleme.)

schoolboy – schoolgirl	**Schüler – Schülerin**
adolescent [ædə'lesnt]	**Heranwachsende(r)**
adolescence [ædə'lesns]	**das Erwachsenwerden**
puberty ['pjuːbəti]	(die) **Pubertät**
a teenager / a teen	**ein Teenager**
a teen(age) mother ['mʌðə]	eine Mutter im Teenalter
a girl in her early teens	ein Mädchen zwischen 13 und 14
come / be of age [eɪdʒ]	**großjährig werden / sein**
juvenile ['dʒuːvənaɪl]	**Jugend-**
juvenile court	Jugendgericht
juvenile delinquent [dɪ'lɪŋkwənt]	jugendliche(r) Straftäter(in)
adult ['ædʌlt]	**erwachsen; Erwachsene(r)**
grown-up [grəʊn'ʌp / 'grəʊnʌp]	**erwachsen**
They have two grown-up ['grəʊnʌp] sons.	Sie haben zwei erwachsene Söhne.
grownup ['grəʊnʌp]	(*Kindersprache*) Erwachsene(r)
Don't tell the grownups.	Sag das nicht den Erwachsenen!

1.5 Middle age and old age
Mittlere Jahre und Alter

middle age [mɪdl 'eɪdʒ]	**das mittlere Lebensalter** (ca. 40–65)
mid-life crisis [mɪdlaɪf 'kraɪsɪs]	**Krise in der Lebensmitte** (um die 40)
mature [mə'tʃʊə] – **maturity**	(*körperlich, geistig*) **reif** – **Reife**
a mature student *BE*	Student(in) über 25
prime [praɪm]	**Höhepunkt; Krönung**
She's in her prime.	Sie ist in den besten Jahren.
She's past her prime.	Sie ist über die besten Jahre hinaus.
life expectancy [ɪk'spektənsi]	**(die) Lebenserwartung**
ageing ['eɪdʒɪŋ] *BE* / *AE* **aging**	**das Altern**
menopause / **the change of life**	**die Wechseljahre**
grow old / **get old**	**alt werden**
get on (in years) (– got – got)	**(langsam) älter werden**
We're getting on (in years).	Wir werden langsam älter.
elderly ['eldəli]	**ältere(r, s)**
poverty ['pɒvəti] among the elderly	Armut unter älteren Menschen

Die Adjektive *elderly* und *older* haben nicht die gleiche Bedeutung!
Elderly bezeichnet Menschen, die (absolut) alt sind: *elderly people* ['piːpl] (= ältere / alte Leute / Menschen).
Older people dagegen sind relativ älter als andere, aber nicht notwendigerweise alt: *older people are more experienced* [ɪk'spɪəriənst] (= ältere Menschen haben mehr Erfahrung). – In *the older generation* [dʒenə'reɪʃn] (= die ältere Generation) z.B. kann *older* nicht durch *elderly* ersetzt werden.

the old folk [fəʊk]	**die alten Leute**
old folk's home / old people's home	Altenheim; Altersheim
veteran ['vetərən]	(*auch* Kriegs-)**Veteran(in)**
a veteran diplomat / teacher	ein altgedienter Diplomat / Lehrer
of pensionable ['penʃənəbl] **age**	**im Renten- / Pensionsalter**
(old-age) pensioner *BE* / *AE* **retiree**	**Rentner(in)**
retire [rɪ'taɪə]	**in den Ruhestand treten**
a retired teacher ['tiːtʃə]	ein(e) pensionierte(r) Lehrer(in)
occupation [ɒkjə'peɪʃn]: retired	Beruf: Rentner(in)

retirement [rɪ'taɪəmənt] · Ausscheiden aus dem Arbeitsleben
when she reaches retirement age · wenn sie das Rentenalter erreicht
old age [əʊld 'eɪdʒ] · **das Alter**
She lived to a ripe old age. · Sie erreichte ein hohes Alter.

Wenn von *old age* oder *elderly people* die Rede ist, werden oft Euphemismen (= beschönigende / verhüllende Ausdrücke) verwendet: *women of a certain age* sind in mittleren Jahren, *a distinguished* [dɪ'stɪŋgwɪʃt] *professor* ist einer, der schon älter ist, das Alter selbst wird oft als *the golden years, her sunset years* oder *his twilight years* umschrieben. Ein *old people's home* BE / AE *old-age home* erhält solche weniger „direkt" klingenden Namen wie *nursing home, rest home, convalescent* [kɒnvə'lesnt] *home* (eigentlich = Genesungsheim) oder schlicht *home*, wenn es nicht angedeutet wird mit so etwas wie *somewhere (s)he can be looked after* (= wo man sich um ihn / sie kümmern kann). Die deutschen Senioren sind auf Englisch *senior citizens*; vorher ist man *middle-aged* und sagt zuweilen scherzhaft, man sei *on the wrong side of forty.*

longevity [lɒn'dʒevəti] · **Langlebigkeit**
decline [dɪ'klaɪn] · **Verfall; abnehmen**
declining physical energy ['enədʒi] · nachlassende körperliche Energie
in his declining years · in seinen letzten Lebensjahren
decrepit [dɪ'krepɪt] · **altersschwach**
a decrepit old man · ein hinfälliger alter Mann

Weitere Adjektive, die Schwäche (= *weakness / feebleness*) bzw. Gebrechlichkeit (= *infirmity* [ɪn'fɜːməti]) ausdrücken: *weak* (= schwach) • *feeble* (= matt / schwach) • *frail* (= schwach / gebrechlich / zart) • *infirm* [ɪn'fɜːm] (= gebrechlich / hinfällig)

senile ['siːnaɪl] – **senility** [sɪ'nɪləti] · **senil – Senilität**
Alzheimer's ['æltshaɪməz] **disease** · **die Alzheimerkrankheit**
suffer from Alzheimer's (disease) · an der Alzheimerkrankheit leiden

Unfreundliche, diskriminierende Ausdrücke, die auf ältere Menschen angewandt werden: *gaga* ['gɑːgɑː] (= verkalkt / senil) • *fuddy-duddy* ['fʌdidʌdi] (= verknöchert / verkalkt) • *doddering / doddery* (= tatterig / vertrottelt) • *(s)he's past it* (= er / sie bringt's nicht mehr)

in poor health [helθ] · **bei schlechter Gesundheit**
meals on wheels [miːlz ɒn 'wiːlz] · **Essen auf Rädern**
nursing home ['nɜːsɪŋ həʊm] · **Pflegeheim**

1.6 Personality and behaviour
Persönlichkeit und Verhalten

behave [bɪ'heɪv] — sich benehmen / verhalten

personality [pɜːsə'næləti] — Persönlichkeit

She has an appealing personality. — Sie besitzt ein sympathisches Wesen.

temper ['tempə] — **Wesen; Naturell**

She has a quick / violent temper. — Sie hat ein heftiges Naturell.

She lost her temper. — Sie verlor die Beherrschung.

Adjektive, die menschliche Eigenschaften ausdrücken

contented [kən'tentɪd] (= zufrieden) – *discontented* (= unzufrieden)

honest ['ɒnəst] (= ehrlich) – *dishonest* [dɪs'ɒnəst] (= unehrlich)

mature [mə'tʃʊə] (= reif) – *immature* [ɪmə'tʃʊə] (= unreif)

patient ['peɪʃnt] (= geduldig) – *impatient* [ɪm'peɪʃnt] (= ungeduldig)

polite [pə'laɪt] (= höflich) – *impolite* [ɪmpə'laɪt] (= unhöflich)

considerate [kən'sɪdərət] (= rücksichtsvoll) – *inconsiderate*
  (= rücksichtslos)

decent ['diːsnt] (= anständig) – *indecent* [ɪn'diːsnt] (= unanständig)

efficient [ɪ'fɪʃnt] (= fähig) – *inefficient* [ɪnɪ'fɪʃnt] (= unfähig)

experienced [ɪk'spɪəriənst] (= erfahren) – *inexperienced* (= unerfahren)

flexible ['fleksəbl] (= flexibel) – *inflexible* [ɪn'fleksəbl] (= unflexibel)

sincere [sɪn'sɪə] (= aufrichtig) – *insincere* [ɪnsɪn'sɪə] (= unaufrichtig)

tolerant ['tɒlərənt] (= duldsam) – *intolerant* [ɪn'tɒlərənt] (= unduldsam)

responsible (= verantwortungsbewusst) – *irresponsible* (= verantwortungslos)

civilized ['sɪvəlaɪzd] (= kultiviert) – *uncivilized* (= unkultiviert)

cooperative [kəʊ'ɒprətɪv] (= entgegenkommend) – *uncooperative*
  (= wenig entgegenkommend)

fair [feə] (= fair / gerecht) – *unfair* [ʌn'feə] (= unfair / ungerecht)

inhibited [ɪn'hɪbɪtɪd] (= gehemmt) – *uninhibited* (= ungehemmt)

pleasant ['pleznt] (= sympathisch) – *unpleasant* (= unsympathisch)

reliable [rɪ'laɪəbl] (= zuverlässig / verlässlich) – *unreliable*
  (= unzuverlässig)

selfish ['selfɪʃ] (= selbstsüchtig) – *unselfish* [ʌn'selfɪʃ] (= selbstlos)

sophisticated [sə'fɪstɪ-] (= anspruchsvoll) – *unsophisticated*
  (= anspruchslos)

sympathetic [sɪmpə'θetɪk] (= mitfühlend) – *unsympathetic*
  (= wenig mitfühlend)

careful ['keəfl] (= vorsichtig) – *careless* ['keələs] (= unvorsichtig)

tactful ['tæktfl] (= taktvoll) – *tactless* ['tæktləs] (= taktlos)

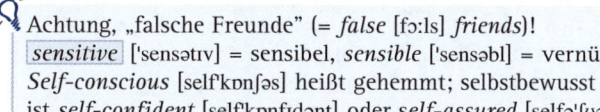

good [gʊd] – **bad** [bæd]	gut – schlecht
benevolent [-'nev-] – **malevolent**	gütig – boshaft
a benevolent master / god / ruler	ein gütiger Herr / Gott / Herrscher
a malevolent [-'lev-] look	ein boshafter Blick
compassionate [kəm'pæʃnət] –	mitfühlend – mitleidlos
pitiless ['pɪtɪləs]	
honest ['ɒnəst] – **corrupt** [kə'rʌpt]	ehrlich – korrupt
a plain, honest man	ein schlichter, ehrlicher Mensch

Viele der hier aufgeführten Adjektive werden durch Anhängen
von *-ly* zu häufig gebrauchten Adverbien:
He acted foolishly / unselfishly / irresponsibly / immaturely.
   (= Er handelte töricht / selbstlos / verantwortungslos / unreif.)
She behaved tactfully / wisely / courageously / sensibly.
   (= Sie verhielt sich taktvoll / klug / mutig / vernünftig.)

industrious [ɪn'dʌstriəs] – **lazy**	fleißig – faul
courteous ['kɜːtiəs] – **rude** [ruːd]	höflich – unhöflich
No need to be rude.	Warum denn gleich grob werden?
clever ['klevə] – **stupid** ['stjuːpɪd]	klug – dumm
sensible ['sensəbl] – **foolish** ['fuːlɪʃ]	vernünftig – töricht

Achtung, „falsche Freunde" (= *false* [fɔːls] *friends*)!
sensitive ['sensətɪv] = sensibel, *sensible* ['sensəbl] = vernünftig!
Self-conscious [self'kɒnʃəs] heißt gehemmt; selbstbewusst dagegen
ist *self-confident* [self'kɒnfɪdənt] oder s*elf-assured* [selfə'ʃʊəd].

broad-minded – **narrow-minded**	tolerant – engstirnig
generous ['dʒenərəs] – **stingy** [dʒ]	großzügig – geizig / knauserig
easygoing [iːzi'gəʊɪŋ] – **fussy** ['fʌsi]	lax / lässig – pingelig
charming – **devoid of charm** [tʃɑːm]	charmant – ohne Charme
optimistic [ɒptɪ'mɪstɪk] – **pessimistic**	optimistisch – pessimistisch
cheerful ['tʃɪəfl] – **gloomy** ['gluːmi]	gut gelaunt – trübsinnig
interesting ['ɪntrəstɪŋ] – **boring** [ɔː]	interessant – langweilig
strong [strɒŋ] – **weak** [wiːk]	stark – schwach
tough [tʌf] – **weak** [wiːk]	zäh / hart – schwach
a tough guy [gaɪ]	ein harter Bursche / Typ
brave / courageous – **cowardly**	mutig – feige
a cowardly attack ['kaʊədli ə'tæk]	ein feiger Anschlag
relaxed [rɪ'lækst] – **tense** [tens]	entspannt – angespannt
calm [kɑːm] – **agitated** ['ædʒɪteɪtɪd]	ruhig – aufgeregt
respectful – **cheeky** *BE* / *AE* **sassy**	respektvoll – frech

1.7 Senses and sensations
Sinne und Sinneseindrücke

sense [sens]	Sinn
the sense of sight / hearing	der Gesichts- / Gehörsinn
sense of smell / taste / touch	Geruchs- / Geschmacks- / Tastsinn
sensation [sen'seɪʃn]	**Gefühl; Empfindung; Sinneseindruck**
see [si:] (– saw [sɔ:] – seen)	**sehen** (– sah – gesehen)
She saw that nobody was looking.	Sie sah, dass niemand hinschaute.
look [lʊk]	**sehen; schauen; Blick**
I'm looking for my glasses.	Ich suche meine Brille.
Have a look at this (one).	Schau dir doch mal dies hier an.
notice ['nəʊtɪs]	**bemerken; wahrnehmen**
She took no notice of them.	Sie nahm keine Notiz von ihnen.
noticeable ['nəʊtɪsəbl]	**erkennbar; deutlich; merklich**
watch [wɒtʃ]	**beobachten; sich (etw.) ansehen**
She watched the dog eat(ing).	Sie sah zu, wie der Hund fraß.
We watched a video ['vɪdiəʊ].	Wir sahen uns ein Video an.
observe [əb'zɜ:v]	**beobachten; bemerken**
sight [saɪt]	(das) **Sehvermögen**
It was love at first sight.	Es war Liebe auf den ersten Blick.
shortsighted BE / AE nearsighted	kurzsichtig
longsighted BE / AE farsighted	weitsichtig
view [vju:]	**Sicht; Aussicht**
a fine view of the city	ein schöner Ausblick auf die Stadt
visible ['vɪzəbl] – **invisible**	**sichtbar – unsichtbar**
invisible to the naked ['neɪkɪd] eye	mit bloßem Auge nicht erkennbar
visual ['vɪʒuəl]	**visuell; Seh-**
visual aids [vɪʒuəl 'eɪdz]	visuelle Hilfsmittel / Medien
glance [glɑ:ns]	**(kurzer) Blick; (kurz) sehen / blicken**
You can see it at a glance.	Man sieht es auf einen Blick.
He glanced through the paper.	Er warf einen Blick in die Zeitung.
glimpse [glɪmps]	**(kurzer) Blick; (kurz) sehen**
We just caught a glimpse of him.	Wir sahen ihn nur kurz.
I glimpsed through the article.	Ich überflog den Artikel.
hear [hɪə] (– heard [ɜ:] – heard)	**hören** (– hörte – gehört)
hearing ['hɪərɪŋ]	**Gehör**
He's a little hard of hearing.	Er ist ein bisschen schwerhörig.
hearing aid ['hɪərɪŋ eɪd]	Hörhilfe; Hörgerät
deaf [def]	**taub**
He's deaf and dumb [dʌm].	Er ist taubstumm.

listen ['lɪsn]	**(zu)hören**
I listened hard but couldn't hear it.	Ich lauschte angestrengt, konnte es aber nicht hören.
listen to the radio ['reɪdiəʊ]	Radio hören
sound [saʊnd]	**Geräusch; Laut; Klang; klingen**
It sounds like a diesel engine.	Es klingt wie ein Dieselmotor.
a soundproof booth [buːð]	eine schalldichte Kabine
loud [laʊd] – **loudness** ['laʊdnəs]	**laut – „Lautheit" / Lautstärke**
Try to speak louder / more loudly.	Versuchen Sie lauter zu sprechen.
volume ['vɒljuːm]	**Lautstärke**
turn the volume up / down	das Gerät lauter / leiser stellen
audible ['ɔːdəbl] – **inaudible**	**hörbar – unhörbar**
audio ['ɔːdiəʊ]	**Audio-; Ton-**
CD players and other audio equipment	CD-Spieler und andere Audiogeräte
noise [nɔɪz]	**Geräusch; Lärm; Krach**
I can't stand the noise.	Ich halte den Lärm nicht aus.
noisy ['nɔɪzi] – **noiseless** ['nɔɪzləs]	**geräuschvoll / laut – geräuschlos**
smell [smel]	**riechen; Geruch**
The soup smells delicious [dɪ'lɪʃəs].	Die Suppe riecht köstlich.
odour ['əʊdə]	**Geruch; Gestank**
stink [ɪ] (– stank [æ] – stunk [ʌ])	**stinken (– stank – gestunken)**
fragrance ['freɪgrəns]	**(Wohl-)Geruch; Duft**
the unique fragrance of these roses	der besondere Duft dieser Rosen
scent [sent]	**Duft; Geruch; BE auch Parfüm**
the scent of lemons ['lemənz]	der Geruch von Zitronen
aroma [ə'rəʊmə]	**Aroma; Duft**

 Engl. *aroma* ist angenehmer *Geruch*, also *Duft*.
Dt. *Aroma* ist angenehmer *Geschmack*, engl. = *flavour / taste: the aroma of fresh-ground coffee* (= der Duft frisch gemahlenen Kaffees) *These tomatoes have no flavour / taste at all.* (= Diese Tomaten haben überhaupt kein Aroma / keinen Geschmack.)

taste [teɪst]	**Geschmack; schmecken**
It tastes sweet / salty ['sɔːlti] / sour.	Es schmeckt süß / salzig / sauer.
appetite ['æpətaɪt]	**Appetit**
touch [tʌtʃ]	**berühren; Berührung; (Tast-)Gefühl**
The material has a very soft touch.	Der Stoff fühlt sich sehr weich an.
handle ['hændl]	**anfassen; berühren**
Please do not handle the goods.	Die Waren bitte nicht berühren.
feel [fiːl] (– felt – felt)	**fühlen (– fühlte – gefühlt)**
She didn't feel the pain.	Sie spürte den Schmerz nicht.

1.8 Feelings and attitudes
Gefühle und Einstellungen

attitude ['ætɪtjuːd]	Einstellung; Haltung
her attitude to(wards) foreigners	ihre Einstellung gegenüber Ausländern
feeling ['fiːlɪŋ]	Gefühl
I didn't mean to hurt your feelings.	Ich wollte dich nicht verletzen.
feel [fiːl] (– felt – felt)	fühlen (– fühlte – gefühlt)
She was feeling tired.	Sie fühlte sich müde.
emotion [ɪ'məʊʃn]	Gefühl; Emotion
emotions such as joy and fear	Gefühle wie Freude und Furcht
mood [muːd]	Stimmung
I'm not in the mood for joking.	Mir ist nicht nach Spaßen zumute.
temper ['tempə]	Laune
He was in a good / bad temper.	Er hatte gute / schlechte Laune.
love [lʌv]	(es) lieben; Liebe
I'd love to stay here.	Ich würde gern hier bleiben.
like [laɪk]	mögen; gern haben
I like travelling by train.	Ich reise gern mit dem Zug.
Would you like a drink?	Hätten Sie gern was zu trinken?
likes and dislikes ['dɪslaɪks]	Neigungen und Abneigungen
enjoy [ɪn'dʒɔɪ]	genießen
fancy ['fænsi]	gern haben (wollen)

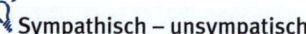

Sympathisch – unsympatisch

I like him very much. (= Er ist mir sehr sympathisch.)
I'm not very fond of him. (= Er ist mir nicht sehr sympathisch.)
I took to him at once. (= Er war mir gleich sympathisch.)
I have no time for him. (= Er ist mir unsympathisch.)
a very unpleasant man (= ein sehr unsympathischer Mann)

desire [dɪ'zaɪə]	Wunsch; Begehren; begehren
the desire for peace / love	das Verlangen nach Frieden / Liebe
interest – **interesting** ['ɪntrəstɪŋ]	Interesse – interessant
prefer [prɪ'fɜː]	(es) vorziehen
I prefer the film to the book.	Ich ziehe den Film dem Buch vor.
bear [beə] (– bore [ɔː] – borne)	ertragen (– ertrug – ertragen)
He can't bear being criticized.	Er verträgt keine Kritik.
stand [stænd]	ertragen; aushalten
I can't stand the heat.	Ich halte die Hitze nicht aus.
dislike [dɪs'laɪk]	nicht mögen; nicht leiden können

hate [heɪt]	(es) hassen; Hass
I hate waiting.	Ich hasse es, zu warten.
Her eyes were full of hate.	Ihre Augen waren voller Hass.
hatred ['heɪtrɪd] (of)	**Hass** (auf)
optimism ['ɒptɪmɪzm] – **pessimism**	Optimismus – Pessimismus
optimistic [ɒptɪ'mɪstɪk] – **pessimistic**	optimistisch – pessimistisch
hope [həʊp]	hoffen; Hoffnung
I hope she likes it.	Hoffentlich gefällt es ihr.
Will he help us? – I hope so.	Wird er uns helfen? – Ich hoffe es.
Is it broken? – I hope not.	Ist es kaputt? – Ich hoffe nicht.
despair [dɪ'speə]	Verzweiflung; verzweifeln
touching [ʌ] / **moving** [uː]	rührend; bewegend; ergreifend
prejudice ['predʒədɪs] – **prejudiced**	Vorurteil – voreingenommen
prejudice against foreigners	Vorurteile gegen Ausländer
subjective [səb'dʒektɪv] – **objective**	subjektiv – objektiv
sentimental [sentɪ'mentl]	sentimental

Adjektive, mit denen Verärgerung ausgedrückt wird
She was angry / cross / annoyed [ə'nɔɪd] *because I had kept her waiting.* (= böse / ärgerlich / verärgert)
The boss was furious ['fjʊərɪəs] / *livid* ['lɪvɪd]. (= wütend / fuchsteufelswild)

be afraid of [ə'freɪd]	Angst haben vor
He was afraid to jump.	Er traute sich nicht zu springen.
She's afraid of flying.	Sie fürchtet sich vor dem Fliegen.
proud [praʊd] – **pride** [praɪd]	stolz – (der) Stolz
We're proud of this achievement.	Auf diese Leistung sind wir stolz.
jealous (of) ['dʒeləs] – **jealousy**	eifersüchtig (auf) – Eifersucht
Are you jealous of him?	Bist du eifersüchtig auf ihn?
envy ['envi]	Neid; beneiden
I envy you this job.	Ich beneide dich um diesen Job.
despise [dɪ'spaɪz]	verachten
surprise [sə'praɪz]	Überraschung; überraschen
She looked at me in surprise.	Sie sah mich überrascht an.
I was very surprised.	Ich war sehr überrascht.
astonished [ə'stɒnɪʃt] – **amazed**	erstaunt – verblüfft
cry [kraɪ]	weinen; schreien
weep (– wept – wept) [wiːp]	weinen

Verben, die Lächeln oder Lachen ausdrücken
smile (= lächeln) • *grin* (= grinsen) • *laugh* (= lachen)

1

Human beings

1.9 Morality and immorality
Moral und Unmoral

moral ['mɒrəl]	moralisch; sittlich
moral principles / standards	moralische Prinzipien / Maßstäbe
immoral [ɪ'mɒrəl]	unmoralisch; unsittlich
ethical ['eθɪkl]	ethisch; moralisch
unethical behaviour [bɪ'heɪvjə]	unmoralisches Verhalten
a good / bad character ['kærɪktə]	ein guter / schlechter Charakter
right [raɪt]	richtig; recht
You've done the right thing.	Du hast richtig / recht gehandelt.
wrong [rɒŋ]	falsch; schlecht; unrecht
I know I was in the wrong.	Ich weiß, dass ich im Unrecht war.
evil ['iːvl]	böse; das Böse
good and evil deeds [diːdz]	gute und böse Taten
the conflict between good and evil	der Konflikt zwischen Gut und Böse
conscience ['kɒnʃəns]	Gewissen
a clear / guilty ['gɪlti] conscience	ein reines / schlechtes Gewissen
ideal [aɪ'dɪəl]	Ideal; ideal
innocence ['ɪnəsns] – innocent [-snt]	Unschuld – unschuldig
integrity [ɪn'tegrəti]	Integrität; Redlichkeit
He's a man of integrity.	Er ist ein integrer Mensch.
just [dʒʌst] – unjust [ʌn'dʒʌst]	gerecht – ungerecht
fight in a just cause	für eine gerechte Sache kämpfen
honesty ['ɒnəsti] – dishonesty	Ehrlichkeit – Unehrlichkeit
decency ['diːsnsi] – decent ['diːsnt]	Anständigkeit – anständig
He's a decent guy [gaɪ].	Er ist ein anständiger Kerl.
indecent [ɪn'diːsnt]	unanständig; anstößig; unsittlich
faithful ['feɪθfl] – faithfulness [-nəs]	treu – Treue
He swore to remain faithful to her.	Er schwor, ihr treu zu bleiben.
trustworthy ['trʌstwɜːði]	vertrauenswürdig
corruption [kə'rʌpʃn]	Korruption; Bestechlichkeit
liar ['laɪə]	Lügner(in)
troublemaker ['trʌblmeɪkə]	Unruhestifter(in)
good-for-nothing ['gʊdfənʌθɪŋ]	Nichtsnutz; Tunichtgut
crook [krʊk]	Gauner
scruple ['skruːpl]	Skrupel
fault [fɔːlt]	Fehler
It's all my fault.	Es ist alles meine Schuld.
ashamed [ə'ʃeɪmd]	beschämt
I'm ashamed (of myself).	Ich schäme mich.

1.10 **Human relations**
Menschliche Beziehungen

relations [rɪˈleɪʃnz] — Beziehungen
relations between countries — Beziehungen zwischen Ländern
relationship [rɪˈleɪʃnʃɪp] — **Beziehung**
her relationships with men — ihre Beziehungen zu Männern
terms [tɜːmz] — (≈ relations = Beziehungen)
I'm on good terms with him. — Ich (ver)stehe mich gut mit ihm.
get along [get əˈlɒŋ] with sb. — mit jmd. **zurechtkommen**
get on (– got – got) [get ˈɒn] — **sich verstehen; auskommen**
They get on well with each other. — Sie kommen gut miteinander zurecht.

mutual [ˈmjuːtʃuəl] — **gegenseitig; beiderseitig**
mutual respect [rɪˈspekt] — gegenseitige Achtung
crowd [kraʊd] — **(Menschen-)Menge**
group [gruːp] — **Gruppe**
all the members of the group — alle Mitglieder der Gruppe
class [klɑːs] — **Klasse**
the upper / middle / lower class — die Ober- / Mittel- / Unterklasse
a middle-class family — eine bürgerliche Familie
club [klʌb] — **Klub; Verein**
join [dʒɔɪn] a club — einem Verein beitreten
gang [gæŋ] — **Bande**
a gang of criminals [ˈkrɪmɪnəlz] — eine Verbrecherbande
member [ˈmembə] – **membership** — **Mitglied – Mitgliedschaft**
partner [ˈpɑːtnə] – **partnership** — **Partner(in) – Partnerschaft**
leader [ˈliːdə] – **leadership** — **(An-)Führer(in) – Führung**
supporter [səˈpɔːtə] — **Anhänger(in)**
friend [frend] — **Freund(in)**
boyfriend – girlfriend — Freund – Freundin
friendship [ˈfrendʃɪp] — **Freundschaft**
company [ˈkʌmpəni] — **Gesellschaft**
She keeps him company. — Sie leistet ihm Gesellschaft.
acquaintance [əˈkweɪntəns] — **Bekanntschaft; Bekannte(r)**
acquainted [əˈkweɪntɪd] — **bekannt; vertraut**
We got acquainted during the war. — Wir lernten uns im Krieg kennen.
get to know [nəʊ] sb. (– got – got) — jemand **kennen lernen**
close [kləʊs] — **nahe**
We were always very close. — Wir standen uns immer sehr nahe.
She's a close friend of mine. — Sie ist eine enge Freundin von mir.
intimate [ˈɪntɪmət] — **intim; vertraut; vertraulich**

sympathy ['sɪmpəθi]	**Mitgefühl; Mitleid**
support [sə'pɔːt]	**unterstützen; Unterstützung**
cooperation – cooperate [kəʊ'ɒpəreɪt]	**Zusammenarbeit – zusammen- arbeiten**
affection [ə'fekʃn]	**Zuneigung**
love [lʌv]	**Liebe; lieben**
She's in love with him.	Sie ist in ihn verliebt.
She fell in love with her teacher.	Sie verliebte sich in ihren Lehrer.
agreement [ə'griːmənt] – **disagreement**	**Einvernehmen – Uneinigkeit / Meinungsverschiedenheit**
conflict ['kɒnflɪkt]	**Konflikt**
clash [klæʃ]	**Konflikt; zusammenstoßen**
a clash of interests	ein Interessenkonflikt
quarrel ['kwɒrəl]	**Streit; sich streiten**
settle a quarrel	einen Streit beilegen
They often quarrelled.	Sie stritten sich oft.
contempt [kən'tempt]	**Verachtung**
hostile ['hɒstaɪl] – **hostility** [hɒ'stɪləti]	**feindselig – Feindseligkeit**
enemy ['enəmi]	**Feind(in)**
opponent [ə'pəʊnənt]	**Gegner(in)**
grudge [grʌdʒ]	**Groll; nicht gönnen**
I don't grudge you your success.	Ich gönne dir deinen Erfolg.

Behaviour towards others (= Verhalten anderen gegenüber)
courtesy ['kɜːtəsi] / *politeness* [pə'laɪtnəs] (= Höflichkeit), *respect*
(= Achtung), *kind(li)ness / friendliness* (= Freundlichkeit), *conside- ration* [kənsɪdə'reɪʃn] (= Rücksicht), *tact* (= Takt), *tactfulness* (= Takt)

impoliteness / rudeness (= Unhöflichkeit), *disrespect* (= Respekt- losigkeit), *unfriendliness* (= Unfreundlichkeit), *thoughtlessness* (= Rücksichtslosigkeit), *tactlessness* (= Taktlosigkeit), *impudence* ['ɪmpjʊdəns] (= Unverschämtheit)

---

contact ['kɒntækt]	**Kontakt**
We must keep in contact.	Wir müssen in Kontakt bleiben.
touch [tʌtʃ]	**Verbindung**
be in touch with someone	mit jemand in Verbindung stehen
connection [kə'nekʃn]	**Verbindung**
She has good connections.	Sie hat gute Beziehungen.
talk [tɔːk]	**Gespräch; Unterhaltung**
have a talk about sth.	sich über etw. unterhalten
conversation [kɒnvə'seɪʃn]	**Gespräch; Unterhaltung**
English conversation	englische Konversation
discussion [dɪ'skʌʃn]	**Diskussion**

1.11 Sexuality
Sexualität

erotic [ɪˈrɒtɪk]	erotisch
sex [seks]	Geschlecht; Sex; Sexualität
the opposite [ˈɒpəzɪt] sex	das andere Geschlecht
sex crime – sex criminal [ˈkrɪmɪnəl]	Sexualverbrechen – -verbrecher
sex worker [ˈseks wɜːkə]	Sexarbeiter(in)
sexual [ˈsekʃuəl]	sexuell; Sexual-; Geschlechts-
sexual abuse [əˈbjuːs]	sexueller Missbrauch
sexy / sexually attractive [əˈtræktɪv]	sexuell attraktiv
heterosexual [hetərəˈsekʃuəl]	heterosexuell; Heterosexuelle(r)
homosexual [həʊməˈsekʃuəl]	homosexuell; Homosexuelle(r)
homosexuality [həʊməsekʃuˈæləti]	Homosexualität
gay [geɪ]	schwul; Schwule(r)
lesbian [ˈlezbiən]	lesbisch; Lesbierin / Lesbe

Ausdrücke für *(sexual) intercourse* [ˈɪntəkɔːs] (= Geschlechtsverkehr)
make love to someone, sleep with someone, go to bed with someone, have sex with someone, have sexual relations with someone

impotent [ˈɪmpətənt] – impotence	impotent – Impotenz
conception [kənˈsepʃn]	Empfängnis

Ausdrücke für *contraception* [kɒntrəˈsepʃn] (= Empfängnisverhütung)
birth control (= Geburtenkontrolle) • *family planning* (= Familienplanung) • *planned parenthood* (= geplante Elternschaft)

pregnant [ˈpregnənt] – pregnancy	schwanger – Schwangerschaft
abortion [əˈbɔːʃn]	Schwangerschaftsabbruch
have an abortion	eine Abtreibung vornehmen lassen
prostitute [ˈprɒstɪtjuːt] – prostitution	Prostituierte(r) – Prostitution
brothel [ˈbrɒθəl]	Bordell; Puff

 Adult [ˈædʌlt] (= erwachsen / für Erwachsene)
Adult bookshops = euphemism [ˈjuːfəmɪzm] (= beschönigende Umschreibung) *for shops specializing in the sale of pornographic books, magazines, videos, etc. Adult films, videos, magazines, etc. are not suitable for young people.*

rape [reɪp] – rapist [ˈreɪpɪst]	Vergewaltigung – Vergewaltiger(in)
venereal [vəˈnɪəriəl] disease	Geschlechtskrankheit

1.12 Personal hygiene
Körperpflege

hygiene ['haɪdʒiːn]	Hygiene
cleanliness ['klenlinəs]	Reinlichkeit
wash [wɒʃ]	(sich) waschen; Wäsche
Did you wash your hands?	Hast du dir die Hände gewaschen?
(a bar of) soap [səʊp]	(ein Stück) Seife
brush [brʌʃ]	Bürste; bürsten
hairbrush, toothbrush	Haarbürste, Zahnbürste
Did you brush your teeth [tiːθ]?	Hast du dir die Zähne geputzt?
bath [bɑːθ]	Bad
Did you have BE / AE take a bath?	Hast du gebadet?
shower ['ʃaʊə]	Dusche; sich duschen

Kollokationen mit have a ...
have a bath (= ein Bad nehmen) • *have a shower* (= duschen) •
have a wash (= sich waschen) • *have a shave* (= sich rasieren) •
have a haircut (= sich die Haare schneiden lassen) • *have a
shampoo* [ʃæm'puː] *and set* (= sich die Haare waschen und legen
lassen) • *have a massage* ['mæsɑːʒ] (= sich massieren lassen)

---

flannel BE / AE washcloth [-klɒθ]	Waschlappen
towel ['taʊəl]	Handtuch
rub (oneself) down [rʌb]	(sich) abrubbeln / abfrottieren

Die of-Konstruktion bei Behälter- und Mengenangaben
a bottle of aftershave / cologne [kə'ləʊn] */ shampoo / mouthwash*
(= eine Flasche Aftershave / Kölnischwasser / etc.) • *a bar of soap*
(= ein Stück Seife) • *a box of cotton buds / toothpicks* (= eine Schach-
tel Wattestäbchen / Zahnstocher) • *a pack of tissues* ['tɪʃuːz] (= eine
Packung Papiertaschentücher) • *a roll of toilet paper* (= eine Rolle
Toilettenpapier) • *a jar of cream* (= eine Dose Creme) • *a tube of
toothpaste* (= eine Tube Zahnpasta)

---

shave [ʃeɪv]	(sich) rasieren
shaving cream	Rasiercreme
electric [ɪ'lektrɪk] razor / shaver	Elektrorasierer
shampoo [ʃæm'puː]	Haarwaschmittel; Haarwäsche
shampoo and (hair) conditioner	Shampoo und Pflegespülung
hairdryer ['heə draɪə]	Haartrockner; Föhn
comb [kəʊm]	Kamm; kämmen

hairdresser ['heə dresə]	**Friseur(in)**
She's at the hairdresser's.	Sie ist beim Friseur.
barber ['bɑːbə]	**(Herren-)Friseur**
make-up ['meɪk ʌp]	**Make-up; Schminke**
apply [əˈplaɪ] / remove make-up	Make-up auftragen / entfernen

---

Some cosmetics [kɒzˈmetɪks] **(= Kosmetika)**
cream (= Creme) • *cleansing* ['klenzɪŋ] *cream* (= Reinigungscreme) •
face powder (= Gesichtspuder) • *lipstick* (= Lippenstift) • *eye shadow*
(= Lidschatten) • *cologne* [kəˈləʊn] (= Eau de Cologne; Kölnischwasser) • *perfume* (= Parfüm) • *deodorant* [diˈəʊdrənt] (= Deodorant)

---

nail polish / BE *also* **nail varnish**	**Nagellack**
(a pair of) nail scissors ['sɪzəz]	**(eine) Nagelschere**

Lotions ['ləʊʃnz] sind Pflegeflüssigkeiten für die Haut: *body lotion,
face lotion, hand lotion, skin lotion, aftershave lotion, pre-shave
lotion, suntan lotion* (= Sonnenöl), *baby lotion* etc. – *Rub in some
of this lotion twice a day.* (= Reiben Sie sich zweimal täglich mit
dieser Flüssigkeit ein.)

cotton wool [wʊl] BE / AE **cotton**	**Watte**
handkerchief ['hæŋkətʃɪf] / **hanky**	**Taschentuch**
tissue ['tɪʃuː] / **Kleenex**™ ['kliːneks]	**Papier- / Tempo™-Taschentuch**
blow [bləʊ] (– blew [bluː] – blown)	**blasen**
sanitary ['sænətri] **towel** BE / AE **sanitary napkin**	**(Damen-)Binde**
toilet paper / lavatory paper / toilet tissue	**Toilettenpapier**
the toilet – the loo BE / AE **the john**	**die Toilette – das Klo**
lavatory ['lævətri]	(*ebenfalls ein Ausdruck für*) **Toilette**
laundry ['lɔːndri]	**Wäscherei; Wäsche**
I'm doing the laundry / washing today.	Ich mache heute die Wäsche.
laund(e)rette BE / AE **laundromat**™	**Waschsalon**
(dry) cleaners [draɪ ˈkliːnəz]	**Reinigung**
I'll have it dry-cleaned [draɪˈkliːnd].	Ich werde es reinigen lassen.

Idiom: *We've been taken to the cleaners.* (= Man hat uns ganz
schön geschröpft.)

1

Human beings

1.13   Death
Tod

death [deθ]	(der) **Tod; Todesfall**
Aren't you afraid of death?	Hast du keine Angst vor dem Tod?
There were a number of deaths.	Es gab einige Todesfälle.
death certificate [sə'tɪfɪkət]	Sterbeurkunde; Totenschein
death camp – death cell	Vernichtungslager – Todeszelle
die [daɪ]	**sterben**
He died of cancer ['kænsə] / old age.	Er starb an Krebs / Altersschwäche.
die a natural death	eines natürlichen Todes sterben
perish ['perɪʃ]	**umkommen**
dying ['daɪɪŋ]	**sterbend; das Sterben**
Dying is a very natural thing.	Sterben ist etwas sehr Natürliches.
the dying	die Sterbenden
dead [ded]	**tot**
The robber was shot dead.	Der Räuber wurde erschossen.
a dead man / woman / person	ein Toter / eine Tote
a dead body [ded 'bɑdi]	eine Leiche
rise from the dead (– rose – risen)	von den Toten auferstehen
deceased [dɪ'siːst]	**verstorben**
the widow ['wɪdəʊ] of the deceased	die Witwe des Verstorbenen
autopsy / postmortem	**Obduktion**
coffin ['kɒfɪn] – **urn** [ɜːn]	**Sarg – Urne**
funeral ['fjuːnərəl]	**Begräbnis; Beerdigung; Beisetzung**
funeral director / undertaker	Bestattungsunternehmer
funeral procession –	Trauerzug / Leichenzug –
funeral service	Trauerfeier
churchyard ['tʃɜːtʃjɑːd]	**Kirchhof; Friedhof** (bei der Kirche)
bury ['beri]	**begraben**
Where is she buried?	Wo liegt sie begraben?
She is / lies buried in this cemetery.	Sie ist auf diesem Friedhof begraben.
burial ['beriəl]	**Beerdigung; Bestattung**
cremate [krɪ'meɪt] – **cremation**	**einäschern – Einäscherung**
crematorium [kremə'tɔːriəm] BE / bes. AE **crematory** ['kremətəri]	**Krematorium**
grave [greɪv]	**Grab**
gravestone / headstone	Grabstein
tomb [tuːm]	(großes, gemauertes) **Grab(mal)**
mortal ['mɔːtl]	**sterblich**
mortal injuries ['ɪndʒəriz]	tödliche Verletzungen

the soul [səʊl]	**die Seele**
Do we have an immortal soul?	Haben wir eine unsterbliche Seele?
bereaved – bereavement	**leidtragend – Trauerfall**
the bereaved [bɪˈriːvd]	die Hinterbliebenen
mourn [mɔːn] **– mourning**	**(be)trauern – Trauer**
obituary [əˈbɪtʃuəri] / **obit** [ˈɒbɪt]	(*Zeitung*) **Nachruf, Todesanzeige**
the late Frank Smith	**der verstorbene** Frank Smith
starve [stɑːv] **– starvation**	**verhungern – Verhungern**
Millions have starved to death.	Millionen sind verhungert.
drown [draʊn]	**ertrinken; ertränken**
She (was) drowned.	Sie ertrank.
death by drowning	Tod durch Ertrinken
suicide [ˈsuːɪsaɪd]	**Selbstmord; Selbsttötung; Freitod**
She committed [kəˈmɪtɪd] suicide.	Sie beging Selbstmord.
kill someone [kɪl]	**jemand töten / umbringen**
The crash killed [kɪld] 96 people.	Bei dem Absturz kamen 96 Menschen ums Leben.
poison someone [ˈpɔɪzn]	**jemand vergiften**
Did Napoleon die of poisoning?	Starb N. an einer Vergiftung?

Die Endsilbe *-cide* [-saɪd] **bedeutet „Mord / Tötung"**
infanticide [ɪnˈfæntɪsaɪd] (= Kindesmord) • *matricide* [ˈmeɪtrɪsaɪd]
(= Muttermord) • *patricide* [æ] / *parricide* (= Vatermord) • *fratricide*
[æ] (= Geschwistermord) • *regicide* [ˈredʒɪsaɪd] (= Königsmord) • *sui-
cide* [ˈsuːɪsaɪd] (= Selbstmord) • *genocide* [ˈdʒenəsaɪd] (= Völkermord)

---

do away with sb.	jemand **umbringen**
execute [ˈeksɪkjuːt] **– execution**	**hinrichten – Hinrichtung**
execution by firing squad / by shooting	Hinrichtung durch Erschießen

---

Methods of inflicting [ɪnˈflɪktɪŋ] *the death penalty* [ˈdeθ penlti]
(= Hinrichtungsmethoden)
hanging (= Erhängen) • *electrocution / electric chair* (= elektri-
scher Stuhl) • *gas chamber* [eɪ] (= Gaskammer) • *firing squad* [ɒ]
(= Erschießungskommando / Erschießen) • *lethal* [ˈliːθl] *injection*
(= Todesspritze) • *beheading* (= Köpfen) • *guillotine* [ˈgɪləti:n]
(= Guillotine / Fallbeil) • *crucifixion* [kruːsəˈfɪkʃn] (= Kreuzigung) •
stoning (= Steinigung) • *burning at the stake* (= Scheiterhaufen)

---

will / **testament** [ˈtestəmənt]	**Testament**
my last will and testament	mein letzter Wille

The family

2.1 Family relations
Verwandtschaftliche Beziehungen

relation [rɪˈleɪʃn]	Verwandte(r)
She's no relation of mine.	Sie ist nicht mit mir verwandt.
relative [ˈrelətɪv]	Verwandte(r)
ancestor [ˈænsestə]	Vorfahr
Her ancestors came from Ireland.	Ihre Vorfahren kamen aus Irland.
descent [dɪˈsent]	Abstammung; Herkunft
They're of Irish descent.	Sie sind irischer Abstammung.
stock [stɒk]	Abstammung; Herkunft
Americans of European stock	Amerikaner europäischer Herkunft
family [ˈfæməli]	Familie
start a family	sich Kinder zulegen
family tree [fæməli ˈtriː]	Stammbaum
my folks [fəuks]	meine Leute / Verwandten / Familie
father [ˈfɑːðə] – mother [ˈmʌðə]	Vater – Mutter

Zusammensetzungen mit *step-*
stepfather (= Stiefvater) • *stepmother* (= Stiefmutter) • *stepparents* (= Stiefeltern) • *stepson* (= Stiefsohn) • *stepdaughter* (= Stieftochter)

son [sʌn] – daughter [ˈdɔːtə]	Sohn – Tochter
brother [ˈbrʌðə] – sister [ˈsɪstə]	Bruder – Schwester

in-laws
father-in-law [ˈfɑːðər ɪn lɔː] (= Schwiegervater) • *mother-in-law* (= Schwiegermutter) • *parents-in-law* (= Schwiegereltern) • *son-in-law* (= Schwiegersohn) • *daughter-in-law* (= Schwiegertochter) • *brother-in-law* (= Schwager) • *sister-in-law* (= Schwägerin)

uncle [ˈʌŋkl] – aunt [ɑːnt]	Onkel – Tante
nephew [ˈnefjuː] – niece [niːs]	Neffe – Nichte
cousin [ˈkʌzn]	Cousin / Vetter; Cousine
Brenda is a cousin of mine.	Brenda ist eine Cousine von mir.

Zusammensetzungen mit *grand-* [grænd-]
grandfather (= Großvater) • *grandmother* (= Großmutter) • *grandparents* (= Großeltern) • *grandson* (= Enkel) • *granddaughter* (= Enkelin) • *grandchildren* (= Enkelkinder)

2.2 Marriage and divorce
Ehe und Ehescheidung

marriage ['mærɪdʒ]	**Ehe; Heirat**
a happy marriage	eine glückliche Ehe
marriage certificate [sə'tɪfɪkət]	Trauschein; Heiratsurkunde
marriage (guidance) counsellor	Eheberater(in)
marry ['mæri]	**heiraten; trauen**
Will you marry me?	Willst du mich heiraten?
They were married by the bishop.	Sie wurden vom Bischof getraut.
She's married to an artist.	Sie ist mit einem Künstler verheiratet.
They got married in 1994.	Sie haben 1994 geheiratet.
married couple [mærid 'kʌpl]	Ehepaar
bachelor ['bætʃələ]	**Junggeselle**
common-law marriage ['kɒmən]	**eheähnliche Lebensgemeinschaft**
Ted and his common-law wife	Ted und seine Lebensgefährtin
propose to someone [prə'pəʊz]	jem. **einen Heiratsantrag machen**
He proposed to her.	Er machte ihr einen Heiratsantrag.
proposal (of marriage) [prə'pəʊzl]	**(Heirats-)Antrag**
engaged (to be married) [ɪn'geɪdʒd]	**verlobt**
They've just got engaged.	Sie haben sich gerade verlobt.
engagement [ɪn'geɪdʒmənt]	**Verlobung**
her **fiancé** – his **fiancée** [fi'ɒnseɪ]	ihr **Verlobter** – seine **Verlobte**
wedding ['wedɪŋ]	**Trauung; Hochzeit**
wedding ceremony ['serəməni]	Trauung; Eheschließung
wedding dress – wedding ring	Hochzeitskleid – Trauring / Ehering
silver / golden wedding	silberne / goldene Hochzeit
We celebrated our silver wedding last year.	Wir haben voriges Jahr unsere Silberhochzeit gefeiert.
wed [wed]	(*in Boulevardzeitungen*) **heiraten**
Prince to wed dancer	Prinz wird Tänzerin heiraten
registry office / register office *BE*	**Standesamt**
registry-office wedding / civil wedding	standesamtliche Trauung
the banns [bænz]	**das Aufgebot**
bride and (bride)groom [gru:m]	**Braut und Bräutigam**
bridesmaid ['braɪdzmeɪd]	**Brautjungfer**
best man [best 'mæn]	**Trauzeuge** (des Bräutigams)
honeymoon ['hʌnimu:n]	**Flitterwochen; Hochzeitsreise**
The newlyweds went to Rome for their honeymoon.	Ihre Flitterwochen verbrachten die Neuvermählten in Rom.

husband ['hʌzbənd] and wife	(Ehe-)Mann und (Ehe-)Frau
(Give) My regards to your wife.	Grüßen Sie Ihre Frau.
her ex-husband	ihr Exmann
partner ['pɑːtnə]	Partner(in); Lebensgefährte / -gefährtin
gay marriage [geɪ 'mærɪdʒ]	Homo-Ehe
wear [eə] the pants (– wore – worn)	die Hosen anhaben
anniversary [ænɪ'vɜːsəri]	Hochzeitstag
our 20th wedding anniversary	unser 20. Hochzeitstag
legitimate [lɪ'dʒɪtəmət] – illegitimate [ɪlə'dʒɪtəmət]	ehelich – nichtehelich
faithful ['feɪθfl] – unfaithful	treu – untreu
I've never been unfaithful to you.	Ich bin dir nie untreu geworden.
infidelity [ɪnfɪ'deləti]	Untreue (in Ehe etc.)
adultery [ə'dʌltəri]	Ehebruch
commit [kə'mɪt] adultery	Ehebruch begehen
affair [ə'feə]	(außereheliches) Verhältnis; Affäre
Did he have an affair with her?	Hatte er ein Verhältnis mit ihr?
mistress ['mɪstrəs]	Geliebte; Mätresse
lover ['lʌvə]	Liebhaber; Geliebter
His wife had a lover.	Seine Frau hatte einen Liebhaber.
philanderer [fɪ'lændərə]	Schürzenjäger; Frauenheld
separate ['sepəreɪt]	sich trennen
His parents are separated.	Seine Eltern leben getrennt.
separation [sepə'reɪʃn]	Trennung
break up (– broke – broken)	in die Brüche gehen
Their marriage has broken up.	Ihre Ehe ist gescheitert.
divorce [dɪ'vɔːs]	(Ehe-)Scheidung
Sue has filed for divorce.	Sue hat die Scheidung eingereicht.
Ken wants a divorce.	Ken will sich scheiden lassen.
contested / uncontested divorce	streitige / einverständliche Scheidung
She wants to divorce him.	Sie will sich von ihm scheiden lassen.
They (got) divorced.	Sie ließen sich scheiden.
alimony ['ælɪməni]	Unterhalt (nach der Scheidung)
He has to pay alimony to his former wife.	Er muss seiner früheren Frau Unterhalt zahlen.
custody ['kʌstədi]	elterliche(s) Sorge(recht)
She got custody of the children.	Die Kinder wurden ihr zugesprochen.
widow ['wɪdəʊ] – widower ['wɪdəʊə]	Witwe – Witwer
bigamy ['bɪgəmi] – bigamist	Bigamie – Bigamist(in)

2.3 Parents and children
Eltern und Kinder

pregnancy ['pregnənsi]	**Schwangerschaft**
morning sickness ['mɔ:nɪŋ sɪknəs]	**morgendliche Übelkeit**

Dass eine Frau schwanger (= *pregnant*) ist, kann auf unterschied-liche Weise ausgedrückt werden: *She's going to have a baby. She's having a baby. She's expecting. She's in the family way. – An expectant mother* ist eine werdende Mutter.

labour ['leɪbə]	(die) **(Geburts-)Wehen**
the onset of labour	das Einsetzen der Wehen
midwife ['mɪdwaɪf] *Pl.* midwives	**Hebamme**
delivery [dɪ'lɪvəri]	**Entbindung**
birth [bɜ:θ]	**Geburt**
before / after birth	vor / nach der Geburt
give birth to a child	ein Kind zur Welt bringen
birth certificate [sə'tɪfɪkət]	Geburtsurkunde
Caesarean (section) [sɪ'zeəriən]	**Kaiserschnitt**
miscarriage ['mɪskærɪdʒ]	**Fehlgeburt**
premature ['premətʃə]	**vorzeitig**
The baby was ten weeks premature.	Das Baby kam zehn Wochen zu früh.
twin(s) [twɪn(z)]	**Zwilling(e)**
baptism / christening ['krɪsnɪŋ]	**Taufe**
godchild ['gɒdtʃaɪld] *Pl.* -children	**Patenkind**
godfather – godmother	**Patenonkel – Patentante**

> **Kosewörter** *(= terms of endearment)*
> Für *father* : dad, daddy, pa [pɑ:], papa [pə'pɑ:], pop, my old man.
> Für *mother* : ma, mum BE, mummy BE, mom AE, mommy AE, mam(m)a ['mɑ:mə] AE, my old lady.
> Für *the child* : the little one, the little guy [gaɪ], the kid , our darling, the little bugger (= der kleine Kerl), you little rascal ['rɑ:skl] (= du kleiner Schlingel).

bottle-feed – breast-feed	**mit der Flasche ernähren – stillen**
nappy *BE* / *AE* **diaper** ['daɪəpə]	**Windel**
change the baby's nappy / diaper	das Baby wickeln
potty ['pɒti]	**Töpfchen**
Have you been to the potty?	Bist du auf dem Topf gewesen?

potty training / toilet training	Sauberkeitserziehung
bath [bɑːθ] *BE* / *AE* **bathe** [beɪð] the baby	das Baby **baden**
lullaby ['lʌləbaɪ]	**Wiegenlied; Schlaflied**
bedtime story [bedtaɪm 'stɔːri]	**Gutenachtgeschichte**

💡 *Family* wird oft in der Bedeutung *children* verwendet: *The couple doesn't / don't want to start a family yet.* (= Das Paar will zunächst noch keine Kinder.)

care [keə]	Obhut; Pflege
take a child into care	ein Kind in Pflege nehmen
foster parents ['fɒstə peərənts]	**Pflegeeltern**
adopt – adoption [ə'dɒpʃn]	**adoptieren – Adoption**
an **adopted** child [ə'dɒptɪd]	ein adoptiertes Kind / Adoptivkind
put up for adoption (– put – put)	zur Adoption freigeben
guardian ['gɑːdiən] – **guardianship**	**Vormund – Vormundschaft**
orphan ['ɔːfn] – **orphanage** ['ɔːfnɪdʒ]	**Waise(nkind) – Waisenhaus**
bring up / raise / rear [rɪər] a child	ein Kind **großziehen**
upbringing ['ʌpbrɪŋɪŋ]	**Erziehung; Kinderstube**
She had a strict upbringing.	Sie wurde streng erzogen.
single parent [sɪŋgl 'peərənt]	**allein Erziehende(r)**
working mother [wɜːkɪŋ 'mʌðə]	**berufstätige Mutter**
take after someone (– took – taken)	**jemand nachschlagen / ähnlich sein**
She takes after her mother.	Sie kommt nach ihrer Mutter.
educate ['edjukeɪt]	**erziehen; bilden**
She was educated at home.	Sie wurde zu Hause unterrichtet.
education [edju'keɪʃn]	**Erziehung; Bildung**
gifted children ['gɪftɪd tʃɪldrən]	**besonders begabte Kinder**
(mentally) retarded [rɪ'tɑːdɪd]	**(geistig) zurückgeblieben**
pocket money *BE* / *AE* **allowance**	**Taschengeld**
chores [tʃɔːz]	**(lästige) häusliche Pflichten**
tell someone off (– told – told)	**jemand ausschimpfen**
She told him off for hitting Ken.	Sie schimpfte mit ihm, weil er Ken gehauen hatte.
scold [skəʊld] a child	ein Kind **ausschimpfen / schelten**
hit a child (– hit – hit)	ein Kind **schlagen / hauen**
spoil a child (– spoilt* – spoilt*)	ein Kind **verziehen / verwöhnen**
neglect [nɪ'gləkt] a child	ein Kind **vernachlässigen**
abandon [ə'bændən] a child	ein Kind **aussetzen**
ill-treat [ɪl'triːt] a child	ein Kind **misshandeln**
child abuse ['tʃaɪld əbjuːs]	**Kindesmisshandlung / -missbrauch**

Kapitel 3

3.1 Foods
Nahrungsmittel

food [fu:d] (= Nahrung / Futter / Essen / Kost) • *health food* (= Reformkost) • *junk food* (= minderwertige Kost) • *fast food* (= Schnellgerichte) • *convenience food* (= Fertignahrung)

milk (= Milch) • *full-cream milk* BE / AE *whole* [həʊl] *milk* (= Vollmilch) • *low-fat milk / skim(med) milk* (= fettarme Milch)

butter (= Butter) • *cream* (= Sahne) • *sour cream* (= saure Sahne) • *whipped* [wɪpt] *cream* (= Schlagsahne) • *ice cream* (= Speiseeis) •

cheese [tʃi:z] (= Käse) • *Swiss cheese* (= Schweizer Käse) • *American cheese* AE (= Chester)

egg (= Ei) • *boiled* [bɔɪld] *egg* (= gekochtes Ei) • *fried* [fraɪd] *eggs* (= Spiegeleier) • *scrambled* ['skræmbld] *eggs* (= Rührei)

bread [bred] (= Brot) • *white bread* (= Weißbrot) • *brown bread* (= Graubrot) • *wholemeal* ['həʊlmi:l] *bread* BE / AE *whole-grain bread* (= Vollkornbrot) • *roll* (= Brötchen) • *sandwich* (= „Klappstulle")

pastries ['peɪstrɪz] (= Gebäck) • *cake* (= Kuchen) • *pancake* (= Eierkuchen) • *omelette* ['ɒmlət] (= Omelett) • *doughnut* ['dəʊnʌt] (= Berliner [Pfannkuchen]) • *biscuit* ['bɪskɪt] BE / AE *cookie* (= Keks)

grain (= Getreide) • *rye* (= Roggen) • *wheat* [wi:t] (= Weizen) • *flour* ['flaʊə] (= Mehl) • *bran* (= Kleie) • *oats* (= Hafer) • *rice* (= Reis)

cereals ['sɪərɪəlz] (= Getreideflocken) • *porridge* (= Haferbrei)

sweets (= Süßigkeiten) • *candy* AE (= Bonbon / Bonbons / Süßigkeiten) • *butterscotch* (= Karamellbonbons) • *toffee* (= Sahnebonbon) • *a bar of chocolate* ['tʃɒklət] (= ein Riegel / eine Tafel Schokolade)

meat [mi:t] (= Fleisch) • *beef* (= Rindfleisch) • *pork* (= Schweinefleisch) • *veal* (= Kalbfleisch) • *lamb* [læm] (= Lammfleisch) • *mutton* (= Hammelfleisch) • *bacon* ['beɪkən] (= Speck) • *ham* (= Schinken)

poultry ['pəʊltri] (= Geflügel) • *chicken* (= Huhn) • *duck* (= Ente) • *goose* [gu:s] (= Gans) • *turkey* (= Truthahn / Pute)

sausage ['sɒsɪdʒ] (= Wurst) • *liver* ['lɪvə] *sausage* BE / AE *liverwurst* (= Leberwurst) • *frank(furter)* ['fræŋk(fɜːtə)] (= Frankfurter Würstchen)

seafood (= Meeresfrüchte) • *fish* (= Fisch) • *salmon* ['sæmən] (= Lachs) • *smoked salmon* (= Räucherlachs) • *tuna* ['tjuːnə] (= Thunfisch) • *shellfish* (= Schalentiere) • *lobster* (= Hummer) • *shrimps* (= kleinere Krabben/Garnelen) • *prawns* [prɔːnz] (= größere Krabben/Garnelen)

soup [suːp] (= Suppe) • *broth* [brɒθ] / *consommé* [kən'sɒmeɪ] (= klare Suppe/Brühe) • *stew* [stjuː] (= Eintopf)

sauce [sɔːs] (= Soße) • *Worcester* ['wʊstə] *sauce* BE / AE *Worcestershire sauce* (= Worcestersoße) • *gravy* ['greɪvi] (= Bratensoße)

fat (= Fett) • *oil* (= Öl) • *olive oil* [ɒlɪv 'ɔɪl] (= Olivenöl) • *margarine* [mɑːdʒə'riːn] • *lard* (= Schweineschmalz)

herbs [hɜːbz] (= Gewürzkräuter) • *spice* (= Gewürz) • *salt* [sɔːlt] (= Salz) • *pepper* (= Pfeffer) • *curry* ['kʌri] • *mustard* ['mʌstəd] (= Senf) • *garlic* (= Knoblauch) • *vanilla* [və'nɪlə] (= Vanille)

vegetable(s) ['vedʒtəbl(z)] (= Gemüse) • *asparagus* [ə'spærəgəs] (= Spargel) • *beans* (= Bohnen) • *peas* (= Erbsen) • *cabbage* (= Kohl) • *cauliflower* (= Blumenkohl) • *spinach* ['spɪnɪtʃ] (= Spinat) • *maize* BE / AE *corn* (= Mais) • *mushroom* (= Speise-pilz/Champignon) • *tomato* [tə'mɑːtəʊ] Pl. -oes (= Tomate) • *cucumber* ['kjuː-] (= Gurke) • *onion* ['ʌnjən] (= Zwiebel) • *lettuce* (= Kopfsalat) • *rhubarb* (= Rhabarber)

Kartoffelgerichte: *boiled potatoes* (= Salzkartoffeln) • *potatoes boiled in their skins* (= Pellkartoffeln) • *fried potatoes* (= Bratkartoffeln) • *(potato) chips* BE / AE *French fried potatoes / French fries* (= Pommes frites) • *baked potatoes* (= in der Schale gebackene Kartoffeln) • *mashed potatoes* (= Kartoffelbrei) • *potato salad* (= Kartoffelsalat)

salad ['sæləd] (= Salat) • *salad dressing* (= Salatsoße) • *mixed salad / tossed salad* (= gemischter Salat) • *tomato salad* (= Tomatensalat) • *coleslaw* ['kəʊlslɔː] (= Kohl-/Krautsalat) • *fruit salad* (= Obstsalat)

fruit [fruːt] (= Obst) • *apple* (= Apfel) • *pear* [peə] (= Birne) • *cherry* (= Kirsche) • *plum* (= Pflaume) • *peach* (= Pfirsich) • *grape* (= Weintraube) • *strawberries* (= Erdbeeren) • *banana* [bə'nɑːnə] (= Banane) • *orange* ['ɒrɪndʒ] (= Apfelsine) • *grapefruit* • *lemon* [e] (= Zitrone) • *pineapple* (= Ananas) • *olive* ['ɒlɪv] (= Olive)

nut (= Nuss) • *walnut* ['wɔːlnʌt] (= Walnuss) • *hazelnut* ['heɪzlnʌt] (= Haselnuss) • *peanut* (= Erdnuss) • *chestnut* ['tʃesnʌt] (= Kastanie)

3.2 Beverages
Getränke

soft drinks [sɒft 'drɪŋks]	**alkoholfreie Getränke**
(still mineral ['mɪnərəl]**)** water	**(stilles Mineral-)Wasser**
sparkling / fizzy water	Sprudel
drinking water – tap water	Trinkwasser – Leitungswasser
tonic [ɒ] (water) / *AE* quinine ['kwaɪnaɪn] water	Tonic
seltzer (water) ['seltsə]	**Selters(wasser)**
soda (water) / *AE auch* **club soda**	**Soda(wasser)**
soda ['səʊdə] **(pop)** *AE* / *BE* **pop**	**Limo(nade); Brause**
Pop is a sweet fizzy drink.	Limonade ist ein süßer Sprudel.
cream soda [kri:m 'səʊdə] *AE*	(kohlensäurehaltiges Vanillegetränk)
carbonated ['kɑ:bəneɪtɪd]	**kohlensäurehaltig**
lemonade [lemə'neɪd]	**(Zitronen-)Limonade**
cola ['kəʊlə]	**(Coca-Cola™, Coke™, Pepsi™ etc.)**
ginger ale [dʒɪndʒər 'eɪl]	(kohlensäurehaltiges alkoholfreies Getränk mit Ingwergeschmack)
ginger beer [dʒɪndʒə 'bɪə]	(leicht alkoholhaltiges) **Ingwerbier**
root beer ['ru:t bɪə] *AE*	**Limonade** (aus Wurzelextrakten)
(fruit) juice [('fru:t) dʒu:s]	**(Frucht-)Saft**
apple / pineapple juice	Apfel- / Ananassaft
grape / grapefruit juice	Trauben- / Grapefruitsaft
squash [skwɒʃ] *BE*	**Fruchtsaft** (aus Konzentrat + Wasser)
a glass of orange squash	ein Glas Orangensaft
milkshake ['mɪlkʃeɪk]	**Milchshake; Milchmixgetränk**

Getränke können durch Vorsetzen von *a(n)* / *one* oder ein Zahlwort „portioniert" werden: *A coffee (= a cup of coffee) and a grapefruit juice (= a glass of grapefruit juice), please. Two sodas (= bottles of soda), please.*

(decaffeinated [di:'kæfɪneɪtɪd]) coffee	(koffeinfreier) **Kaffee**
(black / green) tea [ti:]	(schwarzer / grüner) **Tee**
herb(al) tea [hɜ:b(l) 'ti:]	Kräutertee
the cup that cheers [tʃɪəz] *BE*	**„die Tasse, die aufmuntert"** (= Tee)
cocoa ['kəʊkəʊ]	**Kakao**
hot / drinking chocolate ['tʃɒklət]	**(heiße / Trink-)Schokolade; Kakao**

3.3 Kitchen and cooking
Küche und Kochen

3

Eating, drinking, clothing

cooking [ˈkʊkɪŋ]	**Kochen**
French cooking / cuisine [kwɪˈziːn]	die französische Küche
home cooking / plain cooking	Hausmannskost
cookery book *BE* / *AE* **cookbook**	**Kochbuch**
clean the vegetables [ˈvedʒtəblz]	**das Gemüse putzen**
peel the potatoes [pəˈteɪtəʊz]	**die Kartoffeln schälen**
dress the salad [ˈsæləd]	**den Salat anmachen**
sieve [sɪv]	**Sieb; sieben**
stir [stɜː]	**(um)rühren**
beat (– beat – beaten) / **whip**	(*Ei* / *Sahne*) **schlagen**
slice [slaɪs]	**Scheibe; (in Scheiben) schneiden**
sliced bread [slaɪst ˈbred]	geschnittenes Brot
chop [tʃɒp]	**klein schneiden; Kotelett**
mince [mɪns]	**durch den Fleischwolf drehen**
minced meat / mince	Hackfleisch; Gehacktes

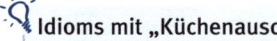 **Idioms mit „Küchenausdrücken"**

He didn't mince his words. (= Er nahm kein Blatt vor den Mund.)
The boss will make mincemeat of me if he hears that.
   (= Der Chef macht Hackfleisch aus mir / macht mich zur Schnecke,
   wenn er das hört.)
We fell / jumped out of the frying pan into the fire.
   (= Wir kamen vom Regen in die Traufe.)
We decided to let him stew [stjuː] *in his own juice* [dʒuːs].
   (= Wir beschlossen, ihn in seinem eigenen Saft schmoren zu lassen.)

grind [graɪnd] (– ground – ground)	(*z. B. Kaffee*) **mahlen**
coffee grinder / **coffee mill**	**Kaffeemühle**
boil [bɔɪl]	**kochen; sieden**
a soft-boiled / hard-boiled egg	ein weich gekochtes / hart gekochtes Ei
parboil [ˈpɑːbɔɪl]	**halbgar kochen; ankochen**
bake a cake [keɪk]	**einen Kuchen backen**
fry [fraɪ]	(in der Pfanne) **braten**
fried eggs [fraɪd ˈegz]	Spiegeleier
sunny-side up *AE*	(*Ei*) **nur auf einer Seite gebraten**
stew [stjuː]	(*Fleisch*) **schmoren**; (*Obst*) **dünsten**
roast [rəʊst]	**braten; Braten**
roast pork / beef / duck	Schweine- / Rinder- / Entenbraten

roast chicken [rəʊst 'tʃɪkən]	Brathähnchen
grill [grɪl] *BE* / *AE* **broil** [brɔɪl]	**grillen**
rare [reə]	**nur schwach gebraten**
I want my steak [steɪk] rare.	Ich möchte mein Steak „englisch".
medium ['miːdiəm]	halb durchgebraten; halb durch
well done [wel 'dʌn]	durchgebraten
toast [təʊst] – **toaster**	**Toast** / **toasten** – **Toaster**
pots and pans [pɒts n 'pænz]	**Töpfe und Pfannen**
teapot – **coffeepot** ['kɒfipɒt]	**Teekanne** – **Kaffeekanne**
frying pan *BE* / *AE* **skillet** ['skɪlət]	**Bratpfanne**
saucepan ['sɔːspən]	**Kochtopf**
kettle ['ketl]	**Kessel**
Shall I put the kettle on?	Soll ich Kaffee / Tee machen?
dish [dɪʃ]	**Schüssel; Gericht** (= *Speise*)
do the dishes ['dɪʃɪz] (– did – done)	das Geschirr abwaschen
vegetarian [vedʒə'teəriən] dishes	vegetarische Gerichte
bowl [bəʊl]	**Schüssel; Schale**
salad / soup [suːp] bowl	Salat- / Suppenschüssel
`cup` **and saucer** ['sɔːsə]	**Tasse und Untertasse**
`plate` [pleɪt]	**Teller**
jar [dʒɑː]	(Marmeladen-)**Glas; Topf** / **Krug** / **Gefäß** (aus Glas, Ton etc.)
a jar of English marmalade	ein Glas englischer Orangenmarmelade
jug [dʒʌg] *BE* / *AE* **pitcher**	(Ton- / Glas-)**Kanne** / **Krug**
a jug of fresh milk	ein Krug mit frischer Milch
can [kæn]	**einmachen; eindosen; einwecken**
can opener ['kæn əʊpnə]	Büchsenöffner; Dosenöffner
canned beans [kænd 'biːnz]	Bohnen in der Dose / Büchse
bottle opener ['bɒtl əʊpnə]	**Flaschenöffner**
corkscrew ['kɔːkskruː]	**Korkenzieher**
nutcracker ['nʌtkrækə]	**Nussknacker**
`knife` [naɪf] **and fork** *Pl.* knives	**Messer und Gabel**
spoon [spuːn]	**Löffel**
soupspoon – teaspoon	Suppenlöffel – Teelöffel
two teaspoonfuls of sugar	zwei Teelöffel Zucker
measuring ['meʒərɪŋ] **cup** / **spoon**	**Messbecher / -löffel**
cooker *BE* / *AE* **stove** [stəʊv]	**(Koch-)Herd**
pressure cooker ['preʃə kʊkə]	Schnellkochtopf
oven ['ʌvn]	**Backofen**
microwave (oven) ['maɪkrəweɪv]	**Mikrowelle(nherd)**
coffeemaker ['kɒfimeɪkə]	**Kaffeemaschine**
tray [treɪ]	**Tablett**

Eating, drinking, clothing

3.4 Meals
Mahlzeiten

breakfast ['brekfəst]	**Frühstück**
What time are we having breakfast?	Wann frühstücken wir?
I have coffee for breakfast.	Ich trinke zum Frühstück Kaffee.
a working breakfast	ein Arbeitsfrühstück

i *Continental breakfast:* ein „kleines" Frühstück, das aus bread
(= Brot), *rolls* (= Brötchen), *croissants* ['kwæsɑːnts] (= Hörnchen),
butter, jam (= Marmelade) und coffee besteht.
English breakfast: ein „großes" Frühstück bestehend aus *bacon*
['beɪkən] *and eggs* (= Speck und Eiern), *cereals* ['sɪərɪəlz] wie *cornflakes* oder *muesli* ['mjuːzli], *toast and marmalade* ['mɑːmələɪd]
(= Orangenmarmelade) sowie fruit [fruːt] (= Obst) oder *fruit juice*
[dʒuːs] (= Fruchtsaft) etc.

lunch [lʌntʃ] / *förmlich* **luncheon** ['lʌntʃən]	**Mittagessen** (*wenn die Hauptmahlzeit am Abend eingenommen wird*)
We had lunch in the canteen [kæn'tiːn].	Wir haben in der Kantine zu Mittag gegessen.

i „Mahlzeit!" als Grußformel und „Guten Appetit!" haben im Englischen keine direkten Entsprechungen. Statt des Ersteren verwendet
man so etwas wie *hello!, hi!* oder *(good) afternoon!*, während das
Letztere durch *enjoy* [ɪn'dʒɔɪ] *your meal!* oder das französische *bon
appetit!* [bɒn apeˈti] ausgedrückt werden kann.

tea [tiː]	**(Nachmittags-)Tee / Kaffee**
We had tea at the Savoy [sə'vɔɪ].	Wir haben im Savoy Kaffee getrunken.
Eat your tea, Bobby.	Bobby, iss dein Essen auf!
dinner ['dɪnə]	**Abend- / Mittagessen** (*als Haupt- mahlzeit*)
We're having people for dinner.	Wir haben Gäste zum Essen.
We're going out to dinner tonight.	Wir gehen heute Abend essen.
supper ['sʌpə]	**Abendessen; Abendbrot**
She gave the kids their supper and then put them to bed.	Sie gab den Kindern ihr Abend- brot und brachte sie dann ins Bett.

3.5 Eating out
Auswärts essen

guest [gest] / *förmlich* **patron** [eɪ]	Gast
Patrons are requested ... [rɪ'kwestɪd]	Wir bitten unsere verehrten Gäste ...
patronize ['pætrənaɪz]	(als Kunde / Kundin) besuchen
our **regulars** ['regjələz]	unsere **Stammgäste**

Kinds of restaurants ['restrɒnts] **(= Arten von Restaurants)**
café ['kæfeɪ] (= kleines Restaurant) • *cafeteria* [kæfə'tɪəriə] (= Selbstbedienungsrestaurant) • *canteen* [kæn'ti:n] (= Kantine) • *chip shop /
chippy* (BE = Fritten- / Pommesbude) • *deli(catessen)* ['deli] (AE =
Feinkostgeschäft mit Schnellimbiss) • *coffee bar* (BE = Café) •
coffee shop (AE = kleines Restaurant, oft in Hotels) • *diner* (AE =
Restaurant, das typisch amerikanische Kost in traditionellem
Ambiente bietet) • *dining car* (= Speisewagen) • *drive-in* (= Drive-
in-Restaurant) • *eatery* (= Esslokal) • *fish and chip shop* (BE =
Fischbraterei) • *greasy spoon* [gri:si 'spu:n] (= „schmieriger Löffel"
= kleines, billiges, oft schmuddeliges Esslokal) • *hamburger place*
(= Hamburger-Restaurant) • *lunch counter / luncheonette* (AE =
Imbissstube) • *pull-in* (BE = Raststätte) • restaurant • *sandwich bar*
• *self-service* (= Selbstbedienungsrestaurant) • *snack bar* (= Imbissstube) • *steakhouse* ['steɪkhaʊs] • *takeaway* BE / AE *carryout / takeout*
(= Restaurant für Außer-Haus-Verkauf) • *tearoom* (= Teestube / Café)
• *transport café* ['trænspɔ:t kæfeɪ] BE / AE *truck stop* (= Fernfahrer-
raststätte) • *wine bar* (BE = Weinstube)

---

cloakroom *BE* / *AE* **checkroom**	Garderobe

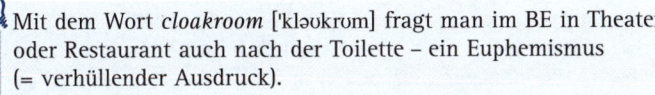 Mit dem Wort *cloakroom* ['kləʊkrʊm] fragt man im BE in Theater
oder Restaurant auch nach der Toilette – ein Euphemismus
(= verhüllender Ausdruck).

snack [snæk]	Imbiss; Kleinigkeit zu essen
to take away *BE* / *AE* **to go**	zum Mitnehmen
a bag of chips to take away *BE* / *AE* a bag of French fries to go	eine Tüte Fritten / Pommes zum Mitnehmen
book [bʊk]	**buchen; reservieren; vorbestellen**
book a table	einen Tisch reservieren
reservation [rezə'veɪʃn]	**Reservierung**
Have you a reservation, sir?	Haben Sie einen Tisch reserviert?

reserve [rɪ'zɜːv]

I have a table reserved in the
   name of Smith.

menu ['menjuː]

meal [miːl]

a four-course meal

order ['ɔːdə]

Do you wish to order now, sir?

starter ['stɑːtə]

What would you like for a starter?

soup of the day / **soup du jour**

The eel pie [iːl 'paɪ] is **off**.

have (– had – had)

I think I'll have the smoked
   salmon ['sæmən], please.

decide [dɪ'saɪd]

Have you decided on a wine, sir?

recommend [rekə'mend]

choose [tʃuːz] (– chose – chosen)

sweet BE / AE **dessert** [dɪ'zɜːt]

do (– did – done [dʌn])

Do you do tiramisu?

to follow [tə 'fɒləʊ]

with a coffee to follow

bill [bɪl] BE / AE **check** [tʃek]

Waiter, the bill / check please.

service (charge) ['sɜːvɪs (tʃɑːdʒ)]

Service (is) not included [ɪn'kluːdɪd].

tip / förmlich **gratuity** [grə'tjuːəti]

How much did you tip the maître
   d' ['meɪtrə 'diː]?

manager ['mænɪdʒə]

I'd like to see the manager, please.

buffet ['bʊfeɪ]

salad bar ['sæləd bɑː]

serving / **helping** / **portion** ['pɔːʃn]

to go with

I'd like a dry wine to go with
   the fish.

hot [hɒt]

Is this curry ['kʌri] very hot?

reservieren (lassen)

Ich habe einen Tisch auf den
   Namen Smith reservieren lassen.

Speisekarte

Mahlzeit; Essen

ein Essen mit vier Gängen

bestellen; Bestellung

Möchten Sie jetzt bestellen?

Vorspeise

Was hätten Sie gern als Vorspeise?

Tagessuppe

Die Aalpastete ist **aus**(gegangen).

essen; nehmen

Ich glaube, ich nehme den
   Räucherlachs.

(sich) entscheiden

Haben Sie sich für einen Wein
   entschieden?

empfehlen

(aus)wählen

Nachtisch

(auf der Karte / im Angebot) **haben**

Haben Sie auch Tiramisu?

danach

und danach einen Kaffee

Rechnung

Herr Ober, bitte zahlen!

Bedienung(sgeld)

Bedienung nicht inbegriffen / extra.

Trinkgeld

Wie viel Trinkgeld hast du dem
   Oberkellner gegeben?

Geschäftsführer(in)

Ich möchte bitte mal den
   Geschäftsführer sprechen.

Büfett

Salattheke

Portion

passend zu

Zum Fisch hätte ich gern einen
   trockenen Wein.

scharf (gewürzt)

Ist dieser Curry sehr scharf?

3.6 Clothing
Kleidung

clothes [kləʊðz]	Kleidung; (Anzieh-)Sachen
I need some new clothes.	Ich brauche was Neues zum Anziehen.
casual ['kæʒuəl] clothes	Freizeitkleidung
dress [dres]	Kleidung; sich anziehen / kleiden
She always dresses well.	Sie zieht sich immer gut an.
She was dressed in black.	Sie war schwarz gekleidet.
wear [weə] (– wore – worn)	tragen
I never wear a hat.	Ich trage nie einen Hut.
put on (– put – put) [pʊt]	(Kleidung) anziehen; (Hut) aufsetzen
You'd better put a coat on.	Du ziehst besser einen Mantel an.
take off (– took – taken)	(Kleidung) ausziehen; (Hut) abnehmen
He took off his hat and coat.	Er legte Hut und Mantel ab.
She took her clothes off.	Sie zog sich aus.

Coats, jackets, and suits (= Mäntel, Jacken und Anzüge)

coat (= Mantel / AE auch Jackett / Sakko) • *overcoat / topcoat* (= Mantel) • *raincoat* / BE auch *mackintosh / mac* (= Regenmantel) • *fur coat* (= Pelzmantel) • jacket (= Jacke / Jackett / Sakko) • *sports jacket* BE / AE *sport coat* (= Sportsakko) • suit [suːt] (= Anzug / Kostüm) • *trouser suit* BE / AE *pantsuit* (= Hosenanzug) • *waistcoat* ['weɪskəʊt] BE / AE *vest* (= Weste)

Dresses (= Kleider)

dress (= Kleid) • *slit dress* (= Kleid mit Gehschlitz) • *wedding dress / wedding gown* [gaʊn] (= Hochzeitskleid) • *evening dress / evening gown* (= Abendkleid)

Tops (= Oberteile)

blouse [blaʊz] (= Bluse) • *sweater* ['swetə] / *pullover* ['pʊləʊvə] / *jersey* [z] / nur BE *jumper* (= Pullover / Pulli) • *V-neck(ed) sweater* (= Pullover mit V-Ausschnitt) • shirt (= Oberhemd / Hemdbluse) • *long-sleeved – short-sleeved – sleeveless* (= langärmelig – kurzärmelig – ärmellos) • *sweatshirt* (= weit geschnittener Pullover) • *polo shirt* (= Polohemd) • *T-shirt*

Trousers, skirts, etc. (= Hosen, Röcke usw.)

trousers / pants (= Hose) • *(blue) jeans / denims* ['denɪmz] (= Jeans) •
shorts (= kurze Hose) • *skirt* (= Rock) • *pleated skirt* (= Faltenrock) •
kilt (= Schottenrock)

Bei *trousers, pants, tights* etc. entspricht dem deutschen Singular
ein englischer Plural: *Where are my tights?*

Underwear and swimwear (= Unterwäsche und Badekleidung)

(under)pants / AE auch *undershorts* (= Unterhose) • *briefs* [bri:fs]
(= Slip) • *Jockey™ shorts / BVD's™* [bi:vi:'di:z] nur AE (= Herren-
unterhose) • *boxer shorts / boxers* (= Boxershorts) • *long johns*
['lɒŋ dʒɒnz] (= lange Unterhose) • *panties* ['pæntiz] / nur BE *knickers*
['nɪkəz] (= Damenschlüpfer) • *vest* BE / AE *undershirt* (= Unterhemd)
• *slip / underskirt* (= Unterrock) • *petticoat* (= Petticoat) • *tights* BE /
AE *pantyhose* ['pæntihəʊz] (= Strumpfhose) • *bra* [brɑ:] (– BH) •
trunks (= Badehose) • *swimsuit / bathing* ['beɪðɪŋ] *suit* (= Badeanzug)

Night clothes [kləʊðz] (= Nachtwäsche)

nightdress BE / AE *nightgown* / BE+AE umgangssprachl. *nightie*
['naɪti] (= Damennachthemd) • *pyjamas* [pə'dʒɑ:məz] BE / AE *pajamas*
(= Schlafanzug) • *dressing gown* [gaʊn] (= Morgenrock) • *bathrobe*
['bɑ:θrəʊb] (= Bademantel)

Footwear ['fʊtweə] (= Fußbekleidung)

shoes [ʃu:z] (= Schuhe) • *casuals* ['kæʒuəlz] / *slip-on shoes / slip-
ons* (= Slipper) • *high heels* (= hochhackige Schuhe) • boots [bu:ts]
(= Stiefel) • *sandals* ['sændəlz] (= Sandalen) • *slippers* (= Haus-
schuhe) • *trainers* BE / AE *sneakers* ['sni:kəz] (= Turnschuhe)

Headgear ['hedgɪə] (= Kopfbedeckung)

hat (= Hut) • *cap* (= Mütze) • *baseball cap* (= Baseballmütze) •
helmet (= Helm) • *crash helmet* (= Sturzhelm) • *headscarf*
(= Kopftuch)

Other articles of clothing ['kləʊðɪŋ] and accessories [ək'sesəriz] (= andere Kleidungsstücke und Zubehör)

tie / AE auch *necktie* (= Schlips) • *bow tie* [bəʊ 'taɪ] (= Fliege) •
scarf (= Schal / Halstuch) • *gloves* [glʌvz] (= Handschuhe) • *stockings*
(= Strümpfe) • *socks* (= Socken) • *apron* ['eɪprən] (= Schürze) •
overalls BE / AE *overall* (= Overall) • *belt* (= Gürtel) • *braces* ['breɪsɪz]
BE / AE *suspenders* [sə'spendəz] (= Hosenträger) • *button* (= Knopf) •
zip BE / AE *zipper* (= Reißverschluss)

Kapitel 4

4.1 Illnesses and symptoms
Krankheiten und Symptome

Gesundheitspflege

disease [dɪˈziːz]	(*bestimmte*) **Krankheit, Erkrankung**
Alzheimer's / Parkinson's disease	die Alzheimer- / Parkinson-krankheit
infectious / tropical diseases	Infektions- / Tropenkrankheiten
sickness [ˈsɪknəs]	**Krankheit** (*allgemein*)**; Übelkeit**
I had just four days of sickness.	Ich hatte nur vier Krankheitstage.
He **was** **sick** .	Ihm **war schlecht / übel. /** Er **übergab sich. /** Er **war krank.**
symptom [ˈsɪmptəm]	**Symptom; Anzeichen**
attack [əˈtæk]	**Anfall**
an attack of asthma	ein Asthmaanfall

Ausdrücke für „Krankheit etc."
serious [ˈsɪəriəs] *diseases* (= ernste Krankheiten) • *a serious illness*
(= eine ernste Erkrankung) • *contract* [kənˈtrækt] *a disease / an illness*
(= sich eine Krankheit zuziehen) • *mental illness / disorder / disease*
(= Geisteskrankheit) • *a respiratory* [rɪˈspɪrətri] *disease / ailment*
(= eine Atemwegserkrankung) • *in sickness and in health* [helθ]
(= in kranken und gesunden Tagen)

---

fever [ˈfiːvə]	**Fieber**
have a fever / run a temperature	Fieber / Temperatur haben
nausea [ˈnɔːziə]	**Übelkeit**
vomiting [ˈvɒmɪtɪŋ] / **throwing up**	**Erbrechen**
chronic [ˈkrɒnɪk]	**chronisch**
stroke [strəʊk]	**Schlaganfall**
heatstroke – sunstroke	(ein) Hitzschlag – (ein) Sonnenstich
collapse [kəˈlæps]	**zusammenbrechen; kollabieren**
heart [hɑːt]	**Herz**
She has a heart condition.	Sie ist herzkrank.
He suffered / had a heart attack.	Er erlitt einen Herzanfall / -infarkt.
heart trouble – heart failure	Herzbeschwerden – Herzversagen
coronary (thrombosis) [kɒrənri θrɒmˈbəʊsɪs]	**(Herz-)Infarkt**
He has survived two coronaries.	Er hat zwei Infarkte überlebt.
cold [kəʊld]	**Erkältung; Schnupfen; Grippe**
(the) **flu** [fluː]	(die) **Grippe**

She came down with (the) flu.	Sie kriegte die Grippe.
a sore throat [sɔː ˈθrəʊt]	**Halsschmerzen**
I've got a sore throat.	Ich habe Halsschmerzen.
cough [kɒf]	**husten; Husten**
sneeze [sniːz]	**niesen**
smallpox [ˈsmɔːlpɒks] – **chickenpox**	(die) **Pocken** – (die) **Windpocken**
smallpox vaccination [væksɪˈneɪʃn]	Pocken(schutz)impfung
pneumonia [njuːˈməʊniə]	**Lungenentzündung**
appendix [əˈpendɪks]	**Blinddarm**
blood [blʌd]	**Blut**
high / low blood pressure	hoher / niedriger Blutdruck
food poisoning [ˈfuːd pɔɪznɪŋ]	**Lebensmittelvergiftung**
indigestion [ɪndɪˈdʒestʃən]	**Verdauungsstörung**
stomach [ˈstʌmək]	**Magen**
stomach trouble [ˈstʌmək trʌbl]	Magenbeschwerden
He has an upset [ˈʌpset] stomach.	Er hat sich den Magen verdorben.
(stomach) ulcer [ˈʌlsə]	**(Magen-)Geschwür**
gallstone [ˈgɔːlstəʊn] – **kidney stone**	**Gallenstein – Nierenstein**
tumour [ˈtjuːmə]	**Tumor; Geschwulst**
a benign [bɪˈnaɪn] / malignant [məˈlɪgnənt] tumour	eine gutartige / bösartige Geschwulst
cancer [ˈkænsə]	**Krebs**
stomach / lung / breast cancer	Magen- / Lungen- / Brustkrebs
tuberculosis [tjuːbɜːkjuˈləʊsɪs]	**Tuberkulose**
She contracted tuberculosis / TB.	Sie erkrankte an Tuberkulose / Tbc.
AIDS [eɪdz]	**Aids**
There's no cure or vaccine [ˈvæksiːn] for AIDS.	Für Aids gibt es kein Heilmittel und keinen Impfstoff.
cramp [kræmp]	**Krampf**
gout – **rheumatism** [ˈruːmətɪzm]	**Gicht** – **Rheuma(tismus)**
lumbago [lʌmˈbeɪgəʊ]	**Hexenschuss**
allergic [əˈlɜːdʒɪk] – **allergy** [ˈælədʒi]	**allergisch** – **Allergie**
She's allergic to cats.	Sie ist gegen Katzen allergisch.
allergy sufferer [ˈsʌfərə]	Allergiker(in)
rash [ræʃ]	**Ausschlag**
come out / break out in a rash	einen Ausschlag bekommen
itching [ˈɪtʃɪŋ]	**Jucken; Juckreiz**
a (slight) **swelling** [ˈswelɪŋ]	**eine** (leichte) **Schwellung**
pus [pʌs]	**Eiter**
varicose veins [værɪkəʊs ˈveɪnz]	**Krampfadern**
sleeplessness / insomnia	**Schlaflosigkeit**
unconscious [ʌnˈkɒnʃəs] – **unconsciousness**	**bewusstlos** – **Bewusstlosigkeit**

4.2 Accidents and injuries
Unfälle und Verletzungen

accident ['æksɪdənt]	**Unfall; Unglück**
when an accident happens / occurs	wenn es zu einem Unfall kommt
She was injured in an accident.	Sie wurde bei einem Unfall verletzt.
crash [kræʃ]	**zusammenstoßen; abstürzen**
The thief [θiːf] crashed the car into a wall.	Der Dieb fuhr mit dem Auto gegen eine Mauer.
Six people died [daɪd] in the crash.	Bei dem Zusammenstoß / Absturz starben sechs Menschen.
collide [kə'laɪd] – **collision** [kə'lɪʒn]	**zusammenstoßen – Zusammenstoß**
A taxi had collided with / crashed into a bus.	Ein Taxi war mit einem Bus zusammengestoßen.
hit (– hit – hit) [hɪt]	(*Auto*) **prallen gegen**
The car hit a wall.	Das Auto prallte gegen eine Mauer.

Dass jemand angefahren wird, kann mit *knock down, knock over, hit (– hit – hit), strike (– struck – struck)* ausgedrückt werden:
She was knocked down | knocked over | hit | struck by a bus.
(= Sie wurde von einem Bus angefahren.)

unharmed / unhurt / unscathed	**unverletzt**
hurt (– hurt – hurt) [hɜːt]	**verletzen**
She was hurt in the fire.	Sie wurde bei dem Brand verletzt.
injure ['ɪndʒə] – **injuries** ['ɪndʒəriz]	**verletzen – Verletzungen**
He was seriously / critically injured.	Er wurde schwer verletzt.
She suffered head injuries.	Sie erlitt Kopfverletzungen.
break [breɪk] (– broke – broken)	**brechen**
He's broken his leg.	Er hat sich das Bein gebrochen.
fracture ['fræktʃə]	**(Knochen-)Bruch; Fraktur**
concussion [kən'kʌʃn]	**(eine) Gehirnerschütterung**
burns [bɜːnz]	**Verbrennungen**
second-degree burns	Verbrennungen zweiten Grades
suffocate ['sʌfəkeɪt] – **suffocation**	**ersticken – Ersticken**
The animals (were) suffocated.	Die Tiere erstickten.
Six people died of suffocation.	Sechs Menschen erstickten.
dislocate ['dɪsləkeɪt]	**ausrenken; auskugeln; verrenken**
He dislocated his shoulder ['ʃəʊldə].	Er kugelte sich die Schulter aus.
twist [twɪst]	**verdrehen; verrenken**

4

Health care

I've twisted my arm.	Ich habe mir den Arm verrenkt.
She has twisted her ankle ['æŋkl].	Sie hat sich den Fuß vertreten.
sprain [spreɪn]	**verstauchen; Verstauchung**
She has sprained her ankle.	Sie hat sich den Fuß verstaucht.
strain [streɪn]	(z. B. Muskel-)Zerrung; zerren
He strained his back playing squash [skwɒʃ].	Er hat sich beim Squashspielen eine Rückenzerrung zugezogen.
bruise [bru:z]	**blauer Fleck; Prellung; Bluterguss**
cuts and bruises ['bru:zɪz]	Schnittwunden und Prellungen
She was badly bruised [bru:zd].	Sie hatte überall blaue Flecken.
bleed [bli:d] (– bled – bled)	**bluten**
The man was bleeding heavily.	Der Mann blutete stark.
dress a wound [wu:nd]	**eine Wunde verbinden**
dressing ['dresɪŋ]	**Verband**
plaster [ɑ:] / **Elastoplast**™ [ɪ'læstəplɑ:st] BE / AE **Band-Aid**™	**(Heft-)Pflaster**
Give me a plaster, quick.	Gib mir schnell mal ein Pflaster.
casualty ['kæʒuəlti]	**(Unfall-)Opfer; Verletzte(r)**
shock [ʃɒk]	**Schock**
She was in shock.	Sie stand unter Schock.
exposure [ɪk'spəʊʒə]	**Unterkühlung**
die of exposure	an Unterkühlung sterben; erfrieren
administer first aid [əd'mɪnɪstə]	**erste Hilfe leisten**
resuscitate [rɪ'sʌsɪteɪt]	**wiederbeleben**
mouth-to-mouth resuscitation [rɪsʌsɪ'teɪʃn]	Mund-zu-Mund-Beatmung
treat [tri:t]	**(ärztlich) behandeln**
The victims were treated at the scene [si:n].	Die Opfer wurden an der Unfall-stelle ärztlich versorgt.
ambulance ['æmbjələns]	**Krankenwagen**
call / phone for an ambulance	einen Krankenwagen rufen
stretcher ['stretʃə]	**Tragbahre**
take [teɪk] (– took – taken)	**bringen**
They were taken to BE / AE to the hospital ['hɒspɪtl].	Sie wurden ins Krankenhaus gebracht.
emergency [ɪ'mɜ:dʒənsi]	**Notfall**
emergency doctor	Notarzt / Notärztin
casualty ['kæʒuəlti] BE / AE **emergency room**	**Notaufnahme**
He's still in casualty / in the emergency room.	Er ist immer noch in der Not-aufnahme.
condition [kən'dɪʃn]	**Zustand; Verfassung**
She's in (a) critical condition.	Ihr Zustand ist kritisch.

4.3 Disabilities
Behinderungen

disability [ˌdɪsəˈbɪləti]	**Invalidität; Erwerbsunfähigkeit**
physical [ˈfɪzɪkl] / mental disability	körperliche / geistige Behinderung
disorder [dɪsˈɔːdə]	**(Funktions-)Störung**
He suffers from a mental disorder.	Er leidet an einer Geisteskrankheit.
children with learning disorders	lernbehinderte Kinder
defect [dɪˈfekt]	**Fehler**
speech defect / disorder	Sprachfehler
disabled [dɪsˈeɪbld]	**behindert**
She's mentally disabled.	Sie ist geistig behindert.
the disabled	die Behinderten
a disabled person	ein behinderter Mensch
handicap [ˈhændikæp]	**Behinderung**
handicapped [ˈhændikæpt]	behindert
physically / mentally handicapped	körperlich / geistig behindert
impair [ɪmˈpeə] – **impairment**	**beeinträchtigen – Beeinträchtigung**
impaired hearing	Schwerhörigkeit
unable [ʌnˈeɪbl] – **inability** [ɪnəˈbɪləti]	**außerstande – Unfähigkeit**
He's unable to speak / walk.	Er kann nicht sprechen / laufen.
invalid [ˈɪnvəlɪd]	**invalide; körperbehindert; Invalide**
A riding accident left her an invalid.	Ein Reitunfall machte sie zur Invalidin.
(mentally) retarded [rɪˈtɑːdɪd]	**(geistig) zurückgeblieben**
deaf [def]	**taub**
She's deaf in one ear.	Sie ist auf einem Ohr taub.
He's almost totally deaf.	Er ist fast völlig taub.
a young deaf-and-dumb [dʌm] man	ein junger Taubstummer
She has been deaf-mute [defˈmjuːt] from birth.	Sie ist von Geburt an taubstumm.
paralysed [ˈpærəlaɪzd]	**gelähmt**
control [kənˈtrəʊl]	**Kontrolle; kontrollieren**
She has no control of her arm or neck muscles [ˈmʌslz].	Sie kann ihre Arm- und Nacken- muskeln nicht kontrollieren.
hereditary [həˈredɪtri]	**erblich; Erb-**
hereditary disease / condition	Erbkrankheit
wheelchair (user) [ˈwiːltʃeə]	**Rollstuhl(fahrer/in)**
He's confined [kənˈfaɪnd] to a wheelchair.	Er ist an den Rollstuhl gefesselt.

4.4 **At the doctor's**
Beim Arzt

Doctor ist das allgemeine, umgangssprachliche Wort für Arzt/Ärztin und auch die Anredeform (*Thank you, doctor.*). *Physician* [fɪˈzɪʃn] ist die förmliche Berufsbezeichnung.

GP [dʒiːˈpiː] **(= general practitioner)** [præk'tɪʃənə]	praktischer Arzt / praktische Ärztin; Arzt/Ärztin für Allgemeinmedizin
family doctor [fæməli ˈdɒktə]	Hausarzt/Hausärztin

Some specialists (= Einige Fachärzte)
ear, nose, and throat specialist (= Hals-Nasen-Ohren-Arzt/-Ärztin) • *gynaecologist* [gaɪnəˈkɒlədʒɪst] (= Frauenarzt/-ärztin) • *eye specialist* (= Augenarzt/-ärztin) • *orthopaedist* [ɔːθəˈpiːdɪst] / *orthopaedic surgeon/specialist* (= Orthopäde/Orthopädin) • *paediatrician* [piːdiə-ˈtrɪʃn] (= Kinderarzt/-ärztin) • *psychiatrist* [saɪˈkaɪətrɪst] (= Psychiater/in) • *surgeon* [ˈsɜːdʒən] (= Chirurg/in)

surgery [ˈsɜːdʒəri]	*BE* Sprechzimmer, Sprechstunde
No Wednesday [ˈwenzdeɪ] surgery	Mittwochs keine Sprechstunde

BE *surgery* = AE *office*
Arztpraxis = BE (*doctor's*) *surgery* / AE (*doctor's*) *office*
Sprechstunde = BE *surgery hours* / AE *office hours*

receptionist [rɪˈsepʃənɪst]	Sprechstundenhilfe (*am Empfang*)
appointment [əˈpɔɪntmənt]	**Termin**
Have you (got) an appointment?	Haben Sie einen Termin?
patient [ˈpeɪʃnt]	**Patient(in)**
trouble [ˈtrʌbl]	**Beschwerden; Leiden**
What's the trouble?	Was haben Sie für Probleme?
I've got stomach [ˈstʌmək] trouble.	Ich habe Magenbeschwerden.
My back is giving me trouble.	Mein Rücken macht mir zu schaffen.
Do you have trouble passing (your) water?	Haben Sie Schwierigkeiten beim Wasserlassen?
weight [weɪt]	**Gewicht**
put on weight / lose weight	zunehmen/abnehmen
pain [peɪn]	**Schmerz(en)**
a dull / sharp / burning / stabbing pain	ein dumpfer / heftiger / brennender / stechender Schmerz

-ache [-eɪk]
I have backache / stomachache ['stʌməkeɪk].

-schmerzen
Ich habe Rückenschmerzen / Bauchschmerzen.

headache ['hedeɪk]
Do you have a headache?
Do you suffer from headaches?

Kopfschmerzen
Haben Sie Kopfschmerzen?
Leiden Sie unter Kopfschmerzen?

appetite ['æpətaɪt]
become / fall / get **sick** [sɪk]
She felt sick.

Appetit
krank werden
Ihr war übel.

period ['pɪəriəd]
bowels ['baʊəlz]
Are your bowels regular ['regjələ]?

Periode; Monatsblutung; Regel
Eingeweide; Gedärm; Darm
Haben Sie regelmäßig Stuhlgang?

breathe [briːð]
breath [breθ]
Take a deep breath.
I'm easily out of / short of breath.

atmen
Atem
Holen Sie tief Luft.
Ich gerate schnell außer Atem.

have a **fever** ['fiːvə]
have a **temperature** ['temprətʃə]
blood pressure ['blʌd preʃə]
X-ray ['eks reɪ]
ultrasound scan ['ʌltrəsaʊnd skæn]
injection [ɪn'dʒekʃn]
take off (– took – taken)
Would you mind taking off all your clothes [kləʊðz].

Fieber haben
Temperatur haben
Blutdruck
Röntgenaufnahme
Ultraschalluntersuchung
Injektion; Spritze
ausziehen
Würden Sie sich bitte ganz ausziehen.

get dressed (– got – got) [drest]
examine [ɪg'zæmɪn]
drug [drʌg]
a pain-killing drug
medication [medɪ'keɪʃn]
take medication (– took – taken)
medicine ['medsn]
Are you taking any medicines?
pill [pɪl]
She's been on the pill for years.
remedy ['remədi]
There is no remedy for colds.

sich anziehen
untersuchen
Medikament; Arzneimittel
ein Schmerzmittel
Medikamente; Verordnung
Medikamente nehmen
Medizin; Medikament; Arznei
Nehmen Sie Medikamente ein?
Pille
Sie nimmt seit Jahren die Pille.
(Heil-)Mittel
Es gibt kein Mittel gegen Erkältungen.

ointment ['ɔɪntmənt]
prescription [prɪ'skrɪpʃn]
available on prescription only
checkup ['tʃekʌp]
have a checkup

Salbe
Rezept
nur auf Rezept erhältlich
(ärztliche) Untersuchung
sich untersuchen lassen

4.5 At the dentist's
Beim Zahnarzt

dentist ['dentɪst] / **dental surgeon**	**Zahnarzt / Zahnärztin**
dental treatment ['dentl tri:tmənt]	**Zahnbehandlung**
toothache ['tu:θeɪk]	**Zahnschmerzen**
I have (a) toothache.	Ich habe Zahnschmerzen.
sensitive ['sensətɪv]	**empfindlich**
The tooth is sensitive to cold.	Der Zahn ist kälteempfindlich.
hurt [hɜːt]	**wehtun**
This tooth hurts.	Dieser Zahn tut weh.
gum(s) [gʌm(z)]	**Zahnfleisch**
loose [luːs]	**lose**
The tooth is loose.	Der Zahn wackelt.
lower jaw [dʒɔː] – **upper jaw**	**Unterkiefer – Oberkiefer**
rinse [rɪns]	**spülen; Spülung**
Rinse thoroughly ['θʌrəli], please.	Bitte gründlich (aus)spülen.
tooth [tuːθ] – **teeth** [tiːθ]	**Zahn – Zähne**
pull out / take out / extract [ɪk'strækt] a tooth	einen Zahn ziehen
have a tooth out	sich einen Zahn ziehen lassen
fill [fɪl]	**füllen; plombieren**
filling ['fɪlɪŋ]	**Füllung; Plombe; Inlay**
This filling needs to be replaced.	Diese Füllung muss ersetzt werden.
decay [dɪ'keɪ]	**Verfall; Zerfall; Karies**
I'll have to drill some more to remove [rɪ'muːv] the decay.	Ich muss noch etwas bohren, um die Karies zu entfernen.
crown [kraʊn]	**Krone; überkronen**
bridge [brɪdʒ]	**Brücke**
fit a bridge	eine Brücke anbringen
denture(s) ['dentʃə(z)]	**Zahnprothese; künstliches Gebiss**
a complete / partial ['pɑːʃl] denture	eine Voll- / Teilprothese
root treatment ['ruːt tri:tmənt]	**Wurzelbehandlung**
impression [ɪm'preʃn]	**Abdruck**
take an impression for an inlay	einen Abdruck für ein Inlay machen
tartar ['tɑːtə]	**Zahnstein**
There's a lot of tartar there.	Sie haben viel Zahnstein.
plaque [plɑːk]	**Zahnbelag**
dental floss ['dentl flɒs]	**Zahnseide**
water jet ['wɔːtə dʒet]	**Munddusche**

4.6 In hospital
Im Krankenhaus

hospital ['hɒspɪtl]	**Krankenhaus; Klinik; Hospital**
field hospital ['fiːld hɒspɪtl]	(Feld-)Lazarett
hospital chaplain ['tʃæplɪn]	Krankenhauspfarrer(in)

💡 Im BE wird *hospital* ohne *the* gebraucht, wenn es um „die Inanspruchnahme der Institution Krankenhaus" geht; im AE steht hier immer *the*.
He went into hospital. = Er ging (als Patient) ins Krankenhaus.
They went to the hospital. = Sie gingen in das Krankenhaus (z. B. um einen Kranken zu besuchen).
She was taken to hospital / AE *to the hospital.* = Sie wurde ins Krankenhaus gebracht.

hospitalization [hɒspɪtlaɪ'zeɪʃn]	**Einweisung ins Krankenhaus**
She was hospitalized ['hɒs-] for weeks.	Sie war wochenlang im Krankenhaus.
outpatient ['aʊtpeɪʃnt]	**ambulante(r) Patient(in)**
outpatient treatment	ambulante Behandlung
outpatient surgical centre	chirurgische Ambulanz
inpatient ['ɪnpeɪʃnt]	**stationär behandelte(r) Patient(in)**
doctor [ɒ] / **physician** [fɪ'zɪʃn]	**Arzt / Ärztin**
the doctor on duty ['djuːti]	der diensthabende Arzt
the attending [ə'tendɪŋ] physician	der / die behandelnde Arzt / Ärztin
consultant [kən'sʌltənt] *BE*	**(leitender) Facharzt** (*am Krankenhaus*)
senior ['siːniə] consultant *BE*	Chefarzt / -ärztin
houseman *BE* / *AE* **resident**	**Assistenzarzt**
senior registrar [redʒɪ'strɑː] *BE* / *AE* **chief resident**	**Oberarzt / -ärztin**
medical *BE* / *AE* **physical** ['fɪzɪkl]	**ärztliche Untersuchung**
have a medical ['medɪkl] / physical	sich einer ärztlichen Untersuchung unterziehen
medical history ['hɪstri] / **case history**	**Krankengeschichte; Anamnese**
round [raʊnd]	**Visite**
The consultant [kən'sʌltənt] is doing his morning round.	Der Chefarzt macht gerade seine Morgenvisite.
ward [wɔːd]	(*Krankenhaus*) **Station**
maternity [mə'tɜːnəti] ward	Entbindungsstation

the medical ['medɪkl] ward — die innere Abteilung / Station
the surgical ['sɜːdʒɪkl] ward — die chirurgische Station / Chirurgie
ward doctor ['dɒktə] — Stationsarzt / -ärztin
ward sister / charge nurse BE — Stationsschwester
nurse [nɜːs] — **(Kranken-)Schwester / Pfleger**
casualty BE / AE **emergency room** — **Notaufnahme**
He was taken to casualty ['kæʒuəlti] / to the emergency [ɪ'mɜːdʒənsi] room. — Er wurde in die Notaufnahme gebracht.
trauma ['trɔːmə] — **Verletzung;** AE **Schwerverletzte(r)**
trauma center AE — Unfallstation
operation [ɒpə'reɪʃn] — **Operation**
have / undergo an operation — sich einer Operation unterziehen
operate on someone ['ɒpəreɪt] — **jemand operieren**
I was operated on for appendicitis [əpendə'saɪtɪs]. — Ich wurde am Blinddarm operiert.

operable – inoperable [ɪn'ɒpərəbl] — **operabel – inoperabel**
an inoperable brain tumour ['tjuːmə] — ein nicht operierbarer Gehirntumor
operating theatre BE / AE **operating room** — **Operationssaal**
surgeon ['sɜːdʒən] – **surgery** — **Chirurg(in) – (die) Chirurgie**
He specializes in heart surgery. — Er ist auf Herzchirurgie spezialisiert.

I had to have / undergo surgery. — Ich musste mich operieren lassen.
Caesarean (section) [si'zeəriən] — **Kaiserschnitt**
The baby was born by Caesarean. — Das Baby wurde mit Kaiserschnitt entbunden.

an **organ transplant** ['trænsplɑːnt] — eine **Organtransplantation**
anaesthetist [ə'niːsθətɪst] — **Anästhesist(in); Narkosearzt / -ärztin**

anaesthesia [ænəs'θiːziə] — **Narkose; Betäubung; Anästhesie**
anaesthetic [ænəs'θetɪk] — **Anästhetikum; Narkosemittel**
general anaesthetic — Vollnarkose
local anaesthetic — örtliche Betäubung
recovery room [rɪ'kʌvri ruːm] — **Wachraum; Wachstation**
intensive care unit [ɪn'tensɪv] / **ICU** — **Intensivstation**
She's in intensive care now. — Sie liegt jetzt „auf Intensiv".
drip [drɪp] — **Tropf; Infusion(sapparat)**
She's still on a drip. — Sie hängt immer noch am Tropf.
terminal (patient) ['tɜːmɪnl] — **unheilbar (Kranke / Kranker)**
terminal ward [wɔːd] — Sterbestation
terminally ill — unheilbar krank

4.7 **Healthy living**
Gesunde Lebensweise

health [helθ]	**Gesundheit**
Smoking is a health hazard ['hæzəd].	Rauchen gefährdet die Gesundheit.
health farm / *AE auch* fat farm	Gesundheitsfarm
health resort [rɪ'zɔːt]	Kurort
health food(s) ['helθ fuːd(z)]	Reform(haus)kost; Naturkost
health freak ['helθ friːk]	Gesundheitsfanatiker(in) / -apostel
health-conscious ['helθ kɒnʃəs]	gesundheitsbewusst
diet ['daɪət]	**Diät; (eine) Schlankheitskur (machen)**
Many people are dieting to control their cholesterol [kə'lestərɒl] intake.	Viele Leute leben Diät, um ihre Cholesterinaufnahme zu beschränken.
vegetarian [vedʒə'teəriən]	**vegetarisch; Vegetarier(in)**
organic food(s) [ɔːgænɪk 'fuːd(z)]	**Biokost, Biolebensmittel**
fibre ['faɪbə]	**Faser; Ballast(stoffe)**
food high in fibre and low in fat	Kost, die ballaststoffreich und fettarm ist
wholefood(s) ['həʊlfuːd(z)]	**Vollwertkost**
vitamin(s) ['vɪtəmɪn(z)]	**Vitamin(e)**
slimming pills / reducing pills	**Schlankheitspillen**
physiotherapy [fɪziəʊ'θerəpi]	**Physiotherapie**
massage ['mæsɑːʒ]	**Massage; massieren**
back / full-body massage	Rücken- / Ganzkörpermassage
sauna ['sɔːnə]	**Sauna**
exercise ['eksəsaɪz]	**Bewegung; Übung**
You need more exercise.	Sie brauchen mehr Bewegung.
exercises to strengthen your back muscles	(gymnastische) Übungen zur Stärkung der Rückenmuskulatur
You don't exercise enough.	Du bewegst dich nicht genug.
work out – workout ['wɜːkaʊt]	**trainieren – Training**
gymnastics [dʒɪm'næstɪks]	**Turnen**
yoga ['jəʊɡə]	**Yoga**
Yoga exercises are supposed to relax your mind and improve your physical fitness.	Yogaübungen sollen den Geist entspannen und die körperliche Verfassung verbessern.
walking ['wɔːkɪŋ]	**Spazierengehen; Wandern**
jog [dʒɒg]	**joggen; (einen) Dauerlauf (machen)**
go for a jog	einen Dauerlauf machen

Kapitel 5

5.1 **Flats and houses**
Wohnungen und Häuser

flat *BE / AE* **apartment** [ə'pɑːtmənt]	**(Etagen-)Wohnung**
a block of flats *BE / AE* an apartment building	ein Wohnblock
council flat *BE*	Sozialwohnung

Kinds of flats / apartments (= Arten von Wohnungen)
studio ['stjuːdiəʊ] (= Einzimmerwohnung) • *maisonette* [meɪzə'net] (= zweistöckige Einliegerwohnung) • *penthouse* (= Penthouse / Dachterrassenwohnung) • *bedsit(ter)* BE (= Wohnschlafzimmer)

---

my **home** [maɪ 'həʊm]	**mein Heim / Haus; meine Wohnung**
We're never away from home long.	Wir sind nie lange von zu Hause weg.
my **place** ['maɪ pleɪs]	**meine Wohnung; mein Haus**
Shall we go to my place?	Wollen wir zu mir gehen?
house [haʊs] *Pl.* houses ['haʊzɪz]	**Haus**
house [haʊz]	**unterbringen**
efforts to house the homeless	Bemühungen, die Obdachlosen unterzubringen
housing ['haʊzɪŋ]	**Wohnungen** (*als kollektiver Begriff*)
a shortage of affordable [ə'fɔːdəbl] housing	ein Mangel an erschwinglichem Wohnraum
housing estate ['haʊzɪŋ ɪsteɪt]	Wohnsiedlung
shelter ['ʃeltə]	**Obdach; (Not-)Unterkunft**
residence ['rezɪdəns]	**(Wohn-)Haus; Residenz**
the prime minister's official residence	der Amtssitz des Premierministers
castle ['kɑːsl]	**Burg; Schloss**
palace ['pæləs]	**Palast**
high-rise (building) ['haɪ raɪz]	**Hochhaus**
high-rise flats *BE / AE* high-rise apartment house	Wohnhochhaus
tower block ['taʊə blɒk]	**Wohn- / Bürohochhaus**
skyscraper ['skaɪskreɪpə]	**Wolkenkratzer**
terraced house [terəst 'haʊs] *BE*	**Reihenhaus**
prefab(ricated house) ['priːfæb]	**Fertighaus**
tent [tent]	**Zelt**

caravan ['kærəvæn] *BE / AE* **trailer**	**Wohnwagen**
floor [flɔ:] / **storey** ['stɔ:ri]	**Stock(werk); Etage**
They live on the third floor.	Sie wohnen im dritten Stock.
a six-storey house	ein sechsgeschossiges Haus
(in the) **loft** [lɒft]	(auf dem) **Boden / Speicher**
hall [hɔ:l]	**Diele; Korridor; Saal**
entrance hall ['entrəns hɔ:l]	Eingangshalle; Hausflur

Parts of a house or flat (= Teile eines Hauses oder einer Wohnung)
room (= Zimmer / Raum) • *bedroom* (= Schlafzimmer) • *living room* /
BE auch *sitting room* / BE auch *lounge* [laʊndʒ] (= Wohnzimmer) •
dining room (= Esszimmer) • *guestroom / spare room* (= Gäste-
zimmer) • *study* (= Arbeitszimmer) • *bathroom* (= Badezimmer) •
kitchen (= Küche) • *corridor* ['kɒridɔ:] (= Korridor / Flur) • *cellar*
['selə] (= Keller) • *basement* [s] (= Untergeschoss / Souterrain) •
balcony ['bælkəni] (= Balkon)

Beachten Sie: *A three-bedroom house* ist ein Haus mit
vier Zimmern, nämlich: *three bedrooms + one living room.*
A two-bedroom flat / apartment ist entsprechend eine
Dreizimmerwohnung (*two bedrooms + one living room*).

door [dɔ:]	**Tür**
There's someone at the door.	Es ist jemand an der Tür.
front door [frʌnt 'dɔ:] – back door	Haustür – Hintertür
window ['wɪndəʊ]	**Fenster**
on the windowsill	auf dem Fensterbrett
chimney – **open fire(place)**	**Schornstein – offener Kamin**
roof [ru:f]	**Dach**
I was glad to have a roof over	Ich war froh, ein Dach über dem
my head.	Kopf zu haben.
the **stairs** ['steəz] (*Plural*)	die **Treppe**
go upstairs [ʌp'steəz] / downstairs	nach oben / unten gehen
lift *BE / AE* **elevator** ['eləveɪtə]	**Aufzug; Fahrstuhl; Lift**
(front / back) **garden** ['gɑ:dn]	**Garten** (vor / hinter dem Haus)
yard [jɑ:d]	**Hof;** *AE auch* **Garten** (beim Haus)
backyard [bæk'jɑ:d]	**Hinterhof**

What's outside the house (= Was außerhalb des Hauses ist)
shed (= Schuppen) • *(swimming) pool* (= Schwimmbad) •
garage ['gæra:ʒ] (= Garage) • *carport* (= Carport) • *courtyard*
['kɔ:tjɑ:d] (= Hof) • *fence* (= Zaun) • *gate* (= Tor)

5.2 Furniture, fittings, etc.
Möbel, Ausstattung etc.

furniture ['fɜːnɪtʃə] (*Singular!*)	**Möbel**
The furniture was new.	Die Möbel waren neu.
several pieces / items of furniture	mehrere Möbelstücke
cupboard ['kʌbəd] *BE / AE* **closet**	**Schrank**
built-in / fitted cupboard *BE /*	Einbauschrank
AE closet ['klɒzɪt]	
walk-in cupboard / closet	begehbarer Einbauschrank
wardrobe ['wɔːdrəʊb]	**Kleiderschrank**

bed (= Bett) • *double bed* (= Doppelbett / französisches Bett) • *twin beds* (= zwei gleiche Einzelbetten) • *folding / foldaway bed* (= Klappbett) • *sofa* ['səʊfə] *bed / studio couch* (= Schlafcouch) • *mattress* (= Matratze) • *pillow* (= Kopfkissen) • *cushion* [ʊ] (= [z. B. Sofa-]Kissen) • *sheet* (= Laken) • *blanket* (= Decke) • *duvet* ['duːveɪ] (= Federbett / Plumeau)

shelf [ʃelf] *Pl.* shelves [ʃelvz]	(Regal-)Brett; Bord
the books on these shelves	die Bücher in diesem Regal
bookshelf *Pl.* -shelves	Bücherbord; Bücherbrett
bookcase ['bʊkkeɪs]	Bücherregal; Bücherschrank
sideboard ['saɪdbɔːd]	Anrichte; Büfett; Sideboard
table ['teɪbl]	**Tisch**
dining table ['daɪnɪŋ teɪbl]	Esstisch
tablecloth ['teɪblklɒθ]	Tischdecke
toilet ['tɔɪlət] / **lavatory** ['lævətri]	**Toilette**
go to the toilet / lavatory	auf die Toilette gehen
disabled [dɪsˈeɪbld] toilet	Behindertentoilette
bath [bɑːθ] *BE / AE* **bathtub**	**Badewanne**
shower ['ʃaʊə]	**Dusche; Brause**
tap *BE / AE* **faucet** ['fɔːsɪt]	**Wasserhahn**
turn the tap / faucet on / off	den Wasserhahn auf- / abdrehen
washbasin ['wɒʃbeɪsn] *BE / AE* **sink**	**Waschbecken**
(kitchen) sink [sɪŋk]	**Spülbecken; Spüle; Ausguss**

Electrical appliances [əˈplaɪənsɪz] (= **Elektrogeräte**)
refrigerator [rɪˈfrɪdʒəreɪtə] / *fridge* (= Kühlschrank) • *freezer* (= Tiefkühltruhe / Gefrierschrank) • *cooker* BE / AE *stove* [stəʊv] (= Herd) • *toaster* (= Toaster) • *washing machine* (= Waschmaschine) • *dryer* ['draɪə] (= Trockner) • *dishwasher* ['dɪʃwɒʃə] (= Spülmaschine) •

vacuum ['vækjuəm] *cleaner* (= Staubsauger) • *air conditioner* ['eə kəndɪʃənə] (= Klimaanlage) • *fan* (= Ventilator) • *water heater* (= Warmwasserbereiter)

lamp [læmp]	**Lampe**
light [laɪt]	**Licht; Lampe**
put / turn the lights on / off	die Lampen anmachen / ausmachen
power point / (wall) socket	**Steckdose**

Things to sit on or in (= Dinge, auf oder in denen man sitzt)
chair (= Stuhl / Sessel) • *armchair / easy chair* (= Sessel) •
deck chair (= Liegestuhl) • *rocking chair* (= Schaukelstuhl) •
sofa ['səʊfə] / *settee* [se'ti:] / *couch* (= Sofa) • *stool* (= Hocker / Schemel)

(wall / grandfather) clock	**(Wand- / Stand-)Uhr**
alarm clock [ə'lɑ:m klɒk]	Wecker
Our kitchen clock is slow / fast.	Unsere Küchenuhr geht nach / vor.
mirror ['mɪrə]	**Spiegel**
look in(to) the mirror	in den Spiegel gucken
curtains ['kɜ:tnz] *BE / AE* **drapes**	**Vorhang / Vorhänge**
He pulled back the curtains.	Er zog die Vorhänge auf.
draw / pull the curtains	die Vorhänge zuziehen
carpet(ing) ['kɑ:pɪt(ɪŋ)]	**Teppich(boden)**
fitted carpet *BE / AE* wall-to-wall	Teppichboden
rug [rʌg]	**Teppich; Läufer; Brücke**
parquet floor ['pɑ:keɪ]	**Parkettfußboden**
central heating [sentrəl 'hi:tɪŋ]	**Zentralheizung**
The house is centrally heated.	Das Haus hat Zentralheizung.
boiler *BE / AE* **furnace** ['fɜ:nɪs]	**Heizkessel**
boiler ['bɔɪlə]	Boiler; Warmwasserbereiter

Feines Porzellan(geschirr) ist *china* ['tʃaɪnə]; gröberes Geschirr ist BE *crockery,* AE *earthenware* ['ɜ:θnweə].

wastepaper basket *BE / AE* **wastebasket**	**Papierkorb**
rubbish bin *BE / AE* **waste bin** *BE / AE* **garbage** ['gɑ:bɪdʒ] **can**	**Mülleimer**
dustbin *BE / AE* **ashcan / garbage container**	**Mülltonne**
(door)bell [('dɔ:)bel]	**(Tür-)Klingel, Glocke**
ring the doorbell (– rang – rung)	**klingeln**

5

5.3 Housework
Hausarbeit

chore [tʃɔː] | (lästige) Pflicht
do the chores | die Haus(halts)arbeit erledigen
clean [kliːn] | **sauber machen; putzen**
clean the windows ['wɪndəʊz] | die Fenster putzen
This carpet doesn't clean very well. | Dieser Teppich lässt sich schlecht säubern.
It's time we gave the house a thorough ['θʌrə] cleaning. | Es wird Zeit, dass wir mal gründlich sauber machen.
clean out the drawers [drɔːz] | die Schubladen sauber machen
I've cleaned up the bathroom. | Im Bad habe ich sauber gemacht.
wash [wɒʃ] | **waschen; aufwischen**
The tablecloth needs washing. | Die Tischdecke müsste mal gewaschen werden.
This material [mə'tɪəriəl] doesn't wash well. | Dieser Stoff lässt sich nicht gut waschen.
I'm afraid the stains didn't wash out. | Die Flecken sind (beim Waschen) leider nicht rausgegangen.
wash up / do the dishes | (das) Geschirr abwaschen
Your red shirt is in the wash. | Dein rotes Hemd ist in der Wäsche.
wipe [waɪp] | **(auf)wischen**
wipe the crumbs [krʌmz] off the table | die Krümel vom Tisch wischen
I've just wiped [waɪpt] the floor / washed the floor. | Ich habe gerade aufgewischt / den Boden (feucht) gewischt.

 Bildhaftes *idiom* ['ɪdiəm]: *The first time I played (against) her, she wiped the floor with me.* (= Als ich das erste Mal gegen sie spielte, hat sie mich ganz schön auseinander genommen / vorgeführt.)

mop up [mɒp 'ʌp] | **(auf)wischen**
If you spill something, you might at least mop it up. | Wenn du etwas verschüttest, könntest du es wenigstens aufwischen.

scrub [skrʌb] | **schrubben**
give the floor a good scrub | den Fußboden gründlich schrubben

scour ['skaʊə] | **scheuern**
scour a saucepan ['sɔːspən] | einen Kochtopf scheuern

sweep [swi:p] (– swept – swept)	**fegen**
dust [dʌst]	**Staub; abstauben**
dust the piano [pi'ænəʊ]	auf dem Klavier Staub wischen
vacuum cleaner / BE auch **hoover** [u:] / AE auch **vacuum** ['vækjuəm]	**Staubsauger**
vacuum / BE auch hoover a carpet	einen Teppich saugen
brush [brʌʃ]	**Bürste; bürsten**
clothes [kləʊðz] brush	Kleiderbürste

> *Cleaning utensils* [ju:'tenslz], *cleaning agents* ['eɪdʒənts]
> **(= Reinigungsutensilien, Reinigungsmittel)**
> *cloth* [klɒθ] (= Tuch / Lappen) • *cleaning cloth* (= Putzlappen) •
> *sponge* [spʌndʒ] (= Schwamm) • *tea towel* (= Geschirrtuch) •
> *duster* (= Staubtuch) • *broom* (= Besen) • *dustpan and brush*
> (= Müllschaufel und Handfeger) • *soap* (= Seife) • *detergent*
> [dɪ'tɜ:dʒənt] (= Reinigungs- / Waschmittel) • *washing powder* BE /
> AE *laundry detergent* (= Waschpulver)

clear away [klɪər ə'weɪ]	**abräumen; wegräumen**
tidy up [taɪdi 'ʌp]	**aufräumen** (in)
Tidy up your room / your room up.	Räum dein Zimmer auf.
straighten up [streɪtn 'ʌp]	**aufräumen; in Ordnung bringen**
I've got to straighten up my room.	Ich muss in meinem Zimmer Ordnung schaffen.
rinse [rɪns]	**spülen**
I'll just rinse the glasses.	Ich spüle nur schnell die Gläser ab.
dry (up) the dishes ['dɪʃɪz]	**das Geschirr abtrocknen**
Let me do the drying.	Lass mich abtrocknen.
laundry ['lɔ:ndri]	**Wäsche**
do the laundry / washing	(die) Wäsche waschen / machen
launder ['lɔ:ndə]	**waschen und bügeln**
iron ['aɪən]	**bügeln**
iron the shirts and press the trousers	die Hemden und Hosen bügeln
polish ['pɒlɪʃ]	**polieren; putzen; bohnern**
polish / clean / shine shoes [ʃu:z]	Schuhe putzen
floor polish – furniture polish	Bohnerwachs – Möbelpolitur
air a room / bed	**ein Zimmer / Bett lüften**
do [du:] (– did – done [dʌn])	(*Zimmer, Bett etc.*) **machen**
do / make the beds	die Betten machen
Have you done the bathroom?	Haben Sie schon das Bad gemacht?
beat the carpets (– beat – beaten)	**die Teppiche klopfen**

The social order

6.1 Communities
Gemeinschaften

community [kəˈmjuːnəti]	Gemeinschaft
serve the community	der Gemeinschaft dienen
the black community	die schwarze Bevölkerungsgruppe
confederation [kənfedəˈreɪʃn]	Staatenbund; Konföderation
commonwealth [ˈkɒmənwelθ]	Commonwealth; Staatenbund
empire [ˈempaɪə]	Imperium; Weltreich
society [səˈsaɪəti]	(die) Gesellschaft
country [ˈkʌntri]	Land
the eastern European countries	die osteuropäischen Länder
land [lænd]	(*bes. literarisch, feierlich*) Land
a land of unlimited opportunity	ein Land unbegrenzter Möglichkeiten
nation [ˈneɪʃn]	Volk; Nation
delegates [ˈdelɪgəts] from 50 nations	Delegierte aus 50 Staaten
state [steɪt]	Staat; (Bundes-)Land
area [ˈeəriə]	Gegend; Gebiet
a nice residential [rezɪˈdenʃl] area	eine schöne Wohngegend
the area around Berlin	das Gebiet um Berlin herum
region [ˈriːdʒən] – regional	Region / Gebiet – regional
a remote [rɪˈməʊt] mountain region	eine abgelegene Bergregion
a regional war [wɔː]	ein regionaler Krieg
province [ˈprɒvɪns]	Provinz
county [ˈkaʊnti]	*BE* Grafschaft; *AE* (Land-)Kreis
district [ˈdɪstrɪkt]	Gebiet; (Stadt-)Bezirk; Stadtteil
New York's theatre [ˈθɪətə] district	New Yorks Theaterviertel
city [ˈsɪti]	(Groß-)Stadt
the city centre *BE* / *AE* downtown area	die Innenstadt; das Stadtzentrum
the inner city [ɪnə ˈsɪti]	die Innenstadt (*als Brennpunkt sozialer Probleme*)
the City	das Londoner Banken- und Börsenviertel
town [taʊn]	Stadt
borough [ˈbʌrə]	(*London, New York*) Bezirk, Stadtteil
neighbourhood [ˈneɪbəhʊd]	Gegend; Viertel; Kiez
village [ˈvɪlɪdʒ]	Dorf

6.2 Political systems
Politische Systeme

democracy [dɪ'mɒkrəsi]	(die) **Demokratie**
a parliamentary democracy	eine parlamentarische Demokratie
democratic [deməˈkrætɪk]	**demokratisch**
a democratically elected government	eine demokratisch gewählte Regierung
presidential form of government	**präsidentielles Regierungssystem**
republic [rɪ'pʌblɪk]	**Republik**
federation [fedəˈreɪʃn]	**Zusammenschluss; Föderation**
the Russian ['rʌʃn] Federation	die Russische Föderation
federal ['fedərəl]	**Bundes-**
the Federal Republic of Germany	die Bundesrepublik Deutschland
authoritarian [ɔːθɒrɪ'teəriən]	**autoritär**
police state [pə'liːs steɪt]	**Polizeistaat**
fascism ['fæʃɪzm]	(der) **Faschismus**
fascist ['fæʃɪst]	**faschistisch; Faschist(in)**
neofascist [niːəʊ'fæʃɪst] groups	neofaschistische Gruppen
nazism ['nɑːtsɪzm]	(der) **Nazismus**
Germany under the nazis ['nɑːtsiz]	Deutschland unter den Nazis
neo-Nazi(s)	Neonazi(s)
communism ['kɒmjunɪzm]	(der) **Kommunismus**
socialism ['səʊʃəlɪzm]	(der) **Sozialismus**
capitalism ['kæpɪtəlɪzm]	(der) **Kapitalismus**
capitalist ['kæpɪtəlɪst]	**kapitalistisch; Kapitalist(in)**

Who governs ['gʌvnz]*? (= Wer regiert?)*

absolutism ['æbs-] (= Absolutismus): *an all-powerful monarch or dictator*

totalitarianism [-'teər-] (= totalitäres System): *an all-powerful dictator or party*

absolute monarchy ['mɒn-] (= absolute Monarchie): *an all-powerful monarch*

theocracy [θi'ɒkrəsi] (= Theokratie): *a priest or the priesthood*

aristocracy [ærɪ'stɒk-] (= Adelsherrschaft): *people of high birth – the nobility*

dictatorship [dɪk'teɪtəʃɪp] (= Diktatur): *a dictator*

constitutional monarchy [kɒnstɪ'tjuːʃnəl 'mɒnəki] (= konstitutionelle Monarchie): *the elected representatives* [reprɪ'zentətɪvz] *of the people*

democracy [dɪ'mɒk-] (= Demokratie): *the elected representatives of the people*

6

The social order

6.3 Parties and politics
Parteien und Politik

party ['pɑːti]	**Partei**
party leader [pɑːti 'liːdə]	Parteiführer(in)
the ruling party [ruːlɪŋ 'pɑːti]	die Regierungspartei
toe [təʊ] the party line	sich nach der Parteilinie richten
politics ['pɒlətɪks] – **a policy** ['pɒləsi]	(die) **Politik – eine Politik**

 Politics ist Politik im Allgemeinen, *policy* eine bestimmte Politik.
Die Mehrzahlform *policies* hat im Deutschen keine Entsprechung:
Politics is the art of the possible. (= Politik ist die Kunst des
Möglichen.)
She went into politics. (= Sie ging in die Politik.)
The two countries follow a common [ɒ] *policy / common policies.*
(= Die beiden Länder verfolgen eine gemeinsame Politik.)
the government's economic [iːkə'nɒmɪk] */ domestic / defence policy*
(= die Wirtschafts- / Innen- / Verteidigungspolitik der Regierung)

politician [pɒlə'tɪʃn]	**Politiker(in)**
a senior ['siːniə] Labour politician	ein(e) führende(r) Labour-Politiker(in)
political [pə'lɪtɪkl]	**politisch**
a political party	eine politische Partei
politically important [ɪm'pɔːtənt]	politisch wichtig / bedeutsam
power ['paʊə]	(die) **Macht**
the party in power	die Partei, die an der Macht ist
if they come to power	falls sie an die Macht kommen
(party) member(ship)	**(Partei-)Mitglied(schaft)**
the centre ['sentə]	**die Mitte; das Zentrum**
a centre-left coalition [kəʊə'lɪʃn]	eine Mitte-Links-Koalition
the left / right wing	**der linke / rechte Flügel**
right-wing radicals / extremists	Rechtsradikale / -extremisten
a leftist – a rightist	**ein(e) Linke(r) – ein(e) Rechte(r)**
leftist parties	linke Parteien; Linksparteien
extreme rightist ideas [aɪ'dɪəz]	rechtsextremes Gedankengut
moderate ['mɒdərət]	**gemäßigt**
a moderate conservative [-'sɜːv-]	ein gemäßigter Konservativer
middle-of-the-road	**gemäßigt**
middle-of-the-road parties / policies	gemäßigte Parteien / Politik
radical ['rædɪkl]	**radikal; Radikale(r)**

radical parties / changes ['tʃeɪndʒɪz]	radikale Parteien / Veränderungen
the hawks and the doves [dʌvz]	**die Falken und die Tauben**
hawkish – dovish ['dʌvɪʃ] politicians	militante – gemäßigte Politiker

i | **Die Parteienlandschaft (= *party-political scene*) in GB und den USA**
(≈ bezeichnet die ungefähre Entsprechung in Deutschland)
Britain:
the Conservative Party / *the Conservatives* [kən'sɜːvətɪvz] /
the Tories ['tɔːriz] ≈ CDU / CSU
the Labour Party / *(New) Labour* ['leɪbə] ≈ SPD
the Liberal Democrats [lɪbərəl 'deməkræts] ≈ FDP
USA:
the Democratic [demə'krætɪk] *Party* / *the Democrats* ≈ SPD
the Republican [rɪ'pʌblɪkən] *Party* / *the Republicans* ≈ CDU / CSU

union ['juːniən]	**Union**
the Christian Democratic Union	die Christlich-Demokratische Union
socialist ['səʊʃəlɪst]	**sozialistisch; Sozialist(in)**
communist ['kɒmjənɪst]	**kommunistisch; Kommunist(in)**
a communist party	eine kommunistische Partei
grassroots [grɑːs'ruːts]	**(Partei-)Basis**
strengthen the party at the grassroots	die Partei an der Basis (ver)stärken
a grassroots ['grɑːsruːts] movement	eine Bürgerinitiative
stand (– stood – stood) *BE* / *AE* **run** (– ran – run)	**kandidieren**
stand / run as an independent	als Unabhängige(r) kandidieren
nominate ['nɒmɪneɪt] – **nomination**	**nominieren – Nominierung**
(election) platform ['plætfɔːm]	**(Wahl-)Plattform; Wahlprogramm**
The convention decides [dɪ'saɪdz] on the party's platform.	Der Parteitag entscheidet über das Wahlprogramm der Partei.
opinion poll [ə'pɪnjən pəʊl]	**Meinungsumfrage**
The two candidates ['kændɪdəts] are neck and neck in the polls.	Die beiden Kandidaten liegen in den Meinungsumfragen Kopf an Kopf.
a **strong showing** in the election	ein **gutes Abschneiden** bei der Wahl
party financing [pɑːti faɪ'nænsɪŋ]	**Parteienfinanzierung**
slush funds ['slʌʃ fʌndz]	**schwarze Kassen**
slush-fund scandal ['skændl]	Schwarzgeldaffäre
reform [rɪ'fɔːm] **gridlock** / **reform logjam**	**Reformstau**

6

The social order

6.4 The legislature
Die gesetzgebende Gewalt

chamber ['tʃeɪmbə]   **Kammer**

i   *The UK and the US both have two-chamber legislatures* ['ledʒɪsleɪtʃəz].
Upper chamber: UK House of Lords (= Oberhaus), *US Senate* ['senət].
Lower chamber: UK House of Commons ['kɒmənz] (= Unterhaus),
  US House of Representatives [repri'zentətɪvz] (= Repräsentantenhaus).

parliament ['pɑːləmənt] — Parlament
congress ['kɒŋgres] — Kongress
The US Congress consists of the House of Representatives and the Senate. — Der amerikanische Kongress besteht aus Repräsentantenhaus und Senat.
MP (= Member of Parliament) — (Parlaments-)Abgeordnete(r)
When an MP has died, a by-election is held. — Wenn ein Abgeordneter stirbt, findet eine Nachwahl statt.
senate ['senət] – **senator** ['senətə] — Senat – Senator(in)
leader ['liːdə] — Führer(in)
the leader of the opposition — der / die Oppositionsführer(in)
majority [mə'dʒɒrəti] – **minority** — Mehrheit – Minderheit
speaker ['spiːkə] — (*Parlament*) Sprecher(in), Präsident(in)

backbenchers [bæk'bentʃəz] — Hinterbänkler(innen)
frontbenchers [frʌnt'bentʃəz] — führende Politiker(innen)
session ['seʃn] — Sitzung
The committee is in session now. — Der Ausschuss tagt gerade.
debate [dɪ'beɪt] — Debatte; debattieren
The Senate is debating the bill. — Der Senat berät über die Vorlage.
speech [spiːtʃ] — Rede
make / give / deliver a speech — eine Rede halten
motion ['məʊʃn] — Antrag
put forward / make a motion — einen Antrag stellen
veto *Pl.* vetoes ['viːtəʊ(z)] — Veto
The president can veto a bill. — Der Präsident kann gegen ein Gesetz sein Veto einlegen.

ratify ['rætɪfaɪ] — ratifizieren
abstain [əb'steɪn] — sich (der Stimme) enthalten
abstention [əb'stenʃn] — Stimmenthaltung
seat [siːt] — (Parlaments-)Sitz; Mandat
Labour won [wʌn] 270 seats. — Die Labour Party errang 270 Sitze.

committee [kə'mɪti] — **Ausschuss**
She is / sits on several committees. — Sie ist / sitzt in mehreren Ausschüssen.

constituency [kən'stɪtjuənsi] — **Wahlkreis**
the constituency he represents — der Wahlkreis, den er vertritt
law [lɔ:] – **act** [ækt] — **Gesetz**
enact [ɪn'ækt] a law — ein Gesetz erlassen

i | Gesetz heißt allgemein *law: the laws of the United States* (= die Gesetze der Vereinigten Staaten). Ein „Gesetz in Vorbereitung" heißt *bill: give a bill its second reading* (= ein Gesetz in zweiter Lesung beraten). Verabschiedet, wird die *bill* zum *act*, wobei *act* vor allem in den Namen bestimmter Gesetze zu finden ist: *the Clean Air Act of 1970* (= das Luftreinhaltungsgesetz von 1970), *the Immigration Act of 1990* (= das Einwanderungsgesetz von 1990).

budget ['bʌdʒɪt] — **Haushalt(splan); Etat**
balance ['bæləns] the budget — den Haushalt ausgleichen
lobbyist ['lɒbiːɪst] — **Lobbyist(in)**
dissolve [dɪ'zɒlv] — **auflösen**
dissolve Parliament and call an election — das Parlament auflösen und eine Wahl ansetzen
referendum [-'ren-] *Pl.* -dums / -da — **Referendum; Volksentscheid**
election [ɪ'lekʃn] — **Wahl**
the next general election — die nächste Unterhauswahl
(election) campaign [kæm'peɪn] — Wahlkampf
elect [ɪ'lekt] — **wählen**
vote [vəʊt] — **Stimme; Abstimmung; Wahl; wählen**
a vote of no confidence ['kɒnfɪdəns] — ein Misstrauensvotum
I'm going to vote Labour ['leɪbə]. — Ich werde die Labour Party wählen.
vote on a bill — über eine Vorlage abstimmen
voter ['vəʊtə] — **Wähler(in)**
ballot ['bælət] — **(geheime) Abstimmung, Wahl**
candidate ['kændɪdət] — **Kandidat(in)**
What's the candidate's stand on abortion [ə'bɔ:ʃn]? — Wie steht der Kandidat zur Abtreibung?
run (– ran – run) — *AE* **kandidieren**
run for the Senate — für den Senat kandidieren
incumbent [ɪn'kʌmbənt] — **Amtsinhaber(in)**
primary ['praɪməri] — *AE* (innerparteiliche) **Vorwahl**
term [tɜːm] — **Legislaturperiode; Amtszeit**

6.5 Government
Regierung

government ['gʌvnmənt]	Regierung
the federal ['fedrəl] government	die Bundesregierung
form a government	eine Regierung bilden
NGO(s) (= non-governmental organization[s])	Nichtregierungsorganisation(en)
administration [ədmɪnɪ'streɪʃn]	Verwaltung; Regierung
the Obama administration	die Regierung Obama
the White House ['waɪt haʊs]	(Amtssitz des US-Präsidenten)
No 10 (Downing Street)	(Amtssitz des brit. Premier-ministers)
No 10 seems to be lukewarm about/on the idea [aɪ'dɪə].	Der Premierminister scheint davon nur mäßig begeistert zu sein.
Whitehall ['waɪthɔːl]	britische Regierungskreise
president ['prezɪdənt]	Präsident(in)
vice president [vaɪs 'prez-] / veep [iː]	Vizepräsident(in)
chancellor ['tʃɑːnsələ]	BE Schatzkanzler(in), Finanz-minister(in)
the German chancellor	der deutsche Bundeskanzler
head of state [hed əv 'steɪt]	Staatsoberhaupt
The president of the US is both head of state and head of government.	Der Präsident der USA ist so-wohl Staatsoberhaupt als auch Regierungschef.
king [kɪŋ] – queen [kwiːn]	König – Königin
emperor ['empərə] – empress	Kaiser – Kaiserin
governor ['gʌvnə]	Gouverneur
cabinet ['kæbɪnət]	Kabinett
He became a member of the cabinet.	Er wurde Mitglied des Kabinetts.
cabinet reshuffle ['riːʃʌfl]	Kabinetts-/Regierungsumbildung
cabinet meeting	Kabinettssitzung
the shadow ['ʃædəʊ] cabinet	das Schattenkabinett
department [dɪ'pɑːtmənt]	Ministerium
the State Department AE	das Außenministerium
office ['ɒfɪs]	Amt; Dienststelle; Behörde
the president's term of office	die Amtszeit des Präsidenten
He took office on May 8.	Er trat am 8. Mai sein Amt an.
the Home Office BE / AE Department of the Interior	das Innenministerium
the Foreign Office ['fɒrən ɒfɪs] BE	das Außenministerium

secretary ['sekrətri]	**Minister(in)**
foreign secretary *BE* /	Außenminister(in)
AE secretary of state	
undersecretary [ˌʌndə'sekrətri] *AE*	Staatssekretär(in)
minister ['mɪnɪstə]	**Minister(in)**
minister of state *BE*	Staatssekretär(in)
prime minister [praɪm 'mɪnɪstə]	Premierminister(in)
the prime minister of Bavaria	der Ministerpräsident von Bayern
the German foreign minister	der deutsche Außenminister

i Ein Minister, der einem der Hauptministerien vorsteht, heißt BE offiziell *secretary of state,* AE einfach *secretary,* bei nicht englischsprachigen Staaten *minister.* Zum Beispiel Verteidigungsminister(in) = BE: *secretary of state for defence / defence secretary,* AE: *secretary of defense / defense secretary,* in Bezug auf andere Staaten: *minister of defence / defence minister.*

ministry ['mɪnɪstri]	**Ministerium**
appoint [ə'pɔɪnt] – **appointment**	**ernennen – Ernennung**
He was appointed secretary of state.	Er wurde zum Außenminister ernannt.
step down [step 'daʊn]	**zurücktreten**
resign [rɪ'zaɪn] – **resignation** [rezɪg'neɪʃn]	**zurücktreten – Rücktritt**
overthrow (– -threw – -thrown)	(*die Regierung*) **stürzen**
The dictator was overthrown [-'θrəʊn].	Der Diktator wurde gestürzt.
succeed [sək'siːd] – **successor** [sək'sesə]	**nachfolgen – Nachfolger(in)**
Nixon was succeeded by Gerald Ford.	Nixons Nachfolger war Gerald Ford.
agency ['eɪdʒənsi]	**Behörde**
the Central Intelligence Agency (CIA)	(der amerikanische Geheimdienst)
board [bɔːd]	**Behörde**
bureau ['bjʊərəʊ]	**Amt; Behörde**
Federal Bureau of Investigation (FBI)	(US-)Bundeskriminalamt
commission [kə'mɪʃn]	**Kommission; Ausschuss**
the Commission on Civil Rights	der (US-)Ausschuss für Bürgerrechte
Who is going to chair the commission?	Wer wird in dem Ausschuss den Vorsitz haben?

6

The social order

6.6 Law and police
Rechtswesen und Polizei

law [lɔː]	**Gesetz; Recht**
law and order [lɔː(r) ənd ˈɔːdə]	Recht und Ordnung
enforce [ɪnˈfɔːs] the law	dem Gesetz Geltung verschaffen
court [kɔːt]	**Gericht**
That's what he told the court.	Das hat er vor Gericht ausgesagt.
She threatened [ˈθretnd] to take him to court.	Sie drohte ihn zu verklagen.
an out-of-court settlement	ein außergerichtlicher Vergleich
(court) proceedings [prəˈsiːdɪŋz]	**(Gerichts-)Verfahren**
take (legal) proceedings against	gerichtlich vorgehen gegen

i *Magistrates'* [ˈmædʒɪstreɪts] *courts* sind in England und Wales erstinstanzliche Gerichte insbesondere für Strafsachen niederer Ordnung (= *minor* [ˈmaɪnə] *criminal cases*). Strafsachen höherer Ordnung (= s*erious criminal cases* [ˈkeɪsɪz]) werden im *crown court* verhandelt, der auch für die Berufung (= *appeal* [əˈpiːl]) gegen erstinstanzliche Urteile zuständig ist.

trial [ˈtraɪəl]	**(Gerichts-)Verfahren; Prozess**
She's on trial for perjury [ˈpɜːdʒəri].	Sie steht wegen Meineids vor Gericht.
(law)suit [(ˈlɔː)suːt]	**Prozess; Verfahren; Klage**
file / bring a suit against someone	gegen jemand Klage erheben
He lost the suit.	Er verlor den Prozess.
sue someone [suː]	**jemand verklagen**
They sued us for damages [ˈdæmɪdʒɪz].	Sie verklagten uns auf Schadenersatz.
judge [dʒʌdʒ]	**Richter(in)**
the jury [ˈdʒʊəri]	**die Geschworenen / Schöffen**
The jury found in her favour [ˈfeɪvə].	Die Jury entschied zu ihren Gunsten.
prosecute [ˈprɒsɪkjuːt]	**strafrechtlich verfolgen**
prosecuting counsel *BE* / *AE* prosecuting attorney [əˈtɜːni]	Staatsanwalt / Staatsanwältin
prosecution [prɒsɪˈkjuːʃn]	**Anklage(behörde); Staatsanwaltschaft**
witness for the prosecution	Belastungszeuge / -zeugin
He escaped [ɪˈskeɪpt] prosecution.	Er entging der Strafverfolgung.

Staatsanwalt / Staatsanwältin heißt oft einfach *prosecutor* oder *the prosecution*, AE auch häufig *district attorney*.

charge [tʃɑ:dʒ]	**Anklage; anklagen; beschuldigen**
The charge is murder ['mɜ:də].	Die Anklage lautet auf Mord.
release [rɪ'li:s] without charge	ohne Anklageerhebung freilassen
He was charged with manslaughter.	Er wurde des Totschlags angeklagt.
the defence [dɪ'fens]	**die Verteidigung**
witness for the defence	Entlastungszeuge / -zeugin
counsel ['kaʊnsl] for the defence	Verteidiger(in)

 Rechtsanwalt: Die alltägliche, sowohl im BE als auch im AE übliche Bezeichnung ist *lawyer* ['lɔ:jə]. Die offizielle Berufsbezeichnung für einen zugelassenen Anwalt dagegen ist im BE *solicitor* [sə'lɪsɪtə] und im AE *attorney* [ə'tɜ:ni]: *You ought to see a good lawyer / BE solicitor / AE attorney about this.* (= In dieser Sache sollten Sie sich von einem guten Anwalt beraten lassen.)

witness ['wɪtnəs]	**Zeuge / Zeugin**
cross-examine a witness	einen Zeugen ins Kreuzverhör nehmen
offence [ə'fens]	**Straftat; Delikt**
It's an offence to drive a car without a licence ['laɪsns].	Autofahren ohne Führerschein ist strafbar.
crime [kraɪm]	**Verbrechen; Straftat**
commit [kə'mɪt] a crime	ein Verbrechen begehen
Violent ['vaɪələnt] crime has risen [ɪ] by 5 per cent.	Die Gewaltkriminalität hat um 5 Prozent zugenommen.
homicide ['hɒmɪsaɪd]	**Tötung, Mord, Totschlag**
homicide squad [skwɒd]	Mordkommission

i **Murder** (= Mord) – *manslaughter* (= Totschlag): Das amerikanische Recht unterscheidet bei Mord zwischen *first-degree murder* (keinerlei mildernde Umstände) und *second-degree murder* (gewisse mildernde Umstände).

innocent ['ɪnəsnt] – **guilty** ['gɪlti]	**unschuldig – schuldig**
diminished responsibility	**verminderte Zurechnungsfähigkeit**
mitigating circumstances	**mildernde Umstände**
penalty ['penlti]	**Strafe**
He faces the death [e] penalty.	Ihm droht die Todesstrafe.

punishment ['pʌnɪʃmənt] — Bestrafung; Strafe
the debate over capital punishment — die Debatte über die Todesstrafe
fine [faɪn] — **Geldstrafe; Bußgeld**
She was fined [faɪnd] £50. — Sie musste 50 Pfund Strafe zahlen.
remand [rɪ'mɑːnd] *BE* — **Untersuchungshaft**
He's still on remand – he hasn't been convicted yet. — Er ist noch in Untersuchungshaft – er ist noch nicht verurteilt.
prison ['prɪzn] — **Gefängnis**
He was sentenced to six years in prison. — Er wurde zu sechs Jahren Gefängnis verurteilt.
jail [dʒeɪl] — **Gefängnis**
She was jailed but freed for lack of evidence ['evɪdəns]. — Sie wurde eingesperrt, aber aus Mangel an Beweisen wieder freigelassen.

appeal [ə'piːl] — **Berufung; Revision(sverfahren)**
police [pə'liːs] — **Polizei**
The police are looking for a red Ford. — Die Polizei sucht einen roten Ford.
I'm a police officer. — Ich bin Polizist(in).
police station [pə'liːs steɪʃn] — (Polizei-)Revier; (Polizei-)Wache

i | Die Anrede für Polizisten ist officer : *Excuse me, officer, can you ...?*

detective [dɪ'tektɪv] — **Detektiv(in); Kriminalbeamte(r)**
detective superintendent [suːpərɪn'tendənt] — Kriminalkommissar(in)
suspect ['sʌspekt] — **(Tat-)Verdächtige(r)**
warrant ['wɒrənt] — (richterlicher) **Haft- / Durchsuchungsbefehl**
We have a warrant for his arrest [ə'rest]. — Wir haben einen Haftbefehl gegen ihn.
offender [ə'fendə] — **Straftäter(in); Verkehrssünder(in)**
first offender – repeat offender — Ersttäter(in) – Rückfalltäter(in)
juvenile ['dʒuːvənaɪl] / young offender — jugendliche(r) Straftäter(in)
custody ['kʌstədi] — **(Polizei-)Gewahrsam; Haft**
He was taken into custody. — Er wurde in Haft genommen.
The suspect ['sʌspekt] has been remanded [rɪ'mɑːndɪd] in custody. — Der Verdächtige bleibt in Untersuchungshaft.
detain [dɪ'teɪn] — **in Haft nehmen / halten**
detention [dɪ'tenʃn] — **Festnahme; Haft**
She was released [rɪ'liːst] from detention on medical grounds. — Sie wurde aus medizinischen Gründen aus der Haft entlassen.

6.7 Taxation
Steuern

tax [tæks] – taxes ['tæksɪz]
raise / increase [ɪn'kriːs] taxes
reduce [rɪ'djuːs] / lower / cut taxes
She is paid $ 611 a week before
  taxes.
tax increase ['ɪŋkriːs] – tax cut
tax-free / free of tax
tax evasion [ɪ'veɪʒn] / tax dodging
tax haven ['heɪvn]
tax breaks
simplify ['sɪmplɪfaɪ] the tax code
tax [tæks]
Taxpayers should be taxed
  in proportion to their ability
  to pay.
the taxman ['tæksmæn]
The taxman gets most of what
  I earn.
income (tax) ['ɪnkʌm (tæks)]
negative ['negətɪv] income tax

net income – gross [grəʊs] income

Income tax is collected by the
  Inland Revenue ['revənjuː] BE /
  AE Internal Revenue Service
  (IRS).
income tax return [rɪ'tɜːn]
prepare / complete [kəm'pliːt]
  an income tax return
file / submit an income tax return

value-added tax [vælju: 'ædɪd
  tæks] / VAT [væt] BE
All prices are inclusive of VAT.

tax-exempt [tæks ɪg'zemt]
Books are exempt from VAT
  in Britain.

Steuer – Steuern
die Steuern erhöhen
die Steuern senken
Sie verdient wöchentlich
  611 Dollar brutto.
Steuererhöhung – Steuersenkung
steuerfrei
Steuerhinterziehung
Steueroase; Steuerparadies
Steuervergünstigungen
das Steuersystem vereinfachen
besteuern
Die Steuerzahler sollten entsprechend ihrer finanziellen Leis-
  tungsfähigkeit besteuert werden.
(*personifizierend*) das Finanzamt
Den größten Teil meines Einkom-
  mens kriegt das Finanzamt.
Einkommen(steuer)
negative Einkommensteuer;
  Bürgergeld
Nettoeinkommen – Brutto-
  einkommen
Die Einkommensteuer wird vom
  Finanzamt eingezogen.

Einkommensteuererklärung
eine Einkommensteuererklärung
  ausfüllen
eine Einkommensteuererklärung
  abgeben
Mehrwertsteuer

Alle Preise verstehen sich einschließlich Mehrwertsteuer
steuerbefreit; steuerfrei
Bücher sind mehrwertsteuerfrei
  in Großbritannien.

(non)taxable income ['tæksəbl] | (nicht) steuerpflichtiges Einkommen
(tax) refund ['ri:fʌnd] | (Steuer-)Erstattung
You are entitled [ɪn'taɪtld] to a refund. | Sie haben Anspruch auf eine Erstattung.

Steuerberater sind *tax consultants* [kən'sʌltənts]; das Gemeinte wird aber auch durch *accountant* [ə'kaʊntənt] (= Wirtschaftsprüfer) und *preparer* (= *AE for someone trained to prepare tax returns for others*) ausgedrückt.

bookkeeping ['bʊkki:pɪŋ] | Buchführung; Buchhaltung
accounting [ə'kaʊntɪŋ] | Rechnungswesen; Buchhaltung
the accounting department | die Buchhaltung(sabteilung)
audit ['ɔ:dɪt] | Buchprüfung; (die Bücher) prüfen
assessment [ə'sesmənt] | Veranlagung (durch das Finanzamt)

charitable contribution [tʃærɪtəbl kɒntri'bju:ʃn] | Spende
Charitable contributions are deductible. | Spenden sind absetzbar.
depreciation [dɪpri:ʃi'eɪʃn] | Abschreibung

Sozialabgaben sind *social-security contributions,* BE werden sie *NI contributions* genannt (*NI = National Insurance* [ɪn'ʃʊərəns]). Die AE-Entsprechung ist *FICA tax* (*FICA = Federal Insurance Contributions Act*).

(customs) duty ['dju:ti] | Zoll(abgabe)
Do you have to pay duty on this? | Muss man darauf Zoll bezahlen?

Deutsche Steuerbegriffe in Englisch
geringfügige Beschäftigung(sverhältnisse) / Minijobs (= *low-paid employment / low-paid jobs*), Gewerbesteuer (= *business tax / trade tax*), Grundfreibetrag (= *tax-free allowance*), Grunderwerbsteuer (= *real-estate* ['rɪəl ɪsteɪt] *transfer tax / property transfer tax*), Grundsteuer (= *real-estate tax / property tax*), Kapitalertrag(s)steuer (= *capital-gains tax / withholding tax*), Körperschaftssteuer (= *corporation tax*), Lohnsteuer (= *wage tax / salary tax*), Lohnsteuerkarte (= *[wage-]tax card / salary-tax card*), Schwarzarbeit (= *illicit* [ɪ'lɪsɪt] *work*), Solidaritätszuschlag (= *solidarity* [sɒlɪ'dærəti] *surcharge / solidarity tax*), Steuersenkungsgesetz (= *tax reduction package / Tax Reduction Act*).

6.8 Social security
Soziale Sicherheit

Social security [sɪˈkjʊərəti] bedeutet allgemein soziale Sicherheit; speziell bezeichnet der Begriff BE Sozialhilfe und AE Sozialversicherung:

Most workers are covered [ˈkʌvəd] *under social security.*
  AE (= Die meisten Arbeitnehmer sind sozial abgesichert.)
Social security is a form of social insurance [ɪnˈʃʊərəns].
  AE (= ... ist eine Art Sozialversicherung.)
She's on social security BE / AE *on welfare.*
  (= Sie bezieht Sozialhilfe.)
Sozialamt ist BE *social security office* und AE *social welfare office.*

the social safety net [ˈseɪfti net]	**das soziale Netz**
welfare / public assistance *AE*	**Sozialhilfe**
her monthly welfare grant [ɑː] *AE*	ihre monatliche Sozialhilfezahlung
welfare cuts [ˈwelfeə kʌts]	Streichung von Sozialleistungen
welfare reform [ˈwelfeə rɪfɔːm]	Sozialreform
the welfare state [welfeə ˈsteɪt]	der Wohlfahrtsstaat / Sozialstaat
maternity allowance / leave	**Mutterschaftsgeld / -urlaub**
housing benefit *BE /*	**Wohngeld**
AE **rent subsidy**	
sickness benefit [ˈsɪknəs benəfɪt] *BE*	**Krankengeld**

i *The National Health Service (NHS):* Der grundsätzlich kostenlose, allen Bürgern umfassende *medical care* (= medizinische Versorgung) bietende staatliche Gesundheitsdienst des UK. – Ein *National Health doctor* ist so etwas wie ein Kassenarzt, *National Health glasses* entsprechen einer Kassenbrille. *I got it on the National Health.* (= Das hat die Kasse bezahlt.)

medical insurance / health insurance	**Krankenversicherung**
health-insurance company	Krankenkasse, -versicherung
curb [kɜːb] **(the) costs**	**(die) Kosten dämpfen**
nursing-care insurance [ˈnɜːsɪŋ]	(*Deutschland*) **Pflegeversicherung**
pension [ˈpenʃn]	**Rente; Pension; Ruhegehalt**
retirement / old-age pension	(Alters-)Rente; Pension
You're **entitled** [ɪnˈtaɪtld] to benefit.	Sie haben Anspruch auf Beihilfe.
the **entitlement mentality** [-ˈtæləti]	das **Anspruchsdenken**

The social order

6.9 International relations
Internationale Beziehungen

 relations with other countries — **Beziehungen** zu anderen Staaten

sever ['sevə] / re-establish [riːɪ'stæblɪʃ] diplomatic relations — die diplomatischen Beziehungen abbrechen / wiederherstellen

foreign policy / foreign affairs — (die) **Außenpolitik**

Außenminister – Außenministerium
= UK: *foreign secretary* [fɒrən 'sekrətri] – *Foreign Office* ['fɒrən ɒfɪs]
= USA: *secretary of state* – *State Department* ['steɪt dipɑːtmənt]
= andere Staaten in der Regel: *foreign minister* ['mɪnɪstə] – *foreign ministry*

statesman [-mən] – **statesmanship**	Staatsmann – Staatskunst
state visit [steɪt 'vɪzɪt]	Staatsbesuch
summit meeting ['sʌmɪt miːtɪŋ]	Gipfeltreffen
diplomacy [dɪ'pləʊməsi]	(die) Diplomatie
diplomat ['dɪpləmæt]	Diplomat(in)
ambassador [-'bæs-] – **embassy**	Botschafter(in) – Botschaft
ally ['ælaɪ]	Verbündeter; Bündnispartner
the US and its allies	die USA und ihre Alliierten
alliance [ə'laɪəns]	Bündnis; Allianz

Die Grenze zwischen Staaten kann sowohl *border* als auch *frontier* ['frʌntɪə] heißen. *Border* ist das häufigere und daher „sicherere" Wort.

crisis ['kraɪsɪs] *Pl.* crises ['kraɪsiːz]	Krise
dispute [dɪ'spjuːt]	Streit(igkeit); Auseinandersetzung
armed intervention [ɪntə'venʃn]	bewaffnete Intervention
reduce tensions ['tenʃnz]	(die) Spannungen abbauen
settle a conflict ['kɒnflɪkt]	einen Konflikt beilegen
negotiate [nɪ'gəʊʃieɪt]	verhandeln
negotiate a treaty ['triːti]	einen (Staats-)Vertrag aushandeln
negotiations [nɪgəʊʃi'eɪʃnz]	Verhandlungen
achieve [ə'tʃiːv] **a breakthrough**	einen Durchbruch erzielen
reach a compromise ['kɒmprəmaɪz]	einen Kompromiss erzielen
agreement [ə'griːmənt]	Abkommen
reach an agreement	zu einer Einigung gelangen
the European Union (EU)	die Europäische Union
foreign aid – development aid	Auslandshilfe – Entwicklungshilfe
developing [dɪ'veləpɪŋ] **country**	Entwicklungsland

6.10 Defence, war, military
Verteidigung, Krieg, Militär

defend [dɪˈfend] – defence [dɪˈfens]	verteidigen – Verteidigung
NATO [ˈneɪtəʊ]	(die) NATO
army [ˈɑːmi]	Armee; Heer
military [ˈmɪlətri]	Militär; Militär-; militärisch
He did his military service.	Er leistete seinen Wehrdienst ab.
the air force [ˈeə fɔːs]	die Luftwaffe
the navy [ˈneɪvi]	die (Kriegs-)Marine
officers – common soldiers	Offiziere – einfache Soldaten
promote [prəˈməʊt]	befördern
He was promoted to captain [ˈkæptən].	Er wurde zum Hauptmann befördert.
general [ˈdʒenrəl] – the general staff [stɑːf]	General – der Generalstab
command [kəˈmɑːnd] – commander	Kommando – Befehlshaber
The president is commander-in-chief of the armed forces.	Der Präsident ist Oberkommandierender der Streitkräfte.
intelligence [ɪnˈtelɪdʒəns]	Geheimdienst; Nachrichtendienst
intelligence – counterintelligence	Spionage – Gegenspionage

Military organizational units (= militärische Organisationseinheiten)
platoon [pləˈtuːn] (= Zug) • *company* (= Kompanie) • *regiment* [ˈredʒɪmənt] (= Regiment) • *unit* [ˈjuːnɪt] (= Einheit) • *battalion* [bəˈtæliən] (= Bataillon) • *brigade* [brɪˈgeɪd] (= Brigade) • *division* [dɪˈvɪʒn] (= Division) • *corps* [kɔː] (= Korps) • *army* (= Armee)

war [wɔː]	Krieg
the First / Second World War	der Erste / Zweite Weltkrieg
declare war on a country	einem Land den Krieg erklären
invade [ɪnˈveɪd] – invasion [ɪnˈveɪʒn]	einmarschieren; überfallen – Invasion
the German invasion of Poland	der deutsche Überfall auf Polen
attack [əˈtæk]	Angriff; angreifen
advance [ədˈvɑːns] – retreat [rɪˈtriːt]	Vormarsch – Rückzug
occupy [ˈɒkjupaɪ] a country	ein Land besetzen
occupation [ɒkjuˈpeɪʃn]	Besetzung
occupation forces	Besatzungstruppen
battle [ˈbætl]	Schlacht
battlefield – battleship	Schlachtfeld – Schlachtschiff
action [ˈækʃn]	Kampf; Gefecht

He was killed in action in 1944.	Er fiel 1944.
offensive [ə'fensɪv] – **counter-offensive**	**Offensive – Gegenoffensive**
resistance [rɪ'zɪstəns]	**Widerstand**
enemy troops / ships	**feindliche Truppen / Schiffe**
supplies [sə'plaɪz] **and ammunition**	**Nachschub und Munition**
infantry – artillery [-'tɪl-] – **tanks**	**Infanterie – Artillerie – Panzer**
missile ['mɪsaɪl] / **rocket**	**Rakete**
nuclear weapons [nju:klɪə 'wepnz]	**Kernwaffen**
weapons of mass destruction	Massenvernichtungswaffen
(nuclear) submarine [sʌbmə'ri:n]	**(Atom-)U-Boot**
bomb [bɒm]	**Bombe; bombardieren**
atom(ic) bomb ['ætəm / ə'tɒmɪk]	Atombombe
hydrogen bomb ['haɪdrədʒən bɒm]	Wasserstoffbombe
the bombing of industrial targets	das Bombardieren von Industrieanlagen
air base ['eə beɪs]	**Luftwaffenstützpunkt**
air raid ['eə reɪd]	**Luftangriff**
air-raid shelter	Luftschutzbunker, -keller, -raum
destroy – **destruction** [dɪ'strʌkʃn]	**zerstören – Zerstörung**
court-martial [kɔ:t 'mɑ:ʃl]	**Kriegs- / Militärgericht**
He was court-martialled.	Er wurde vor ein Kriegsgericht gestellt.
capture ['kæptʃə]	**einnehmen; gefangennehmen**
The town was captured after heavy fighting.	Die Stadt wurde nach schweren Kämpfen eingenommen.
withdraw (– withdrew – withdrawn)	**sich zurückziehen;** (*Truppen*) **abziehen**
cease fire ['si:sfaɪə]	**Feuerpause; Waffenruhe**
partisan ['pɑ:tɪzən] – **partisan war(fare)**	**Partisan(in) – Partisanenkrieg**
suicide ['su:ɪsaɪd] **attack / strike**	**Selbstmordanschlag**
spy [spaɪ]	**Spion(in); spionieren**
casualties ['kæʒʊəltiz]	**Verluste** (= Verwundete / Tote)
civilian [sə'vɪliən] casualties	Verluste in der Zivilbevölkerung
the wounded ['wu:ndɪd] **and the dead**	**die Verwundeten und die Toten**
prisoners (of war) / **POWs**	**(Kriegs-)Gefangene**
They were taken prisoner ['prɪznə].	Sie wurden gefangen genommen.
victory ['vɪktəri] – **defeat** [dɪ'fi:t]	**Sieg – Niederlage**
surrender [sə'rendə]	**kapitulieren; Kapitulation**
war crime(s) ['wɔ: kraim(z)]	**Kriegsverbrechen**
war criminal ['wɔ: krɪmɪnəl]	Kriegsverbrecher(in)

7.1 Housing shortage
Wohnungsmangel

housing ['haʊzɪŋ]	Wohnungen; Wohnraum; Wohnungs-
low-income housing	Wohnungen für Einkommensschwache
construct / provide low-cost housing	preiswerten Wohnraum erstellen
the housing market ['mɑːkɪt]	der Wohnungsmarkt
study the housing ads [ædz]	die Wohnungsanzeigen studieren
housing programme ['prəʊgræm]	Wohnungsbauprogramm
housing association [əsəʊsi'eɪʃn]	Wohnungs(bau)gesellschaft
the rise in rents	**das Ansteigen der Mieten**
the latest rent increase	die neueste Mieterhöhung
rent control [kən'trəʊl]	Wohnraumbewirtschaftung
(go) flat hunting BE	**(auf) Wohnungssuche (gehen)**
estate [ɪ'steɪt] **agent** BE / AE **real estate agent** / AE **realtor** ['riːəltə]	**Immobilien- / Wohnungsmakler(in)**
share a flat BE / AE **an apartment**	**in einer Wohngemeinschaft leben**
give a tenant ['tenənt] **notice to quit**	einem Mieter **kündigen**
evict [ɪ'vɪkt] **a tenant**	**einen Mieter zur Räumung zwingen**
Tenants were evicted from / turned out of their homes because they fell behind with their rent.	Mieter wurden auf die Straße gesetzt, weil sie mit ihren Mietzahlungen in Rückstand geraten waren.
squat [skwɒt] (in a house)	**ein Haus besetzt halten**
squatter ['skwɒtə]	**Hausbesetzer(in)**
homeless ['həʊmləs]	**obdachlos**
homeless people living in cardboard boxes	Obdachlose, die in Pappkartons leben
the homeless	die Obdachlosen
a sharp increase ['ɪŋkriːs] in homelessness	eine starke Zunahme der Obdachlosigkeit
sleep rough [rʌf] / **outdoors**	**im Freien übernachten**
sleep / live on the streets	auf der Straße schlafen / leben
seek shelter (– sought [sɔːt] – sought)	**Zuflucht suchen**
hostel ['hɒstl]	**Wohnheim**

7.2 Unemployment
Arbeitslosigkeit

unemployed [ʌnɪmˈplɔɪd] / **jobless**	arbeitslos; erwerbslos
the long-term unemployed / jobless	die Langzeitarbeitslosen
bring the jobless rate down	die Arbeitslosenziffer senken
unemployment / **joblessness**	(die) **Arbeitslosigkeit** / **Erwerbs-losigkeit**
the unemployment rate is rising / falling	die Arbeitslosigkeit nimmt zu / geht zurück
unemployment benefit BE / AE benefits	Arbeitslosengeld; Arbeitslosen-hilfe
out of a job / **out of work**	**ohne Arbeit; arbeitslos**
redundant [rɪˈdʌndənt]	**überflüssig;** BE **arbeitslos**
be made redundant	einen Arbeitsplatz verlieren
downsizing [ˈdaʊnsaɪzɪŋ]	**Stellen- / Personalabbau**
short-time working	**Kurzarbeit**
on short time	Kurzarbeit machen

Das Entlassenwerden (= *being dismissed* [dɪsˈmɪst]) wird auf unterschiedliche Weise ausgedrückt:
He's been fired. / BE auch *He's been sacked.* / *He's been given the sack.* / *He got the sack.* (= Man hat ihn gefeuert / rausgeschmissen.)
Thousands of employees [ɪmˈplɔɪːz] *were made redundant* BE / AE *were excessed* [ɪkˈsest] / *were surplused* [ˈsɜːpləst]. (= Tausende von Beschäftigten wurden freigesetzt.)
I've been laid off. (= Man hat mich entlassen.)

the labour market [ˈleɪbə mɑːkɪt]	**der Arbeitsmarkt**
employ [ɪmˈplɔɪ] – **employment**	**beschäftigen – Beschäftigung**
The employment situation has improved / deteriorated.	Die Beschäftigungssituation hat sich gebessert / verschlechtert.
self-employed [self ɪmˈplɔɪd]	(beruflich) selb(st)ständig
retrain [riːˈtreɪn] – **retraining**	**umschulen – Umschulung**
job-creating schemes [skiːmz] / **job-creation programmes**	**Arbeitsbeschaffungsmaßnahmen / -programme**
labour / employment exchange	**Arbeitsamt**
jobcentre [ˈdʒɒbsentə] BE	**(staatliche) Arbeitsvermittlung**
employment agency [ˈeɪdʒənsi]	**(private) Arbeitsvermittlung**
(re)hire [(riː)ˈhaɪə] **workers**	**Arbeitskräfte (wieder) einstellen**
temp [temp] BE	**Zeitarbeitskraft**

7.3 Drug and alcohol abuse
Drogen- und Alkoholmissbrauch

drug [drʌg]	**Droge; Rauschmittel; Rauschgift**
hard / soft [sɒft] drugs	harte / weiche Drogen
drug abuse [əˈbjuːs]	Drogenmissbrauch
drug addiction [əˈdɪkʃn]	Drogensucht; Rauschgiftsucht
a drug addict [ˈædɪkt]	ein(e) Drogensüchtige(r)
(drug) dealer / (drug) pusher [ʊ]	Dealer; Pusher
the number of drug-related deaths	die Zahl der Drogentoten

 Dass jemand rauschgiftsüchtig ist, kann man u. a. so ausdrücken:
She's addicted [əˈdɪktɪd] *to drugs.* • *She's a drug addict* [ˈædɪkt]. •
She's on / into drugs. • *She's taking / doing drugs.* • *She's on the
needle* [ˈniːdl].

fix [fɪks]	**Fix; fixen**
shoot [ʃuːt] (– shot – shot) *Slang*	**schießen; drücken**
shot [ʃɒt]	**Schuss** (= Drogeninjektion)
heroin [ˈherəʊɪn]	**Heroin**
She became addicted to heroin.	Sie wurde heroinsüchtig.
cocaine [kəʊˈkeɪn]	**Kokain**
inject [ɪnˈdʒekt] / sniff / smoke cocaine	Kokain spritzen / schnupfen / rauchen
hashish [ˈhæʃɪʃ] – **hash**	**Haschisch – Hasch**
LSD / *Slang* **acid** [ˈæsɪd]	**LSD**
ecstasy [ˈekstəsi]	**Ecstasy**
methadone [ˈmeθədəʊn]	**Methadon**
dose [dəʊs] – **overdose / OD**	**Dosis – Überdosis**
cure [kjʊə]	**heilen; kurieren; entwöhnen; Entzug**
addicts who've been cured [kjʊəd]	Süchtige, die geheilt wurden
withdrawal (symptoms) [wɪðˈdrɔːəl]	**Entzug(serscheinungen)**
alcoholic [ælkəˈhɒlɪk]	**Alkoholiker(in)**
Alcoholics Anonymous [əˈnɒnɪməs]	die Anonymen Alkoholiker
alcoholism [ˈælkəhɒlɪzm]	**Alkoholismus; Alkoholkrankheit**
a drinker / drunk / drunkard [-kəd]	**ein(e) Trinker(in) / Säufer(in)**
liquor [ˈlɪkə]	*AE* **Schnaps**
(a little) tipsy [ˈtɪpsi]	**(ein bisschen) beschwipst**
drunk [drʌŋk]	**betrunken; Betrunkene(r) / Trinker(in)**
have a hangover [ˈhæŋəʊvə]	**einen Kater haben**

7

Social problems

7.4 Poverty
Armut

poverty ['pɒvəti]	Armut
fall into poverty (– fell – fallen)	in Armut geraten
the causes of poverty	die Ursachen der Armut
below the poverty line	unterhalb der Armutsgrenze
impoverished [ɪm'pɒvərɪʃt]	verarmt
poor [pʊə] – the poor	arm – die Armen
These people are desperately poor.	Diese Menschen sind schrecklich arm.
deprivation [deprɪ'veɪʃn]	Entbehrung; Mangel
deprived [dɪ'praɪvd] families / children	benachteiligte Familien / Kinder
disadvantaged [dɪsəd'vɑːntɪdʒd]	benachteiligt
the economically disadvantaged	die sozial Schwachen
destitute (families) ['destɪtjuːt]	mittellos(e Familien)
an extremely low standard of living	ein extrem niedriger Lebensstandard
help the needy ['niːdi]	den Bedürftigen helfen
the basic ['beɪsɪk] needs	die Grundbedürfnisse
subsistence level [səb'sɪstəns levl]	Existenzminimum
a living wage [lɪvɪŋ 'weɪdʒ]	ein zum Leben ausreichender Lohn
set a minimum wage (– set – set)	einen Mindestlohn festsetzen
hunger ['hʌŋgə] – hungry ['hʌŋgri]	Hunger – hungrig
As a boy, he often went hungry.	Als Junge hat er oft gehungert.
starve [stɑːv] – starvation	hungern – Hungern
starve to death / die of starvation	verhungern
(poor) nutrition [nju'trɪʃn]	(Mangel-)Ernährung
dependent on public assistance AE	auf Sozialhilfe angewiesen
soup kitchen ['suːp kɪtʃən]	Suppenküche
cuts in social services ['sɜːvɪsɪz]	Sozialabbau
low life expectancy [ɪk'spektənsi]	niedrige Lebenserwartung
a high infant mortality rate	eine hohe Säuglingssterblichkeit
illiteracy [ɪ'lɪtrəsi] among the poor	Analphabetentum unter den Armen
street children ['striːt tʃɪldrən]	Straßenkinder
child labour ['leɪbə] – child prostitution	Kinderarbeit – Kinderprostitution
(appalling) misery ['mɪzəri]	(entsetzliches) Elend
suffering ['sʌfərɪŋ]	Leiden; Leid
alleviate the suffering of the poor	das Leid(en) der Armen lindern
despair [dɪ'speə] – hopelessness	Verzweiflung – Hoffnungslosigkeit

7.5 **Crime and violence**
Verbrechen und Gewalttätigkeit

crime [kraɪm]	**Verbrechen; Straftat**
violent ['vaɪələnt] crime	Gewaltverbrechen/-kriminalität
crime victims ['vɪktɪmz]	Opfer von Straftaten
crime prevention [prɪ'venʃn]	Verbrechensverhütung
the rising crime rate ['kraɪm reɪt]	das Zunehmen der Kriminalität
crimes against humanity [hju:'mænəti]	Verbrechen gegen die Menschlichkeit
criminal ['krɪmɪnəl]	**kriminell; Verbrecher(in); Straftäter(in)**
a violent criminal	ein Gewaltverbrecher
habitual criminal – career criminal	Gewohnheits- – Berufsverbrecher

Häufig begangene Straftaten (= *criminal offences* [ə'fensɪz])
murder (= Mord) • *manslaughter* (= Totschlag) • *homicide* ['hɒmɪsaɪd] (formell allgemein – Tötungsdelikt) • *bodily harm* (= Körperverletzung) • *rape* (= Vergewaltigung) • *robbery* (= Raub) • *kidnapping/ abduction* (= Entführung) • *skyjacking* (= Flugzeugentführung) • *hostage* ['hɒstɪdʒ] *taking* (= Geiselnahme) • *blackmail/extortion* (= Erpressung) • *arson* ['ɑːsn] (= Brandstiftung) • *perjury* ['pɜːdʒəri] (= Meineid) • *counterfeiting* ['kaʊntəfɪtɪŋ] (= Fälschung) • *bribery* (= Bestechung) • *embezzlement* [ɪm'bezlmənt] (= Unterschlagung/ Veruntreuung) • *fraud* [frɔːd] (= Betrug) • *smuggling* (= Schmuggel) • *vandalism* ['vændəlɪzm] (– mutwillige Beschädigung/Zerstörung fremden Eigentums) • *trespassing* ['trespəsɪŋ] (= Hausfriedensbruch)

TRESPASSERS WILL BE PROSECUTED (= Betreten bei Strafe verboten)

Bezeichnungen für Straftäter (= *offenders* [ə'fendəz] / *criminals*)
murderer/killer (= Mörder) • *rapist* ['reɪpɪst] (= Vergewaltiger) • *attacker* [ə'tækə] (= Angreifer) • *crazed* [kreɪzd] *gunman* (= Amokschütze) • *mugger* (= Straßenräuber) • *robber* (= Räuber) • *thug/ hoodlum* ['huːdləm] (= brutaler Rowdy) • *football/soccer hooligan* (= Fußballrowdy) • *vandal* ['vændl] (= mutwilliger Zerstörer) • *kidnapper* (= Entführer) • *skyjacker* (= Flugzeugentführer) • *blackmailer* (= Erpresser) • *gangster/mobster* (= Gangster) • *arsonist* ['ɑːsənɪst] (= Brandstifter) • *swindler / con(fidence) man / con artist* (= Betrüger/Hochstapler) • *smuggler* (= Schmuggler)

7

Social problems

hijack ['haɪdʒæk] a plane	ein Flugzeug **entführen**
bank robbery	**Bankraub**
two armed and masked **robbers**	zwei bewaffnete und maskierte **Räuber**

Stealing and thieves [θiːvz] **(= Stehlen und Diebe)**

stealing (= Stehlen) • *theft* (= Diebstahl) • *larceny* ['lɑːsəni] (juristisch = Diebstahl) • *pickpocketing* (= Taschendiebstahl) • *purse snatching* (AE = Handtaschenraub) • *shoplifting* (= Ladendiebstahl) • *thief* Pl. *thieves* (= Dieb/Diebin) • *pickpocket* (= Taschendieb/-diebin) • *purse snatcher* (AE = Handtaschendieb) • *joyriding* (= eine Spritztour mit einem gestohlenen Auto machen)

Ein Einbruch kann auf Englisch *a burglary* ['bɜːgləri] oder *a break-in* sein. Ein Einbrecher ist *a burglar* oder *a housebreaker*. In unser Haus wurde eingebrochen heißt *Our home/house was burgled* BE / AE *burglarized*.

(hand) gun – **gun down** [gʌn ˈdaʊn]	**(Hand-)Feuerwaffe** – **abknallen**
firearms [ˈfaɪərɑːmz]	**Schusswaffen**

Shoot someone (– shot – shot): He was shot and wounded [ˈwuːndɪd]. (= Er wurde angeschossen.)
He was shot and killed/shot dead. (= Er wurde erschossen.)
He was shot at. (= Es wurde auf ihn geschossen.)
Shoot allein für erschießen nur, wenn aus dem Zusammenhang deutlich ist, was gemeint ist: *the day Kennedy was shot* (= der Tag, an dem Kennedy erschossen wurde).

---

violence [ˈvaɪələns]	**Gewalt(tätigkeit)**
Violence broke out.	Es kam zu Gewalttätigkeiten.
violent [ˈvaɪələnt]	**gewalttätig**
fight [faɪt]	**Kampf; Prügelei; Schlägerei**
put [ʊ] up a fight	sich zur Wehr setzen
fight (– fought [ɔː] – fought)	**kämpfen; sich prügeln/schlagen**
beat [iː] (– beat – beaten)	**schlagen; hauen**
beaten up by thugs [θʌgz]	von Rowdys zusammengeschlagen
stab someone [stæb]	auf jemand **einstechen**
She was stabbed to death [deθ].	Sie wurde erstochen.
strangle someone [ˈstræŋgl]	jemand **erwürgen/erdrosseln**
batter someone [ˈbætə]	**auf** jemand **einschlagen**
battered wife/baby	misshandelte(s) Ehefrau/Baby
bind [baɪnd] (– bound – bound)	**fesseln**
She was bound and gagged [gægd].	Sie wurde gefesselt und geknebelt.

8.1 History
Geschichte

history ['hɪstri]	**Geschichte**
go down in history	in die Geschichte eingehen
ancient ['eɪnʃənt] history	(die) alte Geschichte
medieval [medi'iːvl] history	(die) mittelalterliche Geschichte
contemporary [kən'temprəri] history	(die) Zeitgeschichte
a cultural history of India	(eine) Kulturgeschichte Indiens
local ['ləʊkl] history	(die) Heimatgeschichte
historical [hɪ'stɒrɪkl]	**historisch; geschichtlich**
of historical interest ['ɪntrəst]	von historischem Interesse
historical research has shown that ...	die Geschichtsforschung hat nachgewiesen, dass ...
historical records ['rekɔːdz]	historische Zeugnisse / Belege

 Unterschied zwischen *historical* und *historic*

historical (= historisch / geschichtlich = zur Geschichte gehörig / geschichtlich nachgewiesen / mit Geschichte zu tun habend)
historic (= historisch / geschichtlich bedeutsam)

historian [hɪ'stɔːriən]	**Historiker(in)**
prehistory [priː'hɪstri] – **prehistoric**	**Vorgeschichte – vorgeschichtlich**
genealogy [dʒiːni'ælədʒi]	**Genealogie; Ahnenforschung**
records ['rekɔːdz]	**Aufzeichnungen; Zeugnisse**
contemporary [kən'temprəri] records	zeitgenössische Berichte
written records	schriftliche Überlieferungen
oral traditions ['ɔːrəl trədɪʃnz]	**mündliche Überlieferungen**
archives ['ɑːkaɪvz]	**Archive**
chronicle ['krɒnɪkl] – **chronicler**	**Chronik – Chronist(in)**
period (of history) ['pɪəriəd]	**(Geschichts-)Epoche**
ancient ['eɪnʃənt]	**alt; antik**
ancient Rome [eɪnʃənt 'rəʊm]	das alte Rom; das Rom der Antike
in ancient times	im Altertum; in der Antike
antiquity / the ancient world [wɜːld]	die Antike
the **Middle Ages** [mɪdl 'eɪdʒɪz]	das **Mittelalter**
the **Reformation** [refə'meɪʃn]	die **Reformation**
the **age of absolutism** ['æbsəluːtɪzm]	das **Zeitalter des Absolutismus**
the **Enlightenment** [ɪn'laɪtnmənt]	die **Aufklärung**
the **French Revolution** [revə'luːʃn]	die **Französische Revolution**

8.2 Psychology
Psychologie

psychology [saɪˈkɒlədʒi]	Psychologie
psychologist [saɪˈkɒlədʒɪst]	Psychologe / Psychologin
psychological [saɪkəˈlɒdʒɪkl]	psychologisch
psychiatry [saɪˈkaɪətri] – **psychiatrist**	Psychiatrie – Psychiater(in)
psychoanalysis [saɪkəʊəˈnæləsɪs]	Psychoanalyse
psychoanalyst [saɪkəʊˈænəlɪst]	Psychoanalytiker(in)
psychopath [ˈsaɪkəpæθ]	Psychopath(in)
psychotherapy [saɪkəʊˈθerəpi]	Psychotherapie
psychotherapist [saɪkəʊˈθerəpɪst]	Psychotherapeut(in)
behaviour [bɪˈheɪvjə]	Verhalten
abnormal [æbˈnɔːml] behaviour	abnormes Verhalten
personality [pɜːsəˈnæləti]	Persönlichkeit
the **human mind** [hjuːmən ˈmaɪnd]	der **menschliche Verstand / Geist**
perception [pəˈsepʃn]	Wahrnehmung
memory [ˈmeməri]	Gedächtnis
thinking [ˈθɪŋkɪŋ]	(das) Denken
reasoning [ˈriːznɪŋ]	(logisches) Denken
intelligence [ɪnˈtelɪdʒəns]	Intelligenz
intelligence quotient [ˈkwəʊʃnt] / IQ	Intelligenzquotient / IQ
motivation [məʊtɪˈveɪʃn]	Motivation; Verhaltensantrieb
emotions such as joy and anger [ˈæŋgə]	Gefühle wie Freude und Zorn
(un)conscious [ʌnˈkɒnʃəs]	(un)bewusst
subconscious [sʌbˈkɒnʃəs]	unterbewusst
dream [driːm] – **dreaming**	Traum – (das) Träumen
nightmare [ˈnaɪtmeə]	Albtraum
anxiety [æŋˈzaɪəti]	Angst
troubled by feelings of anxiety	von Angstgefühlen geplagt
mental disorders [dɪsˈɔːdəz]	geistig-seelische Störungen
(mentally) disturbed [dɪˈstɜːbd]	(geistes)gestört
mentally ill [mentəli ˈɪl]	geisteskrank; psychisch krank
(mentally) retarded [rɪˈtɑːdɪd]	(geistig) zurückgeblieben
psychosis [saɪˈkəʊsɪs] – **neurosis**	Psychose – Neurose
neurotic [njuˈrɒtɪk]	neurotisch; Neurotiker(in)
therapy [ˈθerəpi]	Therapie
occupational [ɒkjuˈpeɪʃənl] therapy	Beschäftigungstherapie
therapist / counsellor [ˈkaʊnsələ]	Therapeut(in)
marriage counselling [ˈkaʊnsəlɪŋ]	Eheberatung
psychological testing / tests	psychologische Tests

8.3 Religions and denominations
Religionen und Konfessionen

religion [rɪ'lɪdʒən]	Religion
belong to a religion	einer Religion(sgemeinschaft) angehören
freedom of religion	Religionsfreiheit
religious [rɪ'lɪdʒəs]	religiös
religious beliefs [bɪ'li:fs]	religiöse Überzeugungen
a deeply religious person	ein (zu)tief(st) religiöser Mensch
Christianity [krɪstɪ'ænəti]	Christenheit
The cross is the symbol ['sɪmbl] of Christianity.	Das Kreuz ist das Symbol des Christentums.
Christian ['krɪstʃən]	christlich; Christ(in)
Christians believe that Jesus ['dʒi:zəs] is the Messiah [mə'saɪə].	Die Christen glauben, dass Jesus der Messias ist.
the early Christians	die Urchristen
Islam ['ɪzlɑ:m]	(der) Islam
Islamic [ɪz'læmɪk]	islamisch
Islamic fundamentalists [fʌndə'mentəlɪsts]	islamische Fundamentalisten
Muslim(s) ['mʊzlɪm(z)]	Muslim(e)
Hinduism ['hɪnduɪzm]	(der) Hinduismus
The cow is revered [rɪ'vɪəd] in Hinduism.	Die Kuh wird im Hinduismus verehrt.
Hindu ['hɪndu:]	hinduistisch; Hindu(-)
Buddhism ['bʊdɪzm]	(der) Buddhismus
Buddhism has spread [spred] in the West.	Der Buddhismus hat sich im Westen ausgebreitet.
Buddhist ['bʊdɪst]	buddhistisch; Buddhist(in)
Judaism ['dʒu:deɪɪzm]	(das) Judentum; (der) Judaismus
Judaism is the religion of the Jews.	Der Judaismus ist die Religion der Juden.
Jew [dʒu:]	Jude / Jüdin
Jewish ['dʒu:ɪʃ]	jüdisch
centres of Jewish culture ['kʌltʃə]	Zentren jüdischer Kultur
He's / She's Jewish.	Er ist Jude. / Sie ist Jüdin.
convert [kən'vɜ:t]	konvertieren; bekehren
convert to the Christian faith [feɪθ]	zum christlichen Glauben konvertieren / übertreten
They were converted to Christianity [krɪstɪ'ænəti].	Sie wurden zum Christentum bekehrt.

💡 Beachten Sie den Gebrauch des Artikels *a(n)*:

He's a Christian ['krɪstʃən] / *a Roman Catholic* ['kæθlɪk] /
a Protestant ['prɒtɪstənt] / *a Jew* [dʒuː] / *etc.*
(= Er ist Christ / Katholik / Protestant / Jude / etc.)

denomination [dɪnɒmɪ'neɪʃn]	**Konfession; Glaubensgemeinschaft**
What denomination are you?	Welche Konfession haben Sie?
denominational school	Konfessions- / Bekenntnisschule
(Roman) Catholicism [kə'θɒləsɪzm]	(der) **Katholizismus**
Roman Catholic [rəʊmən 'kæθlɪk]	**(römisch-)katholisch; Katholik(in)**
She became a (Roman) Catholic.	Sie wurde katholisch.
Protestantism ['prɒtɪstəntɪzm]	(der) **Protestantismus**
Protestant ['prɒtɪstənt]	**protestantisch; evangelisch**
Protestant churches ['tʃɜːtʃɪz]	protestantische / evangelische Kirchen
He's / She's a Protestant.	Er / Sie ist Protestant(in) / evangelisch.
Calvinism ['kælvənɪzm]	(der) **Kalvinismus**
Reformed [rɪ'fɔːmd] **churches**	**reformierte Kirchen**
Lutheran ['luːθərən]	**lutherisch; Lutheraner(in)**
Lutheran churches	lutherische Kirchen
Baptist ['bæptɪst]	**Baptist(in)**
Methodist ['meθədɪst]	**methodistisch; Methodisten-**
She's a Methodist / Baptist.	Sie ist Methodistin / Baptistin.
Anglican ['æŋglɪkən]	**anglikanisch; Anglikaner(in)**
the Anglican Church	die anglikanische Kirche

i Zur *Anglican Communion* [kə'mjuːniən] (= anglikanischen Kirchen-
gemeinschaft) gehören u. a. *the Church of England, the Church in
Wales, the Episcopal* [ɪ'pɪskəpl] *Church in Scotland, the Church of
Ireland* und in den USA *the Protestant Episcopal Church.* Alle zehn
Jahre treffen sich die *Anglican bishops* ['bɪʃəps] (= Bischöfe) zur
Lambeth Conference [læmbəθ 'kɒnfrəns].

Presbyterian [prezbɪ'tɪəriən]	**presbyterianisch**
He's / She's a Presbyterian.	Er / Sie ist Presbyterianer(in).
Puritan ['pjʊərɪtən]	**puritanisch; Puritaner(in)**
Many Puritans emigrated ['emɪgreɪtɪd] to the New World.	Viele Puritaner wanderten in die Neue Welt aus.
the **Salvation Army** [sælveɪʃn 'ɑːmi]	die **Heilsarmee**
Orthodox ['ɔːθədɒks] (churches / Jews)	**orthodox**(e Kirchen / Juden)

8.4 Religious practice
Religiöse Bräuche

doctrine ['dɒktrɪn]	Lehre; Lehrmeinung; Grundsatz
dogma ['dɒgmə]	Dogma (= kirchl. Glaubenssatz)
theology [θi'ɒlədʒi]	Theologie
the Old / New Testament	das Alte / Neue Testament
the parables ['pærəblz] of Jesus	die Gleichnisse Jesu
the gospel ['gɒspl]	das Evangelium
psalm [sɑːm]	Psalm
heaven ['hevn]	(der) Himmel
hell [hel]	(die) Hölle
angel ['eɪndʒəl]	Engel
saint [seɪnt]	Heilige(r)
St George [snt 'dʒɔːdʒ]	der heilige Georg / Sankt Georg
devil ['devl]	Teufel
the Ten Commandments [kə'mɑːndmənts]	die Zehn Gebote
(original) sin [ərɪdʒənl 'sɪn]	(die) (Erb-)Sünde
a deadly / mortal ['mɔːtl] sin	eine Todsünde
church [tʃɜːtʃ]	Kirche
go to / attend [ə'tend] church	in die Kirche gehen
in / after church	in / nach der Kirche
cathedral [kə'θiːdrəl]	Dom; Kathedrale
attend a service ['sɜːvɪs]	an einem Gottesdienst teilnehmen
worship ['wɜːʃɪp]	(am) Gottesdienst (teilnehmen)

Christians worship in a church, Jews in a synagogue ['sɪnəgɒg], *and Muslims* ['mʊzlɪmz] *in a mosque* [mɒsk]. (= Christen gehen zum Gottesdienst in einer Kirche, Juden in einer Synagoge und Muslime in einer Moschee.)

mass [mæs]	(die) Messe
go to / attend [ə'tend] mass	zur Messe gehen
preach [priːtʃ] – preacher	predigen – Prediger(in)
sermon ['sɜːmən]	Predigt
the Sermon on the Mount [maʊnt]	die Bergpredigt
altar ['ɔːltə]	Altar
a sacrament ['sækrəmənt]	ein Sakrament
confession [kən'feʃn]	(die) Beichte
absolution [æbsə'luːʃn]	Absolution; Lossprechung
(Holy) Communion [kə'mjuːniən]	die (heilige) Kommunion

the Last / the Lord's Supper	das (heilige) Abendmahl
prayer [preə]	Gebet
the Lord's Prayer [the lɔːdz 'preə]	das Vaterunser
the Creed [kriːd]	**das Glaubensbekenntnis**
amen [ɑːˈmen / eɪˈmen]	**amen; Amen**
christen [ˈkrɪsn] / **baptize** [bæpˈtaɪz]	**taufen**
He was christened Patrick.	Er wurde Patrick getauft.
confirmation [kɒnfəˈmeɪʃn]	**Konfirmation; Einsegnung; Firmung**
congregation [kɒŋɡrɪˈɡeɪʃn]	**Gemeinde** (beim Gottesdienst)
parish [ˈpærɪʃ]	**(Kirchen-)Gemeinde**
the clergy [ˈklɜːdʒi]	**die Geistlichkeit; der Klerus**
The clergy are against the law [lɔː].	Der Klerus ist gegen das Gesetz.

🔆 Pfarrer hat im Englischen eine Vielzahl von Entsprechungen, u. a.:
(katholisch) *priest* [priːst] (= Priester)
(anglikanisch) *priest, minister* [ˈmɪnɪstə], *vicar* [ˈvɪkə], *rector* [ˈrektə]
(evangelisch) *pastor* [ˈpɑːstə], *minister, vicar*
(Krankenhaus- / Hochschul- / Militär- / Gefängnis-Pfarrer) *chaplain* [ˈtʃæplɪn]
(allgemein) *clergyman* [ˈklɜːdʒɪmən] / *clergywoman* (= Geistlicher / Geistliche)

(arch)bishop [(ɑːtʃ)ˈbɪʃəp]	**(Erz-)Bischof**
cardinal [ˈkɑːdɪnl]	**Kardinal**
pope [pəʊp]	**Papst**
Israel [ˈɪzreɪl]	**Israel**
the God of Israel	der Gott Israels
the Torah [ˈtɔːrə]	**die Thora** (jüd. = die 5 Bücher Mose)
the Talmud [ˈtælmʊd]	**der Talmud** (= Sammelwerk der jüd. Lehre und Überlieferung)
temple [ˈtempl]	**Tempel**
rabbi [ˈræbaɪ]	**Rabbi(ner)**
kosher [ˈkəʊʃə]	**koscher**
Sabbath [ˈsæbəθ]	**Sabbat**
the Koran [kɔːˈrɑːn]	**der Koran**
Ramadan [ræməˈdɑːn]	**Ramadan** (= islam. Fastenmonat)
jihad [dʒɪˈhæd]	**Dschihad** (= islam. heiliger Krieg)
infidel [ˈɪnfɪdl]	**Ungläubige(r)**
fundamentalism [fʌndəˈmentəlɪzm]	**Fundamentalismus**

9.1 Educational facilities
Bildungseinrichtungen

go to school [sku:l]	in die **Schule** gehen
attend [əˈtend] a school	eine Schule besuchen
nursery school [ˈnɜːsri sku:l]	**Kindergarten**
kindergarten [ˈkɪndəgɑːtn]	*BE* **Kindergarten**; *AE* **Vorschule für 4- bis 6-Jährige**
primary school *BE* / *AE* **elementary** [eliˈmentri] **school** / *AE* **grade school**	**Grundschule**
secondary [ˈsekəndri] **school**	**höhere / weiterführende Schule**
comprehensive [kɒmprɪˈhensɪv] **(school)** *BE*	**Gesamtschule**
grammar school [ˈgræmə sku:l] *BE*	**Gymnasium**
sixth form college [ˈkɒlɪdʒ] *BE*	**gymnasiale Oberstufe** (als selbstständige Schule)

i Die *sixth form* ist im britischen allgemeinbildenden Schulsystem die oberste, zwei Jahre umfassende Klassenstufe.
Im AE heißt Klasse(nstufe) *grade. He's in the third form* BE / AE *in (the) eighth grade now.* (= Er ist jetzt in der achten Klasse.)

public school [pʌblɪk ˈsku:l]	*BE* **private Internatsschule;** *AE* **öffentliche Schule**
state school / **maintained school**	*BE* **öffentliche Schule**
special school [ˈspeʃl sku:l]	**Sonderschule**
boarding school [ˈbɔːdɪŋ sku:l]	**Internat(sschule)**

i *middle school* (= AE Schule für die Klassen 5/6–8)
junior high [dʒuːniə ˈhaɪ] *school* (= *AE* Schule für die Klassen 7–8/9)
senior high [siːniə ˈhaɪ] *school* (= *AE* Schule für die Klassen 10–12)
high school (= *AE* Schule für die Klassen 9/10–12)

vocational college / **trade school**	**Berufsfachschule**
commercial school	**Handelsschule**
commercial / business college	**höhere Handelsschule**
technical [ˈteknɪkl] **college** *BE*	**Fach(ober)schule**
advanced technical college	**Fachhochschule**

higher education [edjuˈkeɪʃn]   Hochschul(aus)bildung

 **college** [ˈkɒlɪdʒ] = AE höhere Bildungseinrichtung, die zu einem ersten Hochschulabschluss (*bachelor's degree* [ˈbætʃələz dɪgriː], z. B. *BA = Bachelor of Arts*) führt: *He's still at college.* (= Er ist noch auf dem College.) *I went to college here.* (= Ich bin hier aufs College gegangen.) *She graduated* [ˈgrædʒueɪtɪd] *from college last year.* (= Sie hat voriges Jahr ihren College-Abschluss gemacht.)
college = BE Teil einer Universität: *Prince Charles studied at Trinity College, Cambridge* [ˈkeɪmbrɪdʒ].
Ansonsten bezeichnet *college* eine Hochschule, Fachschule, Fachhochschule, Akademie etc.: *secretarial* [sekrəˈteəriəl] *college* (= Sekretärinnenfachschule), *art college* (= Kunsthochschule), *teacher training college BE* / *AE teachers college* (= pädagogische Hochschule).

university [juːnɪˈvɜːsəti]   Universität
go to / study at university   an der Universität studieren
get a place at a university   einen Studienplatz bekommen
campus [ˈkæmpəs]   **Universitätsgelände; Universitäts-**
on campus   auf dem Universitätsgelände

i *Graduate* [ˈgrædʒuət] *school* bezeichnet im AE eine Hochschulabteilung für *postgraduates* [pəʊstˈgrædʒuəts], d. h. Studierende, die nach dem ersten Hochschulabschluss (*bachelor's degree*) weiterstudieren.

department [dɪˈpɑːtmənt]   Abteilung; Fachbereich; Seminar
the Department of English   der Fachbereich Anglistik
medical school [ˈmedɪkl skuːl]   **medizinische Fakultät**
art academy [ˈɑːt əkædəmi]   **Kunstakademie**
research institute [ˈɪnstɪtjuːt]   **Forschungsinstitut**
Sunday school [ˈsʌndeɪ skuːl]   **(religiöse) Sonntagsschule**
enrol [ɪnˈrəʊl] on a **course**   sich für einen **Kurs(us)** anmelden /
  BE / *AE* enroll in a **course**   einschreiben
correspondence [-ˈspɒn-] course   Fernkurs
night school [ˈnaɪt skuːl]   **Abendschule**

 Weiterbildung heißt im BE *further education,* sonst auch *adult education* (= Erwachsenenbildung), *continuing education* oder *continued education*. Volkshochschulkurse sind *adult education classes* oder *evening classes*. Volkshochschule könnte man mit *adult education centre* oder *college for further adult education* übersetzen. *She did* / *took an evening class.* (= Sie machte / besuchte einen VHS-Kurs.)

9.2 Subjects and skills
Fächer und Fertigkeiten

subject ['sʌbdʒɪkt]	(Unterrichts-)Fach
my favourite ['feɪvrət] subject	mein Lieblingsfach
optional ['ɒpʃənl] subject	Wahlfach
course [kɔːs]	Kurs(us); Lehrgang
attend [ə'tend] / take / do a course	einen Kurs besuchen / machen

i *National Curriculum* [kə'rɪkjələm] heißt in *England and Wales* der Kanon von *three core subjects* (= Kernfächern) und *seven foundation subjects* (= Grundfächern), die für 5-16-Jährige an *state schools* (= öffentlichen Schulen) *compulsory* [kəm'pʌlsəri] (= obligatorisch) sind.

mathematics [mæθə'mætɪks] – maths *BE* / *AE* math	Mathematik – Mathe
technology (education) [tek'nɒlədʒi]	Technik
art [ɑːt] – fine arts [faɪn 'ɑːts]	Kunst – bildende Kunst
physical ['fɪzɪkl] education / PE	Sport; Leibesübungen
health [helθ] (education)	Gesundheit(slehre)
sex education ['seks edjukeɪʃn]	Sexualkunde
social studies ['səʊʃl stʌdiz]	Sozialkunde; Sozialwissenschaften

 Das Fach science ['saɪəns] (= Naturwissenschaft) umfasst *biology* [baɪ'ɒlədʒi] (= Biologie), *chemistry* ['kemɪstri] (= Chemie), *physics* ['fɪzɪks] (= Physik) und *geoscience* [dʒiː-] (= Geowissenschaft). *Computer science* ist Informatik.

curriculum [kə'rɪkjələm]	Fächerkanon; Lehrplan; Curriculum
syllabus ['sɪləbəs]	Lehrplan; Stoffplan; Rahmenplan
stick to the syllabus (– stuck – stuck)	sich an den Stoffplan halten
depart [dɪ'pɑːt] from the syllabus	vom Stoffplan abweichen
listening ['lɪsnɪŋ] comprehension	Hörverstehen / -verständnis
reading comprehension	Leseverstehen / -verständnis
dictation [dɪk'teɪʃn]	Diktat
We're doing a dictation today.	Wir schreiben heute ein Diktat.
essay ['eseɪ] *BE* / *AE* paper / *AE* theme [θiːm] / composition	(Schul-)Aufsatz
write an essay / paper / theme on homelessness	einen Aufsatz über Obdach-losigkeit schreiben

9.3 Exams and qualifications
Prüfungen und Qualifikationen

Prüfungen sind examinations [ɪgzæmɪˈneɪʃnz] oder kurz *exams*
[ɪgˈzæmz]:
oral [ˈɔːrəl] / *written exam* (= mündliche / schriftliche Prüfung),
final exam (= Abschlussprüfung). *I'm taking my finals in June.*
(= Im Juni mache ich die Abschlussprüfung.) – *Students prepare
for* (= bereiten sich vor auf) *or cram for* (= büffeln / pauken für)
an exam. They take / sit an exam (= machen eine Prüfung / unterziehen sich einer Prüfung), *they pass / fail an exam* (= bestehen
eine Prüfung / fallen bei einer Prüfung durch).

cheat (in an exam) [tʃiːt]	**(bei einer Prüfung) täuschen /** abschreiben
copy / crib off / from a neighbour	von einem Nachbarn **abschreiben**

Tests: *aptitude* [ˈæptɪtjuːd] *test* (= Eignungstest), *placement test*
(= Einstufungstest), *achievement* [əˈtʃiːvmənt] *test* (= Leistungstest),
multiple-choice test (= Antwortauswahltest), *cloze test* (= Lücken-
test, bei dem in einem Text z. B. jedes fünfte Wort zu ergänzen ist).

credit [ˈkredɪt]	**Schein** (als Leistungsausweis)
I've got two credits in Eng. Lit. [ɪŋ ˈlɪt]	Ich habe zwei Scheine in englischer Literatur.
pass [pɑːs]	(Prüfung) **bestehen**
get a pass in history [ˈhɪstri]	die Geschichtsprüfung (ohne Prädikat) bestehen
He passed with honours [ˈɒnəz].	Er bestand mit Auszeichnung.

i Dem deutschen Abitur entsprechen in England in etwa *A levels*
[ˈeɪ levlz]. *A (= advanced) level* (= Prüfung auf Abiturniveau in
einem bestimmten Fach): *When are you taking your A levels?*
(= Wann machst du dein Abitur?) *You need A levels if you want
to go to university.* (= Um an der Universität zu studieren braucht
man das Abitur.)
In den USA ist das *high school diploma* [dɪˈpləʊmə] annähernd dem
Abiturzeugnis gleichzusetzen: *She graduated* [ˈgrædʒueɪtɪd] *from high
school last year.* (= Sie hat voriges Jahr das Abitur gemacht.)
Dem mittleren Schulabschluss entspricht in England ungefähr *the
GCSE* (= *General Certificate* [səˈtɪfɪkət] *of Secondary Education*):

pupils preparing for GCSE (= Schüler, die sich auf den mittleren Abschluss vorbereiten), *He's got six GCSEs.* (= Er hat den mittleren Abschluss in sechs Fächern.)

graduate ['grædʒuət]	**(Hochschul-)Absolvent(in)**
university graduates	Akademiker(innen)
high school graduate *AE*	(*etwa:*) Abiturient(in)
graduate ['grædʒueɪt]	**das Studium abschließen**
graduation [grædʒu'eɪʃn]	**Graduierung;** *AE* **Schulabschluss, Studienabschluss**
graduation ceremony ['serəməni]	Abschlussfeier (mit Überreichung der Zeugnisse, Diplome etc.)

🔆 Noten, mit denen Leistungen bewertet werden, sind *marks* (BE) oder *grades* (AE, z.T. auch BE):
grades A to E (= die Noten 1 bis 5); *She scored / gained / achieved top marks BE / AE grades in both papers.* (= Sie hatte in beiden Arbeiten eine Eins.) *Her science grades are less good.* (= In den Naturwissenschaften sind ihre Noten weniger gut.) *He achieved five straight As* [eɪz]. (= Er hatte fünf glatte Einsen.)

report [rɪ'pɔːt] *BE / AE* **report card**	(Zwischen- / Jahres- / etc.)**Zeugnis**
certificate [sə'tɪfɪkət]	(Prüfungs- / Abschluss-)**Zeugnis**
diploma [dɪ'pləumə]	**Diplom**
He holds a diploma in economics.	(*etwa*) Er ist Diplomvolkswirt.

i Um zu promovieren (= *do your / a doctorate* ['dɒktərət]) schreibt man u. a. eine Doktorarbeit oder Dissertation (= *doctoral thesis* ['θiːsɪs] / *dissertation*). Schließlich erlangt man die Doktorwürde (= *you gain / get your doctorate / doctor's degree*).
Abkürzungen wie *PhD* (= Dr. phil.), *MD* (= Dr. med.) und *ScD* (= Dr. rer. nat.) werden nachgestellt: *Helen Jackson, PhD* (= Dr. phil. Helen Jackson).
Andere akademische Grade (= *degrees* [dɪ'griːz]):
bachelor's ['bætʃələz] *degree* (= niedrigster akademischer Grad):
  BA / Bachelor of Arts (= Bachelor der Geisteswissenschaften),
  BSc / Bachelor of Science (= Bachelor der Naturwissenschaften)
master's degree (= Magister): *MA / Master of Arts* (= M.A. / Magister Artium), *MSc / Master of Science* (= M.Sc. / Magister der Naturwissenschaften).
He got his BA / bachelor's degree / MA / master's degree last year. (= Er hat voriges Jahr seinen B.A. / M.A. gemacht.)

9.4 **Teaching and learning**
Lehren und Lernen

teach (– taught [ɔ:] – taught)	**unterrichten; lehren**
Who taught you that?	Wer hat dir das beigebracht?
foreign-language teaching	Fremdsprachenunterricht
train [treɪn]	**ausbilden; eine Ausbildung absolvieren**
well / poorly trained teachers	gut / schlecht ausgebildete Lehrer
training programme ['prəʊgræm]	Ausbildungsprogramm
instruction [ɪn'strʌkʃn]	**Unterricht**
instruction material(s) [mə'tɪərɪəl(z)]	Lehrmaterial
self-instruction [self ɪn'strʌkʃn]	Selbstunterricht
instructor [ɪn'strʌktə]	**Lehrer(in); Ausbilder(in)**
driving instructor ['draɪvɪŋ ɪnstrʌktə]	Fahrlehrer(in)
lesson ['lesn]	**(Unterrichts-)Stunde**
give / take English lessons	Englischunterricht erteilen / nehmen
motivate ['məʊtɪveɪt]	**motivieren**
motivation [məʊtɪ'veɪʃn]	**Motivation; Anreiz**
the students lack motivation	die Schüler sind nicht sehr motiviert
learn (– learnt* – learnt*)	**lernen**
learn a poem by heart [hɑ:t]	ein Gedicht auswendig lernen
learner ['lɜ:nə]	**Lernende(r)**
study ['stʌdi] (a subject)	**(ein Fach) studieren**
She's studying to be an engineer.	Sie macht ein Ingenieurstudium.
I'm studying for tomorrow's test.	Ich lerne für die morgige Arbeit.
more time for study	mehr Zeit zum Studieren
read [i:] (– read [e] – read [e])	**lesen**
read the text silently ['saɪləntli] / aloud	den Text still / laut lesen
I'll read the text to you.	Ich werde euch den Text vorlesen.
She read philosophy at Oxford. *BE*	Sie hat in Oxford Philosophie studiert.
textbook ['tekstbʊk]	**Lehrbuch**
audiovisual aids [ɔ:dɪəʊvɪʒʊəl 'eɪdz]	audiovisuelle Hilfsmittel
homework ['həʊmwɜ:k]	**Hausaufgabe(n); Hausarbeit(en)**
set / assign [ə'saɪn] homework	Hausarbeiten aufgeben
She's given us a lot of homework.	Sie hat uns viel aufgegeben.
What have you got for homework?	Was hast du auf?
assignment [ə'saɪnmənt]	(z. B. Haus-)**Aufgabe; Hausarbeit**

9.5 In the classroom
Im Klassenzimmer

We have music in the third **period**.	In der dritten **Stunde** haben wir Musik.
Who**'s absent** ['æbsənt] today?	Wer **fehlt** heute?
note it down in the **register**	es im **Klassenbuch** vermerken
Let's **get started**.	Wir wollen **anfangen**.
(Can we have some) **Quiet**, please.	Bitte (etwas) **Ruhe**.
give out / **hand out** the books/texts	die Bücher/Texte **austeilen**
Take out your books.	**Nehmt** eure Bücher **heraus**.
Open your books at/to page 9.	**Öffnet** eure Bücher auf Seite 9.
Shut/Close [z] your books, please.	**Macht** die Bücher bitte **zu**.
act out a dialogue ['daɪəlɒg]	einen Dialog **spielen**
the third **paragraph**	der dritte **Absatz**
Better **make/take** some **notes**.	**Macht** euch besser ein paar **Notizen**.
summarize ['sʌməraɪz] the plot	die Handlung **zusammenfassen**
a **summary** of the novel	eine **Zusammenfassung** des Romans
find a **heading** for the story	für die Story eine **Überschrift** finden
copy something **down**	etwas **abschreiben**
Make sure you write **legibly**.	Bitte schreibt **leserlich**.
Whose **turn** is it next?	**Wer** ist als Nächster **dran**?
Next (one), please.	Der **Nächste**, bitte.
Let's do this in **pairs**.	Das machen wir in **Partnerarbeit**.
work in **groups of four**	in **Vierergruppen** arbeiten
Speak up, please.	**Sprich** bitte **lauter**.
Could you speak a little **louder**.	Könntest du etwas **lauter** sprechen.
Try to speak more **clearly**.	Versuch **deutlicher** zu sprechen.
Say/Repeat [rɪˈpiːt] after me ...	**Sprecht** mir bitte **nach** ...
No **prompting**, please.	Bitte nicht **vorsagen**.
Go to the **(black)board**, please.	Geh bitte zur **Tafel**.
rub/wipe something **off**	etwas (von der Tafel) **abwischen**
clean the board	die Tafel **abwischen**
(overhead) projector / **OHP**	**Overhead-/Tageslichtprojektor**
Have you **finished**?	Seid ihr **fertig**?
return the tests	die Arbeit(en) **zurückgeben**
That'll do for today.	**Das wär's** für heute.
For your **homework** would you do ...	Als **Hausaufgabe** macht bitte ...

Kapitel 10

10.1 Painting and sculpture
Malerei und Bildhauerei

paint [peɪnt]	Farbe; malen
paint a portrait [ˈpɔːtrət]	ein Porträt malen
painter [ˈpeɪntə]	**Maler(in)**
painting [ˈpeɪntɪŋ]	(die) **Malerei; Bild; Gemälde**
Painting is a wonderful hobby.	Malen ist ein herrliches Hobby.
The painting depicts a landscape.	Das Bild zeigt eine Landschaft.
picture [ˈpɪktʃə]	**Bild**
There are three women in the picture.	Auf dem Bild sind drei Frauen.
artist [ˈɑːtɪst]	**Künstler(in)**
drawing [ˈdrɔːɪŋ]	**Zeichnung**
do / make a drawing of something	eine Zeichnung von etwas anfertigen
draughtsman [ˈdrɑːftsmən]	**Zeichner**
Picasso as (a) draughtsman	Picasso als Zeichner
draughtswoman [ˈdrɑːftswʊmən]	**Zeichnerin**
watercolour [ˈwɔːtəkʌlə]	**Aquarell**
studio [ˈstjuːdiəʊ]	**Atelier**
out-of-doors, not in the studio	im Freien, nicht im Atelier
canvas [ˈkænvəs]	**Leinwand**
brush [brʌʃ]	**Pinsel**
with a few strokes of the brush	mit wenigen Pinselstrichen
oil(s) [ɔɪl(z)]	**Öl**
He usually [ˈjuːʒəli] painted in oils.	Meistens malte er in Öl.
a large oil painting	ein großes Ölgemälde
subject (matter) [ˈsʌbdʒɪkt (mætə)]	**Gegenstand** (eines Bildes)
the subject (matter) of a painting	der Gegenstand eines Bildes
landscape [ˈlændskeɪp]	**Landschaft**
portrait [ˈpɔːtrət]	**Porträt; Bildnis**
a self-portrait [selfˈpɔːtrət]	ein Selbstporträt / Selbstbildnis
still life [stɪl ˈlaɪf] *Pl.* still lifes	**Stillleben**
nude [njuːd]	**Akt**
nude painting	Aktmalerei
sitting / standing / reclining nude	sitzender / stehender / liegender Akt
arrangement [əˈreɪndʒmənt]	**Anordnung**
the arrangement of the figures	die Anordnung der Personen
perspective [pəˈspektɪv]	**Perspektive**

in / out of perspective	perspektivisch richtig / falsch
composition ['kɒmpə'zɪʃn]	**Komposition**
reproduction [ri:prə'dʌkʃn]	**Reproduktion**
a work of art [wɜːk əv 'ɑːt]	**ein Kunstwerk**
ancient ['eɪnʃənt] works of art	antike Kunstwerke
exhibit [ɪg'zɪbɪt]	**ausstellen; Ausstellungsstück**
the pictures exhibited here	die hier ausgestellten Bilder
exhibition [eksɪ'bɪʃn]	**Ausstellung**
(art) gallery ['gæləri]	**(Kunst-)Galerie**
the National Gallery	die Nationalgalerie
museum [mju'zɪəm]	**Museum**
the Museum of Modern Art	das Museum für moderne Kunst

Art movements ['muːvmənts] *and styles* (= **Kunstrichtungen und -stile**)
abstract ['æbstrækt] *art* (= abstrakte Kunst) • *art nouveau* [ɑːt nuː'vəʊ] /
Jugendstil • *baroque* [bə'rɒk] (= Barock) • *cubism* ['kjuːbɪzm] (= Kubismus) • *expressionism* [ɪk'spreʃənɪzm] (= Expressionismus) • *Gothic*
['gɒθɪk] *art* (= gotische Kunst) • *impressionism* [ɪm'preʃənɪzm] (= Impressionismus) • *junk* [dʒʌŋk] *art* • *neoclassicism* [niːəʊ'klæsɪsɪzm]
(= Klassizismus) • *performance* [pə'fɔːməns] *art* • *pop art* • *realism*
['rɪəlɪzm] (= Realismus) • *Renaissance* [rɪ'neɪsns] *art* • *representational* [reprɪzen'teɪʃnəl] *art* (= gegenständliche Kunst) • *Romanesque*
[rəʊmə'nesk] *art* (= romanische Kunst) • *rococo* [rə'kəʊkəʊ] (= Rokoko)
• *surrealism* [sə'rɪəlɪzm] (= Surrealismus)

---

sculpture ['skʌlptʃə]	**Skulptur; Plastik; Bildwerk; Bildhauerkunst; Bildhauerei**
a marble ['mɑːbl] sculpture	eine Marmorskulptur / -plastik
the history ['hɪstri] of sculpture	die Geschichte der Bildhauerei
sculptural ['skʌlptʃərəl]	**plastisch; bildhauerisch**
the sculptural works of Michelangelo	Michelangelos plastisches Werk
sculptor ['skʌlptə]	**Bildhauer(in)**
carve [kɑːv]	*(Holz)* **schnitzen;** *(Stein)* **meißeln**
stone carving	Steinskulptur / -plastik
wood carving	Holzschnitzerei
cast in bronze [brɒnz]	in Bronze **gegossen**
modelled ['mɒdld] in clay	in Ton **modelliert**
a marble **statue** ['stætʃuː]	eine Marmor**statue**
a bronze **bust** [bʌst]	eine Bronze**büste**
a plaster ['plɑːstə] **figure**	eine Gips**figur**
relief [rɪ'liːf]	**Relief**
mosaic [məʊ'zeɪɪk]	**Mosaik**

10.2 Photography
Fotografie

photography [fə'tɒgrəfi]	(die) **Fotografie** (*Kunst / Verfahren*)
photographer [fə'tɒgrəfə]	**Fotograf(in)**
photo(graph) ['fəʊtəʊ / 'fəʊtəgrɑːf]	**Foto(grafie); Aufnahme**
photograph something ['fəʊtəgrɑːf]	etwas fotografieren
She doesn't photograph very well.	Sie ist nicht sehr fotogen.
photographic [fəʊtə'græfɪk]	**fotografisch; Foto-**
take pictures (– took – taken)	**Aufnahmen machen**
snap(shot) ['snæpʃɒt]	**Schnappschuss**
take a few snaps / snapshots	ein paar Schnappschüsse machen
This shot is overexposed.	Diese Aufnahme ist überbelichtet.
(colour / black-and-white) **prints**	(Farb- / Schwarzweiß-)**Abzüge**
flash [flæʃ]	**Blitz(licht)**
I don't like to use flash.	Ich blitze nicht gern.
camera ['kæmərə]	**Kamera; (Foto-)Apparat**
a fully automatic camera	eine vollautomatische Kamera
digital ['dɪdʒɪtl] camera	Digitalkamera
lens [lenz]	**Objektiv**
telephoto lens [telifəʊtəʊ 'lenz]	Teleobjektiv
wide-angle lens [waɪd æŋgl 'lenz]	Weitwinkelobjektiv
filter ['fɪltə]	**Filter**
load [ləʊd] **the film**	**den Film einlegen**
a film for 36 exposures [ɪk'spəʊʒəz]	ein Film für 36 Aufnahmen
speed [spiːd]	**Empfindlichkeit; Lichtstärke**
the speed of the film [fɪlm]	die Empfindlichkeit des Films
the speed of the lens [lenz]	die Lichtstärke des Objektivs
a **fast** [fɑːst] film	ein **hochempfindlicher** Film
a fast lens [lenz]	ein lichtstarkes Objektiv
subject ['sʌbdʒɪkt]	**(Aufnahme-)Objekt / Motiv**
focus ['fəʊkəs]	**die Entfernung einstellen**
in focus – out of focus	scharf – unscharf
autofocus [ɔːtəʊ'fəʊkəs]	**Autofokus**
Say cheese! / Smile please!	**Bitte recht freundlich!**
process ['prəʊses] / **develop** [dɪ'veləp] a film	einen Film **entwickeln**
negative ['negətɪv]	**Negativ**
enlargement / blow-up ['bləʊʌp]	**Vergrößerung**
enlarge it / **blow** it **up** to ...	es auf ... **vergrößern**
Glossy [ɒ] **or matt** [mæt]?	**Glänzend oder matt?**
colour slide ['kʌlə slaɪd]	**Farbdia**

Kunst und Literatur

10.3 Music and dance
Musik und Tanz

music ['mjuːzɪk]	Musik; Noten
classical ['klæsɪkl] / light music	klassische Musik / Unterhaltungs-musik
Shall I put on some music?	Soll ich ein bisschen Musik auflegen?
a piece of music	ein Musikstück
musical ['mjuːzɪkl]	musikalisch; Musik-; Musical
musical instrument ['ɪnstrəmənt]	Musikinstrument
I'm not very musical.	Ich bin nicht sehr musikalisch.
musician [mjuˈzɪʃn]	Musiker(in)
sing (– sang – sung) – singer ['sɪŋə]	singen – Sänger(in)
singing ['sɪŋɪŋ]	Singen; Gesang
He takes singing lessons.	Er nimmt Gesangstunden.
I've a poor singing voice.	Ich kann nicht gut singen.
song [sɒŋ]	Lied; Song; Chanson

 „Text": *the words of a song* (= der Text eines Liedes),
the lyrics ['lɪrɪks] *of a pop song* (= der Text eines Schlagers),
the libretto [lɪˈbretəʊ] *of an opera* ['ɒprə] (= der Text einer Oper).

chorus ['kɔːrəs]	(*Oper, Oratorium*) Chor; Refrain
(church / school) choir ['kwaɪə]	(Kirchen- / Schul-)Chor
soprano [səˈprɑːnəʊ] – contralto [kənˈtræltəʊ]	Sopran – Alt
tenor ['tenə] – bass [beɪs]	Tenor – Bass
tune [tjuːn] / melody ['melədi]	Melodie
sing in tune / out of tune	richtig / falsch singen
The piano [piˈænəʊ] is out of tune.	Das Klavier ist verstimmt.
play (the piano / the violin [vaɪəˈlɪn])	(Klavier / Geige) spielen
pianist ['pɪənɪst]	Pianist(in)
accompany [əˈkʌmpəni]	(instrumental) begleiten
He accompanied her on the piano.	Er begleitete sie auf dem Klavier.
composer [kəmˈpəʊzə]	Komponist(in)
composition [kɒmpəˈzɪʃn]	Komposition; (das) Komponieren
arrangement [əˈreɪndʒmənt]	Arrangement; Bearbeitung
orchestra ['ɔːkɪstrə]	Orchester
chamber ['tʃeɪmbə] orchestra	Kammerorchester

10

Art and literature

band [bænd]	**Kapelle; Band**
brass band [brɑːs 'bænd]	Blaskapelle
conductor [kən'dʌktə]	**Dirigent(in)**
conduct [kən'dʌkt] a concert	ein Konzert **dirigieren**
concert ['kɒnsət]	**Konzert** (= *Veranstaltung*)
We were at a concert.	Wir waren in einem Konzert.
concerto [kən'tʃɜːtəʊ]	**Konzert** (= *Komposition*)
Beethoven's violin concerto	Beethovens Violinkonzert
sonata [sə'nɑːtə]	**Sonate**
string quartet [strɪŋ kwɔː'tet]	**Streichquartett**
overture ['əʊvətjʊə]	**Ouvertüre**

Notes (= **Noten**): *semibreve* ['semibriːv] BE / AE *whole note* (= ganze Note) • *minim* BE / AE *half note* (= halbe Note) • *crotchet* BE / AE *quarter note* (= Viertelnote) • *quaver* [eɪ] BE / AE *eighth note* (= Achtelnote).

a (whole / half) **tone** [təʊn]	ein (ganzer / halber) **Ton**
pitch [pɪtʃ]	**Tonhöhe / -lage; Stimmlage**
chord [kɔːd] – **harmony** ['hɑːməni]	**Akkord – Harmonie**

„**Takt**" als „Einheit" ist *bar: He just played the first few bars.* (= Er spielte nur die ersten Takte.) Als rhythmisches Element ist Takt *time* oder *beat* (= Taktschlag): *in three-four time* (= im Dreivierteltakt), *stay in time* (= im Takt bleiben), *lose the beat* (= aus dem Takt kommen), *beat time* (= den Takt schlagen). – Rhythmus ist *rhythm* ['rɪðm].

scale [skeɪl]	**Tonleiter**
major ['meɪdʒə] – **minor** ['maɪnə]	**Dur – Moll**
in a major / minor key [kiː]	in einer Dur- / Molltonart

Keys (= **Tonarten**): *C major* (= C-Dur) • *C minor* (= c-Moll) • *C sharp minor* (= cis-Moll) • *E flat major* (= Es-Dur) • *F sharp minor* (= fis-Moll). Dis / dis wäre entsprechend *D sharp*; Des / des dagegen *D flat*. Beachten Sie: *B flat major* (= B-Dur) – *B minor* (= h-Moll).

dance [dɑːns]	**Tanz(-); tanzen**
dance the waltz [wɔːls]	Walzer tanzen
dancer ['dɑːnsə]	**Tänzer(in)**
dancing ['dɑːnsɪŋ]	**Tanzen; Tanz-**
tap dancing – tap dancer	Steppen – Stepptänzer(in)
go dancing (– went – gone [ɒ])	tanzen gehen
ballet ['bæleɪ]	(das) **Ballett**

10.4 **Theatre and cinema**
Theater und Film

theatre ['θɪətə]   **Theater**
go to the theatre   ins Theater gehen

Als *fringe* [frɪndʒ] *theatre* (AE *off-off-Broadway theater*) bezeichnet man experimentelles, avantgardistisches Theater, das sich an
ein jugendliches, oft studentisches Publikum wendet.

cinema BE / AE **movie theater**   **Kino**
(film / movie ['muːvi]) **star**   (Film-)**Star**
a film / movie starring / featuring   ein Film mit Hugh Grant
  Hugh [hjuː] Grant   (in der Hauptrolle)
film / **movie** / **motion picture** **(Kino-)Film**
The film's still showing at the   Im Plaza läuft der Film noch.
  Plaza.
We went to the movies ['muːviz].   Wir sind ins Kino gegangen.
the film / motion-picture industry   die Filmindustrie
the screen [skriːn]   **die Leinwand; der Film; das Kino**
adapt [ə'dæpt] a novel for the   einen Roman für den Film
  screen   bearbeiten
write for the screen (– wrote   für den Film / das Fernsehen
  – written)   schreiben
screenplay / script [skrɪpt]   (*Film*) Drehbuch
dub [dʌb] a film / movie   einen Film **synchronisieren**
I'd rather watch a film with   Ich sehe mir lieber einen Film
  subtitles than one that's been   mit Untertiteln an als einen,
  dubbed.   der synchronisiert ist.
show [ʃəʊ]   **Show; Aufführung; Vorstellung**
performance [pə'fɔːməns]   **Aufführung; Vorstellung**
the first night / first performance   die Uraufführung
premiere ['premieə]   **Premiere; Ur- / Erstaufführung**
matinée ['mætɪneɪ]   **Matinee;** (*nachmittags*) **Früh-**
                                        vorstellung

box office ['bɒks ɒfɪs]   **(Theater- / Kino-)Kasse**
seat [siːt]   **(Sitz-)Platz**
two seats in the front stalls [stɔːlz] zwei Plätze vorne im Parkett
row [rəʊ]   **Reihe**
programme ['prəʊgræm]   **Programm**
produce – production [prə'dʌkʃn]   **inszenieren – Inszenierung**
director [də'rektə]   **(Film- / Theater-)Regisseur(in)**

directed by Steven Spielberg	Regie Steven Spielberg
the stage [steɪdʒ]	**die Bühne; das Theater**
She went on the stage.	Sie ging zur Bühne / zum Theater.
the scenery ['siːnəri]	**die Bühnendekoration / Kulissen**
Scenery was limited to a few props.	Das Bühnenbild beschränkte sich auf ein paar Requisiten.
costume ['kɒstjuːm]	**Kostüm**
play [pleɪ]	**spielen; (Theater-)Stück**
the plays of Shakespeare ['ʃeɪkspɪə]	die Dramen Shakespeares
The play is set in Rome.	Das Stück spielt in Rom.
What is the play about?	Wovon handelt das Stück?
What film is playing at the Odeon?	Was für ein Film läuft im Odeon?
playwright ['pleɪraɪt]	**Stückeschreiber(in); Dramatiker(in)**
thriller ['θrɪlə]	(*Buch / Film*) **Thriller, Krimi, Reißer**
Act 1, Scene 3 [siːn]	**1. Akt, 3. Szene / Auftritt**
plot [plɒt]	**Handlung**
action ['ækʃn]	**Handlung; Action**
The action of the play takes place in …	Das Stück spielt in …
There's not much action in the play.	In dem Stück passiert nicht viel.
theme [θiːm]	**Thema**
character (in a play) ['kærəktə]	**(handelnde) Person (in einem Stück)**
character actress ['æktrəs] / part	Charakterdarstellerin / -rolle
hero ['hɪərəʊ] – **villain** ['vɪlən]	**Held – Schurke**
monologue ['mɒnəlɒg] / **soliloquy**	**Monolog**
Hamlet's famous soliloquy [sə'lɪləkwi]	Hamlets berühmter Monolog
actor ['æktə] – **actress** ['æktrəs]	**Schauspieler – Schauspielerin**
the cast [kɑːst]	**die Besetzung / Mitwirkenden**
part [pɑːt]	**Rolle**
play the part of the villain ['vɪlən]	die Rolle des Schurken spielen
act [ækt]	(*eine Rolle*) **spielen; schauspielern**
She acts the part convincingly.	Sie spielt die Rolle überzeugend.
the audience ['ɔːdiəns]	**das Publikum; die Zuschauer**
applause [ə'plɔːz]	**Applaus; Beifall; Klatschen**
critic ['krɪtɪk]	**(Theater- / Film-)Kritiker(in)**
a review [rɪ'vjuː]	**eine Kritik / Besprechung**
hit [hɪt] – **flop** [flɒp]	**Erfolg – Reinfall**
a smash hit	ein Riesenerfolg
a total ['təʊtl] flop	ein totaler Reinfall

10.5 Architecture
Architektur

architect ['ɑːkɪtekt]	Architekt(in)
the (architect's) **client** ['klaɪənt]	der / die **Bauherr(in)**
architecture ['ɑːkɪtektʃə]	(die) **Architektur**
architectural [ɑːkɪ'tektʃərəl]	architektonisch

Styles of architecture (= Baustile)
art nouveau [ɑː(t) nuː'vəʊ] (= Jugendstil) • *baroque* [bə'rɒk] (= Barock) • *Edwardian* [ed'wɔːdiən] (= aus der Regierungszeit Edward VII., 1901–10) • *Georgian* ['dʒɔːdʒən] (= aus der Regierungszeit George I., II., III., IV., 1714–1830) • *Gothic* ['gɒθɪk] (= gotisch) • *Gothic Revival* [rɪ'vaɪvl] / *neo-Gothic* [niːəʊ'gɒθɪk] (= neugotisch) • *neoclassical* [niːəʊ'klæsɪkl] (= klassizistisch) • *Renaissance* [rɪ'neɪsns] • *Romanesque* [rəʊmə'nesk] (= romanisch) • *Tudor* ['tjuːdə] (= Tudorstil 1485–1558) • *Victorian* [vɪk'tɔːriən] (= aus der Regierungszeit Victorias, 1837–1901)

design [dɪ'zaɪn]	Entwurf; Gestaltung; entwerfen
design a museum [mjuː'ziːəm]	ein Museum entwerfen / gestalten
win a **competition** [kɒmpə'tɪʃn]	einen **Wettbewerb** gewinnen
planning ['plænɪŋ]	(die) **Planung**
blueprint ['bluːprɪnt]	**Plan; Entwurf**
build [bɪld] (– built [bɪlt] – built)	**bauen**
building ['bɪldɪŋ]	**Gebäude; Bau(-); (das) Bauen**
building materials [mə'tɪəriəlz]	Baumaterialien / -stoffe
building site [saɪt]	Baustelle
construct – **construction**	**bauen – Bau**
the construction industry ['ɪndəstri]	die Bauindustrie
under construction	in / im Bau
structural ['strʌktʃərəl]	**Bau-; baulich; statisch**
(building) contractor [kən'træktə]	**Bauunternehmer / -unternehmung**
facade [fə'sɑːd]	**Fassade**
wall [wɔːl]	**Wand; Mauer**
window ['wɪndəʊ]	**Fenster**
brick [brɪk]	**Ziegelstein; Backstein**
stone – stucco ['stʌkəʊ] – **glass**	**Stein – Stuck – Glas**
mortar ['mɔːtə]	**Mörtel**
(reinforced) concrete ['kɒŋkriːt]	**(Stahl-)Beton**
prefabricated [priː'fæbrɪkeɪtɪd]	**in Fertigbauweise errichtet**
tower ['taʊə]	**Turm**
tower block ['taʊə blɒk] *BE*	Hochhaus

10.6 Literature
Literatur

literature ['lɪtrətʃə]	(die) Literatur
literary ['lɪtərəri]	literarisch
literary criticism ['krɪtɪsɪzm]	Literaturkritik / -wissenschaft
literary history / history of literature	Literaturgeschichte
literary genre [litərəri 'ʒɑ:nrə]	Literaturgattung
narrative ['nærətɪv]	erzählend; Erzähl-; Erzählung
first-person narrator [nə'reɪtə]	Ich-Erzähler(in)
fiction ['fɪkʃn]	Erzähl-/Romanliteratur; Belletristik

> **Kinds of fiction** (= Arten von Erzählliteratur)
>
> novel [ɒ] (= Roman) • *detective story* (= Detektivgeschichte) • *thriller/cliffhanger* (= Thriller) • *novella* [nə'velə] (= Novelle) • *short story* [ʃɔ:t 'stɔ:ri] (= Kurzgeschichte) • *light fiction* (= Trivialliteratur) • *science fiction* (= wissenschaftlich-utopische Literatur)

fairy tale – folk tale ['fəʊk teɪl]	Märchen
Grimm's fairy tales ['feəri teɪlz]	Grimms Märchen
legend ['ledʒənd]	Legende; Sage
biography [baɪ'ɒgrəfi]	Biografie; Lebensbeschreibung
autobiography [ɔ:təbaɪ'ɒgrəfi]	Autobiografie
biographer [baɪ'ɒgrəfə]	Biograf(in)
(auto)biographical [(ɔ:tə)baɪə'græfɪkl]	(auto)biografisch
diary ['daɪəri]	Tagebuch
an essay on ... ['eseɪ]	ein Essay über ...
drama ['drɑ:mə]	(das) Drama
comedy ['kɒmədi] – tragedy ['trædʒ-]	Komödie – Tragödie
comic ['kɒmɪk] – tragic ['trædʒɪk]	komisch – tragisch
satire ['sætaɪə] – satirical [sə'tɪrɪkl]	Satire – satirisch
parody ['pærədi]	Parodie
prose [prəʊz]	(die) Prosa; Prosa-
poet ['pəʊɪt]	Dichter(in); Lyriker(in)
poetic [pəʊ'etɪk]	poetisch; dichterisch
poetry ['pəʊətri]	(die) Lyrik / (Vers-)Dichtung
an anthology [æn'θɒlədʒi] of modern poetry	eine Anthologie moderner Lyrik
refrain [rɪ'freɪn] / chorus ['kɔ:rəs]	Refrain
verse [vɜ:s]	Vers; Strophe; Gedichte; Poesie
written in verse	in Versform

(the first / final) **stanza** ['stænzə]
(die erste / letzte) **Strophe**

rhyme [raɪm]
Reim; (sich) reimen

"Kind" rhymes with "find".
"Kind" reimt sich auf "find".

rhyme scheme [ski:m] / **pattern**
Reimschema

metre ['mi:tə]
Metrum; Versmaß

Kinds of poetry (= Arten von Lyrik)
poem ['pəʊɪm] (= Gedicht) • *occasional poem* (= Gelegenheitsgedicht) •
ballad ['bæləd] (= Ballade) • *sonnet* ['sɒnɪt] (= Sonett) • *limerick*
['lɪmərɪk] (= witziges fünfzeiliges Gedicht, Reimschema aabba)

---

writer ['raɪtə]
Schriftsteller(in)

author ['ɔ:θə]
Autor(in); Verfasser(in)

novelist ['nɒvəlɪst]
Romanautor(in)

interpretation [ɪntɜ:prɪ'teɪʃn]
Interpretation; Auslegung

interpret [ɪn'tɜ:prɪt] a text
einen Text interpretieren

content ['kɒntent] **and form**
Inhalt und Form

(deep) structure ['strʌktʃə]
(Tiefen-)Struktur

plot – subplot ['sʌbplɒt]
Handlung – Nebenhandlung

setting ['setɪŋ]
Schauplatz; Zeit und Ort der Handlung

atmosphere ['ætməsfɪə]
Atmosphäre

point of view [pɔɪnt əv 'vju:]
Erzählperspektive

stage directions ['steɪdʒ dərekʃnz]
Bühnenanweisungen

flashback ['flæʃbæk]
Rückblende

suspense [sə'spens]
Spannung

climax ['klaɪmæks]
Höhepunkt

surprise [sə'praɪz] **ending**
überraschender Schluss

a **rhetorical device** [rɪtɒrɪkl dɪ'vaɪs]
ein **rhetorisches Mittel**

imagery ['ɪmɪdʒəri]
Bilder(sprache); Metaphorik

metaphor ['metəfə]
Metapher

use a word metaphorically [-'fɒrɪkli]
ein Wort metaphorisch gebrauchen

irony ['aɪrəni]
(die) Ironie

pun [pʌn]
(ein) Wortspiel (machen)

plagiarize ['pleɪdʒə-] – **plagiarism**
plagiieren – Plagiat

He's been accused of plagiarism.
Man hat ihn des Plagiats beschuldigt.

romantic [rəʊ'mæntɪk]
romantisch; Romantiker(in)

Literary -isms (= literarische „Ismen")
romanticism [-'mæn-] (= Romantik) • *realism* (= Realismus) •
naturalism (= Naturalismus) • *expressionism* [ɪk'spreʃənɪzm]
(= Expressionismus)

Leisure and recreation

11.1 Holidays
Feiertage und Urlaub

holiday ['hɒlədeɪ]	Feiertag; Urlaub
bank holiday *BE* / *AE* legal [iː] holiday	(gesetzlicher) Feiertag
holidays ['hɒlədeɪz] *Pl.*	*BE* **Ferien**
the summer holidays	die Sommerferien
vacation [vəˈkeɪʃn]	*AE* **Urlaub** / **Ferien**
Dr Gore is on vacation.	Herr Dr. Gore ist auf / in Urlaub.
the summer vacation	die Sommerferien
leave [liːv]	**Urlaub**
Captain Brown is on leave.	Hauptmann Brown ist auf Urlaub.
She's on sick leave.	Sie ist krankgeschrieben.
break [breɪk]	**Pause; Unterbrechung**
take a break	(eine) Pause machen
have time off [taɪm ˈɒf]	**frei haben**
I'm going to take some time off.	Ich werde mir etwas frei nehmen.
We got a day off from school.	Wir bekamen einen Tag schulfrei.
weekend [wiːkˈend]	**Wochenende**
at the / *AE auch* on the weekend	am Wochenende

> *i* **Important** [ɪmˈpɔːtnt] *holidays* (= wichtige Feiertage)
> *New Year's Eve* [iːv] (= Silvester), *New Year's Day* (= Neujahr)
> *Easter* (= Ostern): *Good Friday* (= Karfreitag), *Easter Sunday* (= Ostersonntag), *Easter Monday* (= Ostermontag)
> *May Day* (= Maifeiertag – 1. Mai) / AE *Labor* ['leɪbə] *Day* (= Tag der Arbeit – erster Montag im September)
> *Whitsun* ['wɪtsn] (= Pfingsten): *Whit Sunday* (= Pfingstsonntag), *Whit Monday* (= Pfingstmontag)
> *Christmas* ['krɪsməs] (= Weihnachten): *Christmas Eve* (= Heiligabend), *Christmas Day* (= 1. Weihnachtstag), *Boxing Day BE* (= 1. Wochentag nach *Christmas Day*)

Christmas ['krɪsməs]	**Weihnachten;** (das) **Weihnachtsfest**
Merry / Happy Christmas!	Frohe / Fröhliche Weihnachten!
We wish you a merry / happy Christmas.	Wir wünschen euch ein frohes / schönes Weihnachtsfest.
What did you get for Christmas?	Was hast du zu Weihnachten bekommen?

11.2 Entertainments
Vergnügungen

circus ['sɜːkəs] — **Zirkus**
Every circus has a clown [klaʊn]. — Jeder Zirkus hat einen Clown.

band [bænd] — **Kapelle; Band**
They've got a live [laɪv] band there. — Die haben da eine richtige Kapelle.

dance [dɑːns] — **Tanz; tanzen**
We're going dancing. — Wir gehen tanzen.

nightclub ['naɪtklʌb] / **nightspot** — **Nachtlokal; Nachtklub**
They watched the floor show at a nightclub. — Sie sahen sich die Show in einem Nachtklub an.

casino [kə'siːnəʊ] — **(Spiel-)Kasino; Spielbank**
Las Vegas is famous / notorious [nəʊ'tɔːriəs] for its gambling casinos. — Las Vegas ist wegen seiner Spielkasinos berühmt / berüchtigt.

contest ['kɒntest] — **(Wett-)Kampf; Wettbewerb**
beauty ['bjuːti] contest — Schönheitswettbewerb

fair [feə] — **(Jahr-)Markt; Volksfest**
funfair BE / AE amusement park — Jahrmarkt; Kirmes

merry-go-round / **roundabout** — **Karussell**
We had a ride on the merry-go-round. — Wir sind Karussell gefahren.

Funfair attractions (= Jahrmarktsattraktionen)
the Ferris ['ferɪs] *wheel* / BE *the Big Wheel* (= das Riesenrad) • *roller coaster* (= Achterbahn) • *shooting gallery* ['gæləri] (= Schießstand / Schießbude) • *sideshows* (= Nebenattraktionen / Schaubuden)

---

theme park ['θiːm pɑːk] — (thematisch gestalteter) **Freizeitpark**

show [ʃəʊ] — **Schau**
fashion show ['fæʃn ʃəʊ] — Mode(n)schau
Punch-and-Judy show [pʌnʃ n 'dʒuːdi] — Kasperletheater
puppet show ['pʌpɪt ʃəʊ] — Puppenspiel; Marionettenspiel

wax museum / **waxworks (museum)** [wæks] — **Wachsfigurenkabinett**
Madame Tussaud's [tə'sɔːdz] waxworks museum is one of London's main tourist attractions. — Madame Tussauds Wachsfigurenkabinett gehört zu Londons Haupttouristenattraktionen.

race [reɪs] — **Rennen; Lauf**
They often go to the races ['reɪsɪz]. — Sie gehen oft zum Pferderennen.

11.3 Travel and tourism
Reisen und Tourismus

travel ['trævl]	**reisen; Reisen**
travel (a)round the country	im Land herumreisen
go to the travel agent's / agency	zum Reisebüro gehen
pick up travel brochures ['brəʊʃəz]	Reiseprospekte mitnehmen
tourist ['tʊərɪst]	**Tourist(in)**
tourist information office	Verkehrsamt
book [bʊk]	**buchen; reservieren**
book a room	ein Zimmer reservieren
book a package ['pækɪdʒ] holiday	einen Pauschalurlaub buchen
cancel ['kænsl]	**streichen; rückgängig machen**
The flight has been cancelled.	Der Flug ist ausgefallen.
journey ['dʒɜːni]	(*oft* längere) **Reise**
a journey round the world	eine Weltreise
trip [trɪp]	**Reise; Fahrt**
Have a nice trip.	Gute Reise!
tour [tʊə]	**Tour; (Rund-)Fahrt; (Rund-)Reise**
go on a tour of Ireland ['aɪələnd]	eine Irland(rund)reise machen
a guided tour of the palace	eine Führung durch den Palast
book a package tour	eine Pauschalreise buchen
the tour operator ['ɒpəreɪtə]	der Reiseveranstalter
excursion [ɪk'skɜːʃn]	**Ausflug**
hike [haɪk]	**Wanderung; wandern**
hiker ['haɪkə]	Wanderer / Wanderin
visit ['vɪzɪt]	**besuchen; Besuch**
her last visit to London ['lʌndən]	ihr letzter Londonbesuch
stay [steɪ]	**Aufenthalt; wohnen**
the hotel we were staying at	das Hotel, in dem wir wohnten
itinerary [aɪ'tɪnərəri]	**Reiseplan / -ablauf / -route**
destination [destɪ'neɪʃn]	**Reiseziel; Zielflughafen**
resort [rɪ'zɔːt]	**Urlaubsort**
Brighton ['braɪtn] is a seaside resort.	Brighton ist ein Seebad.
sightseeing ['saɪtsiːɪŋ]	**Besichtigungen**
go (– went – gone [ɒ]) sightseeing	die Sehenswürdigkeiten besichtigen
sightseeing tour [tʊə]	Besichtigungsfahrt; Stadtrundfahrt
guide [gaɪd]	**(Fremden- / Reise-)Führer**
a guide to London	ein Londonführer (= *Buch*)
our tour guide	unser(e) Reiseleiter(in)
opening hours ['əʊpnɪŋ aʊəz]	**Öffnungszeiten**

Freizeit und Erholung

tip [tɪp]	**Trinkgeld**
tip someone	jemand ein Trinkgeld geben
arrival [əˈraɪvl]	**Ankunft**
departure [dɪˈpɑːtʃə]	**Abreise; Abfahrt; Abflug**
delay [dɪˈleɪ]	**Verspätung; Verzögerung**
customs [ˈkʌstəmz]	**Zoll** (= *Behörde*)
go through customs	durch den Zoll gehen
(customs) duty [ˈdjuːti]	**Zoll(abgabe)**
Do I have to pay duty on this?	Muss ich hierauf Zoll bezahlen?
duty-free [djuːtiˈfriː]	**zollfrei; zollfreie Ware**
consulate (general) [ˈkɒnsjʊlət]	**(General-)Konsulat**
embassy [ˈembəsi]	**Botschaft**
the German embassy in London	die deutsche Botschaft in London
apply [əˈplaɪ] for a visa [ˈviːzə]	ein Visum **beantragen**
application [æplɪˈkeɪʃn] for a visa	**Antrag auf** ein Visum
passport [ˈpɑːspɔːt]	**(Reise-)Pass**
My passport has expired [ɪkˈspaɪəd].	Mein (Reise-)Pass ist abgelaufen.
go through passport control	durch die Passkontrolle gehen
visa [ˈviːzə]	**Visum; Sichtvermerk**
issue [ˈɪʃuː] a visa	ein Visum ausstellen
valid [ˈvælɪd]	**gültig**
identity [aɪˈdentəti] **card / ID card**	**Personalausweis**
vaccination [væksɪˈneɪʃn]	**(Schutz-)Impfung**
vaccination certificate [səˈtɪfɪkət]	Impfzeugnis, -ausweis
insurance [ɪnˈʃʊərəns]	**Versicherung**
luggage / baggage insurance	(eine) Gepäckversicherung
trip cancellation insurance	(eine) Reiserücktritt(s)versicherung
change [tʃeɪndʒ]	**wechseln; umtauschen**
change euros [ˈjʊərəʊz] into sterling [ˈstɜːlɪŋ]	Euro in britische Pfund umtauschen
exchange [ɪksˈtʃeɪndʒ]	(*Geld*) **Umtausch**
exchange rate / rate of exchange	Wechselkurs
travellers cheque [ˈtrævləz tʃek]	**Reisescheck**
cash a travellers cheque	einen Reisescheck einlösen
luggage [ˈlʌgɪdʒ] **/ baggage**	**Gepäck**
a piece / an item [ˈaɪtəm] of luggage / baggage [ˈbægɪdʒ]	ein Gepäckstück
(left-)luggage locker [ˈlɒkə]	Gepäckschließfach
luggage trolley [ˈtrɒli] *BE* / *AE* **baggage cart**	**Kofferkuli**
bag [bæg]	**Tasche; Koffer**
Do you want to check your bags?	Möchten Sie Ihr Gepäck aufgeben?
(suit)case [(ˈsuːt)keɪs]	**Koffer**

11.4 Accommodation
Unterkunft

accommodation [əkɒmə'deɪʃn] *BE* / *AE* **accommodations**	Unterkunft; (Nacht-)Quartier
hotel [həʊ'tel]	Hotel
stay at / in a hotel	in einem Hotel wohnen
guesthouse ['gesthaʊs]	(Fremden-)Pension
motel [məʊ'tel]	Motel
inn [ɪn]	Gasthaus
Inns are pubs with accommodation and meals.	Inns sind Pubs, die Unterkunft und Mahlzeiten bieten.
youth hostel ['ju:θ hɒstl]	Jugendherberge
licensed ['laɪsnst] *BE*	zum Ausschank alkoholischer Getränke berechtigt
vacancy ['veɪkənsi]	freies Zimmer
I'm afraid we haven't any vacancies at the moment.	Leider haben wir zurzeit keine Zimmer frei.
reservation [rezə'veɪʃn]	(Zimmer-)Reservierung
make a reservation	ein Zimmer bestellen
book [bʊk]	buchen; reservieren
I'm afraid we're fully booked.	Leider sind wir total ausgebucht.
cancel ['kænsl]	stornieren; rückgängig machen
We've cancelled our reservation.	Wir haben unsere Zimmerbestellung rückgängig gemacht.
deposit [dɪ'pɒzɪt]	Anzahlung
supplement ['sʌpləmənt]	Aufschlag; Aufpreis
For seaview rooms, supplements apply [ə'plaɪ].	Für Zimmer mit Seeblick wird ein Aufpreis erhoben.
single ['sɪŋgl]	Einzel-
a single (room) with bath [bɑ:θ]	ein Einzelzimmer mit Bad
double ['dʌbl]	Doppel-
Do you want a double (room) or a twin(-bedded room)?	Möchten Sie ein Zimmer mit Doppelbett oder ein Zweibettzimmer?
board [bɔ:d]	Kost; Verpflegung
board and lodging ['lɒdʒɪŋ]	Kost und Logis
full board *BE* / *AE* American plan	Vollpension
half board	Halbpension
European [jʊərə'pi:ən] **plan** *AE*	(Zimmer) ohne Mahlzeiten
check in [tʃek 'ɪn]	sich (am Empfang) anmelden
What time will you be checking in?	Um welche Zeit werden Sie ankommen?

check out [tʃek 'aʊt]
Checkout ['tʃekaʊt] time is 1100 hrs ['aʊəz].

abreisen
Das Zimmer muss bis 11 Uhr geräumt sein.

reception desk [rɪ'sepʃn desk]
There was a message ['mesɪdʒ] for me at reception.

Empfang
Am (Hotel-)Empfang war eine Nachricht für mich.

hall porter / concierge ['kɒnsieəʒ]
cashier [kæ'ʃɪə]
There was a long queue [kju:] *BE / AE* line at the cashier's desk.

(Hotel-)Portier
Kassierer(in)
An der Kasse war eine lange Schlange.

lounge [laʊndʒ]
lobby ['lɒbi]
coffee shop ['kɒfi ʃɒp]
Breakfast is served in the coffee shop.

(Hotel-)Halle
(*Hotel*) Foyer
kl. Restaurant; Frühstücksraum
Frühstück gibt es im Coffee Shop.

breakfast ['brekfəst]
What would you like for breakfast?
bed and breakfast / B&B
We stayed at a bed and breakfast.

Frühstück
Was hätten Sie gern zum Frühstück?
Übernachtung mit Frühstück
Wir wohnten in einer Frühstückspension.

---

i | **English or continental** [kɒntɪ'nentl] *breakfast?*
Das erstere ein „großes" Frühstück mit *orange juice* ['ɒrɪndʒ dʒu:s] (= Orangensaft), *porridge* (= Haferbrei), *cereals* ['sɪərɪəlz] (= Cornflakes, Müsli usw.), *boiled eggs* (= gekochten Eiern), *fried eggs* (= Spiegeleiern) oder *scrambled eggs* (= Rührei) vielleicht in Kombination mit *bacon* ['beɪkən] (= Speck) oder *ham* (= Schinken), aber auch mit *sausage* ['sɒsɪdʒ] (= Wurst), *mushrooms* (= Pilzen) oder *grilled tomatoes* (= gegrillten Tomaten). Dazu dann noch das, was auch zum *continental breakfast* gehört: *fresh breakfast rolls* (= frische Frühstücksbrötchen), *hot croissants* ['kwæsɑːnts] (= heiße Croissants) und natürlich – hoffentlich jede Menge – *toast* mit *marmalade* ['mɑ:mǝleɪd] (= Orangen- bzw. Grapefruitmarmelade), *jam* (= Marmelade nicht aus Zitrusfrüchten) und *honey* ['hʌni] (= Honig), vielleicht *lemon* ['lemən] *curd* (= Zitronencreme). In jedem Fall selbstverständlich auch *coffee* (= Kaffee), *tea* (= Tee) oder *milk* (= Milch).

---

room service ['ru:m sɜ:vɪs]
I called Room Service and ordered a sandwich.

Zimmerservice
Ich rief den Zimmerservice an und bestellte ein Sandwich.

disturb [dɪ'stɜ:b]
Please do not disturb.

stören
Bitte nicht stören.

11.5 Shopping
Einkaufen

Useful phrases (= nützliche Redensarten)

I'm looking for ...	Ich suche ...
Do you have / sell / stock ...?	Haben / Führen Sie ...?
Where do I find ...?	Wo finde ich ...?
How much is ...?	Was kostet ...?

shopping ['ʃɒpɪŋ]
I'm doing my shopping today.
I've got my shopping in the car.
shopping bag – shopping basket
shopping trolley *BE* /
  AE shopping cart
shopping centre *BE* /
  AE shopping mall [mɔːl]

Einkaufen
Heute mache ich meine Einkäufe.
Ich habe meine Einkäufe im Auto.
Einkaufstasche – Einkaufskorb
Einkaufswagen

Einkaufszentrum

Shop – **store** : Im AE bezeichnet *store* auch einen (kleineren) Laden, der im BE als *shop* bezeichnet würde; BE *store* meint in der Regel *department store*, also „Kaufhaus". Entsprechend z. B. BE *bookshop* = AE *bookstore*.

department store [dɪ'pɑːtmənt stɔː]
mail-order firm / company
mail-order catalogue ['kætəlɒg]
buy something by mail order

Kaufhaus; Warenhaus
Versandhaus
Versandhauskatalog
etwas bei einem Versandhaus
  kaufen

customer ['kʌstəmə]
counter ['kaʊntə]
medicines ['medsnz] that you can
  buy over the counter
assistant [ə'sɪstənt] *BE* /
  AE **salesperson**
service ['sɜːvɪs]
our after-sales service
bargain ['bɑːgən]
save [seɪv]
off [ɒf]
25% off the retail ['riːteɪl] price
2 per cent off for cash

Kunde / Kundin
Ladentisch
Medikamente, die man rezeptfrei
  bekommt
Verkäufer(in) (*in Laden, Kaufhaus
  etc.*)
(Kunden-)Dienst
unser Kundendienst
günstiges Angebot; Sonderangebot
sparen
„runter"
25% unter dem Einzelhandelspreis
2 Prozent Skonto bei Barzahlung

bill BE / AE **check**	**Rechnung**
a bill for £150	eine Rechnung über 150 Pfund
deposit [dɪˈpɒzɪt] / **down payment**	**Anzahlung**
pay a deposit	eine Anzahlung leisten
instalment [ɪnˈstɔːlmənt]	**Rate**
payment by instalments	Ratenzahlung
We bought it on the installment plan AE / BE on hire purchase.	Wir haben es auf Raten gekauft.
sale [seɪl]	**Verkauf; Ausverkauf**
get it cheap at the sales	es billig im Ausverkauf bekommen
offer [ˈɒfə]	**Angebot; anbieten**
We have two models on offer.	Wir haben zwei Modelle im Angebot.
special offer	Sonderangebot
brand [brænd]	**Marke**
What brand of toothpaste?	Was für eine Zahnpasta(marke)?

Kinds of shop (AE statt *shop* oft *store*)
clothes [kləʊðz] *store* (= Konfektionshaus) • *fashion shop* (= Mode-geschäft) • *shoe shop* (= Schuhgeschäft) • *antique* [ænˈtiːk] *shop* (= Antiquitätengeschäft) • *gift shop* (= Geschenkladen) • *craft* [ɑː] *shop* (= Kunstgewerbeladen) • *antiquarian* [æntɪˈkweəriən] / *second-hand bookshop* (= Antiquariat) • *music shop* (= Musikalienhandlung /Musikladen) • *toy shop* (= Spielwarengeschäft) • *sports shop* (= Sportgeschäft) • *photographic shop / camera store* (= Foto-geschäft) • *electronics* [ɪlekˈtrɒnɪks] *shop* (= Elektronikgeschäft) • *newsagent* [ˈnjuːzeɪdʒənt] BE / AE *newsdealer* (= Zeitungshändler) • *art dealer* (= Kunsthändler) • *jeweller* [ˈdʒuːələ] (= Juwelier) • *hairdresser* (= Friseur)

---

stationer('s shop) [ˈsteɪʃnə]	**Schreibwarenhandlung / -geschäft**
florist('s shop) [ˈflɒrɪst]	**Blumengeschäft**
grocer('s shop) [ˈgrəʊsə]	**Lebensmittelhändler**
greengrocer('s shop) BE	**Obst- und Gemüsehändler**

---

i Lebensmittel bekommt man in Amerika außer *at the supermarket* oder *in a grocery* [ˈgrəʊsəri] auch *in a deli* [ˈdeli] (= *delicatessen*). *Delis* bieten auch *sandwiches, hamburgers, salads* und kleine Spezialitätengerichte.

---

chemist [ˈkemɪst] BE / AE–BE **pharmacy** [ˈfɑːməsi] / AE **drugstore**	**Apotheke**

11.6 Sports
Sport

sport [spɔːt]	Sport; Sportart
Don't you do any sport?	Treibst du denn keinen Sport?
game [geɪm]	Spiel; Partie
match [mætʃ]	(Wett-)Spiel; Partie; (Wett-)Kampf
contest ['kɒntest] / competition	Wettbewerb
tournament ['tʊənəmənt]	Turnier
championship ['tʃæmpiənʃɪp]	Meisterschaft
challenge ['tʃælɪndʒ]	herausfordern; Herausforderung
challenger ['tʃælɪndʒə]	Herausforderer / Herausforderin

Where sporting events take place (= Wo Sportereignisse stattfinden)
stadium ['steɪdiəm] (= Stadion) • *football pitch* (Fußball: = Spiel-
feld) • *football ground* (= Fußballplatz) • *cricket ground* | *pitch*
(= Kricketfeld) • *handball court* [kɔːt] (= Handballplatz) • *tennis
court* (= Tennisplatz) • *golf course* ['gɒlf kɔːs] (= Golfplatz) •
ballpark (= Baseballstadion)

(world) champion ['tʃæmpiən]	(Welt-)Meister(in)
(world) record [(wɜːld) 'rekɔːd]	(Welt-)Rekord
set / break / hold a record	einen Rekord aufstellen / brechen / halten
favourite ['feɪvrət] – underdog	Favorit(in) – sichere(r) Verlierer(in)
amateur ['æmətə] – professional	Amateur(-) – Profi(-)
sportsman – sportswoman	Sportler – Sportlerin
race [reɪs]	Rennen; (Wett-)Lauf
the 100-metre race / dash / run	der 100-Meter-Lauf
racing ['reɪsɪŋ]	Rennen; Rennsport
motor racing BE / AE auto racing	Autorennsport
racing car – racing driver	Rennwagen – Rennfahrer(in)
track [træk]	(Renn-)Bahn; Rennstrecke; Piste
track event / running event [ɪ'vent]	(*Leichtathletik*) Laufwettbewerb
athletics [æθ'letɪks] BE / AE track and field	Leichtathletik
running – jumping – throwing	Laufen – Springen – Werfen
high / long jump [dʒʌmp]	Hoch- / Weitsprung
skating ['skeɪtɪŋ]	Schlittschuh- / Rollschuhlauf(en)
ice-skating	Schlittschuhlauf(en)
roller-skating	Rollschuhlauf(en)
figure ['fɪgə] skating	Eiskunstlauf

skiing ['ski:ɪŋ]	Skilaufen; Skifahren
We go skiing a lot.	Wir gehen oft Ski laufen.
yachting ['jɒtɪŋ]	**Segeln**
yachtsman – yachtswoman	Segler – Seglerin
swimming – diving ['daɪvɪŋ]	**Schwimmen – Tauchen**
boxing ['bɒksɪŋ] – **wrestling** ['reslɪŋ]	Boxen – Ringen

💡 Fußball = *soccer* ['sɒkə] / *football* ['fʊtbɔːl] / *American football*
Im BE heißt Fußball *football* oder *soccer* (= *Association* [əsəʊsi'eɪʃn] *football*). Die Amerikaner nennen „unsere" Art von Fußball *soccer*, während *football* dort *American football* ist, bei dem ein eiförmiger Ball getragen oder getreten wird (= *is carried or kicked* [kɪkt]).

Some soccer terms	Einige Fußballausdrücke
striker ['straɪkə]	Stürmer(in)
midfield player / midfielder	Mittelfeldspieler(in)
defender [dɪ'fendə] – **defence**	Verteidiger(in) – Verteidigung
The **goalkeeper** ['gəʊlkiːpə] made an excellent save.	Der **Torwart** bot eine Glanzparade.
(team) captain ['kæptən]	(Mannschafts-)Kapitän
the England **manager** ['mænɪdʒə]	der englische **Nationaltrainer**
a strong English **side / team**	eine starke englische **Mannschaft**
a **home match** [həʊm 'mætʃ]	ein **Heimspiel**
an **away victory** ['vɪktəri]	ein **Auswärtssieg**
the **World Cup** [wɜːld 'kʌp]	die **Fußballweltmeisterschaft**
in the **first / second half**	in der **ersten / zweiten Halbzeit**
a **cross** from the right	eine **Flanke** von rechts
go into **extra time** [ekstrə 'taɪm]	in die **Verlängerung** gehen
score a **goal** [gəʊl]	ein **Tor** erzielen / schießen
penalty ['penlti] **area – penalty kick**	**Strafraum – Strafstoß**
penalty shootout ['ʃuːtaʊt]	**Elfmeterschießen**
He was **offside** [ɒf'saɪd].	Er war im **Abseits**.
free kick [friː 'kɪk]	**Freistoß**
He was **sent off** for fouling Smith.	Er wurde wegen eines Fouls an Smith **vom Platz verwiesen**.
their first **win** in six **matches**	ihr erster **Sieg** in sechs **Spielen**
a **goalless draw** [drɔː]	ein **torloses Unentschieden**

💡 Achtung, Schiedsrichter – *referee* [refə'riː] oder *umpire* ['ʌmpaɪə]?
In *basketball, boxing, football, hockey* ['hɒki], *rugby, squash* [skwɒʃ] und *wrestling* ['reslɪŋ] (= Ringen) ist Schiedsrichter(in) = *referee*. In *badminton* (= Federball), *baseball* ['beɪsbɔːl], *cricket* ['krɪkɪt], *swimming, tennis* und *volleyball* ['vɒlibɔːl] ist Schiedsrichter(in) = *umpire*.

11.7 Hobbies
Hobbys

My **hobbies** include [ɪn'kluːd] ...	Zu meinen **Hobbys** gehört ...
pastime ['pɑːstaɪm]	**Zeitvertreib; Hobby**
my favourite ['feɪvrət] pastime	meine Lieblingsbeschäftigung
interest ['ɪntrəst]	**Interesse(ngebiet)**
What interests do you have?	Was für Interessen haben Sie?
activity [æk'tɪvəti]	**Betätigung; Tätigkeit**
Cooking is a popular leisure ['leʒə] activity.	Kochen ist eine beliebte Freizeitbeschäftigung.
pursuits [pə'sjuːts]	**Beschäftigungen; Betätigungen**
artistic [ɑː'tɪstɪk] pursuits	künstlerische Betätigungen

Crafts [krɑːfts] **(= Handarbeit, Kunsthandwerk, Basteln)**
needlework ['niːdlwɜːk] (= Nadel- / Handarbeit) • *sewing* ['səʊɪŋ]
(= Nähen) • *knitting* ['nɪtɪŋ] (= Stricken) • *weaving* ['wiːvɪŋ] (= Weben) • *spinning* (= Spinnen) • *embroidery* [ɪm'brɔɪdəri] (= Sticken) •
dressmaking (= Schneidern) • *flower arranging* [ə'reɪndʒɪŋ] (= Blumenstecken) • *pottery* ['pɒtəri] (= Töpfern) • *basketry* ['bɑːskɪtri]
(= Korbflechten) • *woodworking* (= Holzarbeiten) • *metalwork*
['metlwɜːk] (= Metallarbeiten)

relaxation [riːlæk'seɪʃn]	**Entspannung; Freizeitbeschäftigung**
recreation [rekri'eɪʃn]	**Erholung; Freizeitbeschäftigung**
He repairs old clocks for recreation.	Zur Erholung repariert er alte Uhren.
leisure ['leʒə]	(die) **Freizeit; Muße**
spare time [speə 'taɪm]	**Freizeit**
What do you do in your spare time?	Was machst du in deiner Freizeit?
engage in something [ɪn'geɪdʒ]	**sich mit etwas befassen**
She engages in all sorts of voluntary ['vɒləntri] work.	Sie widmet sich allen möglichen ehrenamtlichen Aufgaben.
take up a hobby (– took – taken)	**sich** ein Hobby **zulegen**
I've taken up photography [fə'tɒgrəfi].	Ich habe zu fotografieren angefangen.
pursue [pə'sjuː] / **follow** a hobby	ein Hobby **betreiben**
go in for something (– went – gone [ɒ])	etwas **betreiben**
She doesn't go in for sports.	Mit Sport hat sie nichts im Sinn.

Freizeit und Erholung

indulge [ɪn'dʌldʒ] **in** something

For relaxation she indulges (in) her passion for riding.

einer Sache **frönen; sich** einer Sache **hingeben**

Zur Entspannung gibt sie sich ihrer Leidenschaft für das Reiten hin.

What people collect [kə'lekt] **(= Was die Leute so sammeln)**
stamps (= Briefmarken) • *postcards* (= Postkarten) • *phonecards* (= Telefonkarten) • *coins* (= Münzen) • *autographs* ['ɔ:təgra:fs] (= Autogramme) • *antiques* [æn'ti:ks] (= Antiquitäten) • *fine old books* (= schöne alte Bücher) • *matchboxes* (= Streichholzschachteln) • *beer mats* (= Bierdeckel) • *butterflies and moths* [mɒθs] (= Schmetterlinge und Nachtfalter)

enjoy doing something [ɪn'dʒɔɪ]
I enjoy listening ['lɪsnɪŋ] to music.
She enjoys doing crossword puzzles.

etwas gern tun
Ich höre gern Musik.
Sie löst gern Kreuzworträtsel.

do-it-yourself / DIY
Do-it-yourself is a popular ['pɒpjələ] pastime.
He's a keen **do-it-yourselfer**.
She **does a lot of reading**.
We spend a lot of time **playing cards**.

Heimwerken
Heimwerken ist ein beliebter Zeitvertreib.
Er ist ein begeisterter **Heimwerker**.
Sie **liest viel**.
Wir verbringen viel Zeit beim Kartenspiel.

fishing ['fɪʃɪŋ]
He goes fishing for relaxation [ri:læk'seɪʃn].

Angeln; Fischen
Zur Entspannung geht er angeln.

Outdoor activities [æk'tɪvətiz] **(= Aktivitäten im Freien)**
gardening (= Gartenarbeit) • *beekeeping* ['bi:ki:pɪŋ] (= Imkern) • *jogging* (= Joggen) • *hiking* (= Wandern) • *backpacking* (= Rucksackwandern / -reisen) • *mountain climbing* ['maʊntən klaɪmɪŋ] / *mountaineering* [maʊntə'nɪərɪŋ] (= Bergsteigen) • *birdwatching* (= Vogelbeobachtung) • *cycling* ['saɪklɪŋ] (= Radfahren) • *(horse-)riding* (= Reiten) • *hunting* (= Jagd) • *skiing* ['ski:ɪŋ] (= Skilaufen) • *roller-skating* (= Rollschuhlaufen) • *ice-skating* (= Schlittschuhlaufen) • *sailing / yachting* ['jɒtɪŋ] (= Segeln) • *windsurfing* (= Windsurfen) • *water-skiing* (= Wasserskilaufen) • *scuba-diving* ['sku:bə daɪvɪŋ] (= Sport- / Gerättauchen) • *skin-diving* (= Sport- / Schnorcheltauchen) • *parachuting* ['pærəʃu:tɪŋ] / *skydiving* (= Fallschirmspringen) • *hang-gliding* (= Drachenfliegen)

12.1 Geographical divisions
Geographische Einteilungen

the centre of the **earth** [ɜːθ]	der Mittelpunkt der **Erde**
satellite ['sætəlaɪt] photos of the earth / of Earth	Satellitenfotos der Erde
hemisphere ['hemɪsfɪə]	**Halbkugel; Hemisphäre**
time zone ['taɪm zəʊn]	**Zeitzone**
the **tropics** ['trɒpɪks]	die **Tropen**
the **Old / New World** [njuː 'wɜːld]	die **Alte / Neue Welt**
the **Third World** [θɜːd 'wɜːld]	die **Dritte Welt**
the **(Ant-)Arctic** [(ænt)'ɑːktɪk]	die **(Ant-)Arktis**
(at the) **equator** [ɪ'kweɪtə]	(am) **Äquator**
continent ['kɒntɪnənt]	**Kontinent; Erdteil**
on the Continent	auf dem Kontinent; in Europa
subcontinent [sʌb'kɒntɪnənt]	Subkontinent
continental [kɒntɪ'nentl]	**kontinental(europäisch)**
Europe ['jʊərəp]	**Europa**
the old Europe	das alte Europa
European [jʊərə'piːən]	europäisch
Western Europe – Western European	Westeuropa – westeuropäisch
America – **American** [ə'merɪkən]	**Amerika – amerikanisch**
the Americas [ə'merɪkəz]	Nord-, Süd- und Mittelamerika
North / South America	Nord- / Südamerika
Latin America [lætɪn ə'merɪkə]	Lateinamerika
Australia [ɒ'streɪlɪə] – **Australian**	**Australien – australisch**
Africa ['æfrɪkə] – **African** ['æfrɪkən]	**Afrika – afrikanisch**
Asia ['eɪʒə] – **Asian** ['eɪʒn]	**Asien – asiatisch**
west [west]	**Westen; West-**
the Middle West / Midwest	der mittlere Westen (der USA)
western ['westən]	**westlich; West-**
the Western world [westən 'wɜːld]	die westliche Welt
east [iːst]	**Osten; Ost-**
the Middle / Far East	der Nahe (!) / Ferne Osten
the east coast [iːst 'kəʊst]	die Ostküste
the East Asian ['eɪʒn] countries	die ostasiatischen Länder
eastern ['iːstən]	**östlich; Ost-**
the eastern Mediterranean [medɪtə'reɪnɪən]	das östliche Mittelmeer

Eastern Europe – Eastern European	Osteuropa – osteuropäisch
the Middle Eastern nations	die Staaten im Nahen Osten
north [nɔːθ]	**Norden; Nord-**
the North-South divide [dɪˈvaɪd]	das Nord-Süd-Gefälle
the North / South Pole [pəʊl]	der Nord- / Südpol
They have moved up north.	Sie sind nach Norden gezogen.
northern [ˈnɔːðən]	**nördlich; Nord-**
Northern Ireland [nɔːðən ˈaɪələnd]	Nordirland
Northern Irish [nɔːðən ˈaɪrɪʃ]	nordirisch

Im BE heißt *north of Watford* [ˈwɒtfəd] (= nördlich von Watford) scherzhaft so viel wie „jwd" oder „auf dem Mond". Watford, eine *dormitory* [ˈdɔːmətri] *town* (= Schlafstadt) *northwest of London* (= nordwestlich von London) ist Endstation der U-Bahn – *civilization* [sɪvəlaɪˈzeɪʃn] *ends there!* AE-Entsprechungen sind *in the sticks* und *in the boondocks* [ˈbuːndɒks].

south [saʊθ]	**Süden; Süd-**
south of the river [ˈrɪvə]	südlich des Flusses
Brighton is due [djuː] south of London.	Brighton liegt genau südlich von London.
The room faces south.	Das Zimmer liegt nach Süden.
The wind was coming from the southwest.	Der Wind kam von Südwesten.
southern [ˈsʌðən]	**südlich; Süd-**

Beachten Sie den Unterschied:
South Africa (= Südafrika) – *southern Africa* (= das südliche Afrika).

area [ˈeəriə]	**Gebiet; Gegend; Fläche**
The Dead Sea area is one of the hottest regions in the world.	Das Gebiet um das Tote Meer ist eine der heißesten Gegenden der Welt.
a mountainous [ˈmaʊntənəs] area	eine bergige / gebirgige Gegend
Belgium [ˈbeldʒəm] has a total area of 30,521 sq km [skweə ˈkɪləmiːtəz].	Belgien hat eine Gesamtfläche von 30 521 km².
territory [ˈterətri]	**Gebiet; Territorium**
the occupied [ˈɒkjupaɪd] territories	die besetzten Gebiete
on German territory	auf deutschem Staatsgebiet
outside **territorial** waters	außerhalb der Hoheitsgewässer
terrain [təˈreɪn]	**Gelände; Terrain**
in mountainous [ˈmaʊntənəs] terrain	in bergigem Gelände / Terrain

12.2 ## Oceans, lakes, rivers
Meere, Seen, Flüsse

the **sea** [si:]	die **See**; das **Meer**
a holiday at the **seaside**	ein Urlaub an der **See**
ocean ['əʊʃn]	**Ozean; Meer**
strait [streɪt]	**Meerenge**
gulf [gʌlf]	**Golf; Meerbusen**
bay [beɪ]	**Bucht**
the **coast(line)** [kəʊst]	die **Küste**
(on the) **beach** [bi:tʃ]	(am) **Strand**
a **lake** [leɪk]	ein **See**
pond – **fishpond** ['fɪʃpɒnd]	**Teich** – **Fischteich**
pool [pu:l]	**Schwimmbecken; Schwimmbad**
river ['rɪvə]	**Fluss**
the River Rhine *BE* /	der **Rhein**
AE the Rhine River	
riverside ['rɪvəsaɪd]	**Flussufer**
down by the riverside	unten am Fluss
bank [bæŋk] (of a lake / river)	**Ufer** (eines Sees / Flusses)
the **shore** [ʃɔ:]	das **Ufer**; die **Küste**
channel ['tʃænl]	**Fahrrinne; (Fluss-)Bett**
the (English) Channel	der (Ärmel-)Kanal
canal [kə'næl]	(*künstlicher*) **Kanal**
stream [stri:m] / **brook** [brʊk]	**Bach**
the **current** ['kʌrənt]	die **Strömung**
the **tides** [taɪdz]	die **Gezeiten**
low [ləʊ] tide – high tide	Ebbe – Flut
iceberg ['aɪsbɜ:g]	**Eisberg**
island ['aɪlənd]	**Insel**
the island of Manhattan	die **Insel** Manhattan
peninsula [pə'nɪnsjʊlə]	**Halbinsel**

🔅 *Isle* [aɪl] (= Insel / Eiland) heute nur noch in Namen: *the British
Isles* (= die Britischen Inseln) • *the Isle of Man* (= die Insel Man) •
the Isle of Wight (= die Insel Wight).

port [pɔ:t]	**Hafen(stadt)**
harbour ['hɑ:bə]	**Hafen**
the ships in the harbour	die Schiffe im Hafen
the **docks** [dɒks]	die **Hafenanlagen**
Her husband works at the docks.	Ihr Mann arbeitet im Hafen.

12.3 The countryside
Die Landschaft

countryside ['kʌntrisaid]	Land(schaft)
live in the **country**	auf dem **Land** leben
landscape ['lændskeip]	**Landschaft**
the beautiful **scenery** ['si:nəri]	die schöne Landschaft
hills and **valleys** ['væliz]	**Berge** und **Täler**
mountain ['mauntən]	(hoher) **Berg**
in the mountains	im Gebirge

 Mount [maunt] heute nur noch in Namen: *Alaska's highest peak* [pi:k] *is Mount McKinley* [mə'kınli]. (= Alaskas höchster Berg ist Mount McKinley.)

peak [pi:k] / **summit** ['sʌmɪt] / **top**	(Berg-)Gipfel
cliff [klɪf]	**Felswand** (am Meer)
plain [pleɪn]	**Ebene; Flachland**
prairie ['preəri]	**Prärie**
desert ['dezət]	**Wüste**
heath [hi:θ]	**Heide** (*Landschaft*)
heather ['heðə]	**Heide(kraut)**
shrubs [ʃrʌbz] / **bushes** ['buʃɪz]	**Sträucher; Gebüsch**
forest ['fɒrɪst]	(größerer) **Wald**
large forest areas / regions	große Waldgebiete
rain forest ['reɪn fɒrɪst]	Regenwald
wood(s) [wud(z)]	(kleinerer) **Wald**
We walked through a dense [dens] wood.	Wir gingen durch einen dichten Wald.
We went for a walk in the woods.	Wir gingen im Wald spazieren.
wilderness ['wɪldənəs]	**Wildnis**
jungle ['dʒʌŋgl]	**Dschungel; Urwald**
rural areas [ruərəl 'eəriəz]	**ländliche Gegenden**
rich / fertile ['fɜ:taɪl] **farmland**	fruchtbares **Ackerland**
field [fi:ld]	**Feld; Acker; Weide**
the farmers working in the fields	die Bauern, die auf den Feldern arbeite(te)n
hedge [hedʒ]	**Hecke**
park [pɑ:k]	**Park**
national park [næʃnəl 'pɑ:k]	(geschützter) Nationalpark
wildlife park ['waɪldlaɪf pɑ:k]	Wildpark
nature reserve ['neɪtʃə rɪzɜ:v]	**Naturschutzgebiet**

The earth

12.4 The farming world
Die Welt der Landwirtschaft

farm [fɑːm]	Bauernhof; landwirtschaftlicher Betrieb
farming ['fɑːmɪŋ]	(die) Landwirtschaft
farmer ['fɑːmə]	Landwirt(in); Bauer / Bäuerin
agriculture ['ægrɪkʌltʃə]	(die) Landwirtschaft
agricultural [ægrɪ'kʌltʃərəl]	landwirtschaftlich; Landwirtschafts-
the soil [sɔɪl]	die Erde; der Boden
fertile ['fɜːtaɪl] / poor [pʊə] soils	fruchtbare / karge Böden
(arable ['ærəbl]) land	(Acker-)Land
field [fiːld]	Feld; Acker; Weide; Wiese
pasture ['pɑːstʃə]	Weide(land)
cultivate ['kʌltɪveɪt]	kultivieren; bestellen; anbauen
plant [plɑːnt]	Pflanze; (an- / be)pflanzen
grow [grəʊ] (– grew [gruː] – grown)	wachsen; anbauen; anpflanzen
We grow maize BE / AE corn.	Wir bauen Mais an.
raise / grow wheat [wiːt]	Weizen anbauen
raise / rear [rɪə] chickens / pigs	Hühner / Schweine züchten
seed(s) [siːd(z)]	Samen; Saat(gut)
crop [krɒp]	Feldfrucht
harvest ['hɑːvɪst]	Ernte; ernten
livestock ['laɪvstɒk] (Pluralverb!)	Vieh; Viehbestand / Viehbestände
(live)stock / cattle breeding	Viehzucht
cattle ['kætl] (Mit Pluralverb!)	(Rind-)Vieh; Rinder
milk a cow [kaʊ]	eine Kuh melken
pig [pɪg] / AE auch hog [hɒg]	Schwein
poultry ['pəʊltri] (farmer)	Geflügel(züchter / -züchterin)
free-range hens [friː reɪndʒ 'henz]	frei laufende Hühner
hay [heɪ] – straw [strɔː]	Heu – Stroh
barn [bɑːn]	Scheune; Stall
shed [ʃed]	Schuppen
stable ['steɪbl]	(Pferde-)Stall
greenhouse ['griːnhaʊs]	Gewächshaus
mow [məʊ] – mower ['məʊə]	mähen – Mäher
plough [plaʊ] BE / AE plow [plaʊ]	Pflug
tractor ['træktə]	Traktor
thresh [θreʃ] – thresher ['θreʃə]	dreschen – Drescher
combine (harvester) ['kɒmbaɪn]	Mähdrescher
clone [kləʊn] a sheep	ein Schaf klonen

12.5 **The city**
Die Stadt

city ['sɪti]	(größere) **Stadt**
the city and its residents ['rezɪdənts]	die Stadt und ihre Bewohner
go / travel to the city	in die Stadt fahren
a provincial [prə'vɪnʃl] city / town	eine Stadt in der Provinz
an industrial [ɪn'dʌstriəl] city	eine Industriestadt
my native ['neɪtɪv] city / town	meine Geburtsstadt
the city centre [sɪti 'sentə]	das Stadtzentrum
within the city limits	innerhalb der Stadtgrenze
10 miles beyond the city boundaries ['baʊndəriz]	10 Meilen jenseits der Stadtgrenze
city / town planning	(die) Stadtplanung
the city / town council ['kaʊnsl]	der Rat der Stadt; die Stadt-verwaltung

 Als Gegensatz zu *city* bezeichnet town objektiv eine kleinere Stadt (*a small town* = eine Kleinstadt). Emotional und in bestimmten Wendungen wird *town* aber auch in Bezug auf Großstädte wie London und New York gebraucht: *Are you going into town?* (= Fährst du in die Stadt?) *You're from out of town, aren't you?* (= Sie sind wohl nicht von hier?)

city dweller ['dwelə]	**Stadtbewohner(in)**
slum / ghetto ['getəʊ] dweller	Slum- / Gettobewohner(in)
townsman – townswoman	**Städter – Städterin**
Townspeople are different ['dɪfrənt].	Leute aus der Stadt sind anders.
downtown [daʊn'taʊn] *AE*	**in der / in die Innenstadt**
Are you going downtown?	Fährst / Gehst du in die (Innen-)Stadt?
in the downtown ['daʊntaʊn] area	in der Innenstadt / City; im Zentrum
Munich's downtown area	die Münchner Innenstadt
metropolis [mə'trɒpəlɪs]	**Metropole**
Vancouver [væn'kuːvə] is Canada's third largest metropolis.	Vancouver ist Kanadas drittgrößte Metropole.
the New York **metropolitan** [metrə'pɒlɪtn] **area**	der **Großraum** New York
the **central** ['sentrəl] **cities**	die **Innenstädte**
a map of central London	eine Karte / ein Plan der Londoner Innenstadt

the **suburbs** ['sʌbɜːbz]	die **Vororte**
on the **outskirts** of Berlin	am **Stadtrand** von Berlin
settle on the **periphery** [pə'rɪfəri]	sich an der **Peripherie** ansiedeln

„Städtisch" im Sinn von „zu einer bestimmten Stadt gehörend"
= *municipal* [mjuː'nɪsɪpl]; im Sinn von „mit Städten allgemein
zusammenhängend" = *urban* ['ɜːbən]:

the municipal parks / hospitals / theatres (= die städtischen Parks /
Krankenhäuser / Theater) • *the municipal government* ['gʌvnmənt]
(= die Stadtregierung / -verwaltung) • *municipal elections* (= Kommunalwahlen)

urban life (= das Leben in der Stadt) • *the urban population*
(= die Stadtbevölkerung) • *urban planning* (= Stadtplanung) •
urban development (= Stadtentwicklung) • *urban renewal*
[rɪ'njuːəl] (= Stadterneuerung)

facilities [fə'sɪlətiz]	Einrichtungen
educational / research facilities	Bildungs- / Forschungs- einrichtungen
cultural / medical facilities	kulturelle / medizinische Einrichtungen
a **run-down / blighted** ['blaɪtɪd] neighbourhood / area	eine **heruntergekommene** Gegend
demolish [dɪ'mɒlɪʃ] old buildings	alte Häuser / Altbauten **abreißen**
improve [im'pruːv] (living) **conditions** in the cities	die **Lebensbedingungen** in den Städten verbessern

Unterschied zwischen *street* und *road*
Streets sind in der Stadt, zwischen Häusern – sie haben Bürgersteige
(*pavements* ['peɪvmənts] BE / AE *sidewalks* ['saɪdwɔːks]), Geschäfte
etc.: *We live in / on Russell* ['rʌsl] *Street.*
Der deutschen Hauptstraße entspricht BE *High Street* (*the shoe shop
in the High Street*) und AE *Main Street* (*the shoe store on Main
Street*).
Roads sind Verkehrswege, die irgendwo hinführen: *the Dover road*
(= die Straße nach Dover). Viele *roads,* die sich ursprünglich zwischen Orten befanden, sind heute durch das Wachsen der Städte
mitten in der Stadt. *Edgware* ['edʒweə] *Road* (= die Straße nach
Edgware) z.B. ist heute ein Londoner Straßenname: *Her office is in /
on Edgware Road.* (Londoner sagen auch: *in / on the Edgware Road.*)

12.6 The environment
Die Umwelt

the environment [ɪnˈvaɪrənmənt]	**die Umwelt**
environmental [ɪnvaɪrənˈmentl]	**Umwelt-**
environmental pollution / protection / awareness [əˈweənəs]	Umweltverschmutzung / -schutz / -bewusstsein
environmental groups	Umweltorganisationen
environmentalist [ɪnvaɪrənˈmentəlɪst]	**Umweltschützer(in)**
environmentally friendly / ecofriendly [ˈiːkəʊfrendli]	**umweltfreundlich**
ecological [iːkəˈlɒdʒɪkl]	**ökologisch; Umwelt-**
green [griːn]	**grün; umweltfreundlich; ökologisch**
the ozone layer [ˈəʊzəʊn leɪə]	**die Ozonschicht**
the greenhouse effect [ɪˈfekt]	**der Treibhauseffekt**
pollution [pəˈluːʃn]	**Verschmutzung**
air / water pollution	Luft- / Wasserverschmutzung
noise pollution [ˈnɔɪz pəluːʃn]	Lärmbelästigung; Lärmbelastung
waste (disposal [dɪˈspəʊzl])	**Abfall**(-beseitigung / -entsorgung)
dump [dʌmp]	**abladen; abkippen; Müllkippe; Müllablageplatz**
the dumping of radioactive waste in the sea	die Verklappung von radioaktivem Müll im Meer
an oil spill [ˈɔɪl spɪl]	**eine Ölpest; ausgelaufenes Öl**
oil slick [ˈɔɪl slɪk]	(ein) Ölteppich
overfertilization [əʊvəfɜːtəlaɪˈzeɪʃn]	**Überdüngung**
carbon dioxide [kɑːbn daɪˈɒksaɪd]	**Kohlendioxid**
changes in (the) climate [ˈklaɪmət]	**Klimaveränderungen**
global warming [gləʊbl ˈwɔːmɪŋ]	**(die) Erderwärmung**
acid rain [æsɪd ˈreɪn]	**saurer Regen**
sustainable [səˈsteɪnəbl] **development**	**nachhaltige Entwicklung**
natural resources [rɪˈzɔːsɪz]	**natürliche Ressourcen**
an endangered species [ˈspiːʃiːz]	**eine vom Aussterben bedrohte Art**
fossil fuels [ˈfɒsl fjuːəlz]	**fossile Brennstoffe / Energieträger**
recycle [riːˈsaɪkl]	**wiederverarbeiten; recyceln**
recycled paper	Recyclingpapier
bottle bank [ˈbɒtl bæŋk] BE	**Altglascontainer**
unleaded petrol [ʌnledɪd ˈpetrəl]	**bleifreies Benzin**
returnable bottles [rɪtɜːnəbl ˈbɒtlz]	**Mehrwegflaschen**
compulsory deposit [kəmˈpʌlsəri dɪˈpɒzɪt]	**Zwangspfand**

12.7 **Weather and climate**
Wetter und Klima

What's the **weather** like?	Wie ist denn das **Wetter?**
nice / dreadful ['drɛdfl] weather	schönes / furchtbares Wetter
a **fine** day	ein **schöner** Tag
sunny periods / intervals / spells	**sonnige** Abschnitte
sunshine ['sʌnʃaɪn]	**Sonnenschein**
hot – **cold**	**heiß – kalt / Kälte**
a **heat** wave ['hiːt weɪv]	eine **Hitze**welle
fairly **warm** for the time of year	recht **warm** für die Jahreszeit
warm and humid ['hjuːmɪd]	warm und feucht; feuchtwarm
humidity [hju'mɪdəti]	**(Luft-)Feuchtigkeit**
muggy ['mʌgi] / **sultry** ['sʌltri]	**schwül**
It's rather **close** [kləʊs] today.	Es ist heute ziemlich **drückend.**
The evenings are **nice and cool**.	Die Abende sind **angenehm kühl.**
It's rather **chilly** ['tʃɪli] today.	Es ist heute recht **kühl / frisch.**
freeze [friːz] (– froze – frozen)	**(ge)frieren**
above [ə'bʌv] / below freezing	über / unter dem Gefrierpunkt
frost [frɒst]	**Frost**
a **mild** [maɪld] winter	ein **milder** Winter
the **weather forecast**	die **Wettervorhersage**
the **outlook** for tomorrow [tə'mɒrəʊ]	die **Vorhersage** für morgen
thermometer [θə'mɒmɪtə]	**Thermometer**
average **temperatures** ['tɛmprətʃəz]	Durchschnitts**temperaturen**
above / below **zero** ['zɪərəʊ]	über / unter **null**
cloud [klaʊd]	**Wolke**
a cloudless sky [skaɪ]	ein wolkenloser Himmel
cloudy ['klaʊdi]	**bewölkt; bedeckt; wolkig**
dry – **wet**	**trocken – nass**
We're in for **rain**.	Es wird wohl **Regen** geben.
It was raining heavily ['hɛvɪli].	Es regnete stark.
rainy weather ['wɛðə]	**regnerisches** Wetter / Regenwetter
(scattered ['skætəd]) **showers**	(vereinzelte) **Schauer**
drizzle ['drɪzl]	**Nieselregen; Sprühregen**
snow [snəʊ]	**Schnee; schneien**
fog [fɒg] – **foggy** ['fɒgi]	**Nebel – neb(e)lig**
wind [wɪnd] – **windy** ['wɪndi]	**Wind – windig**
storm [stɔːm]	**Unwetter; Gewitter; Sturm**
thunderstorm ['θʌndəstɔːm]	Gewitter
a flash of **lightning** ['laɪtnɪŋ].	ein **Blitz**
climate ['klaɪmət]	**Klima**

12.8 Natural disasters
Naturkatastrophen

the victims of **natural disasters**	die Opfer von **Naturkatastrophen**
disaster area [dɪˈzɑːstə ˈeəriə]	Katastrophengebiet
(earth)quake [(ˈɜːθ)kweɪk]	**(Erd-)Beben**
volcano [vɒlˈkeɪnəʊ]	**Vulkan**
eruption [ɪˈrʌpʃn] of a volcano	**Ausbruch** eines Vulkans
lava [ˈlɑːvə]	**Lava**
avalanche [ˈævəlɑːnʃ]	**Lawine**
a violent **cyclone** [vaɪələnt ˈsaɪkləʊn]	ein heftiger **Wirbelsturm**
tornado [tɔːˈneɪdəʊ] *Pl.* tornadoes	**Tornado; Wirbelsturm**
hurricane [ˈhʌrɪkən]	**Hurrikan; Orkan**
typhoon [taɪˈfuːn]	**Taifun**
flood [flʌd]	**Flut; Überschwemmung**
flood-prone areas [ˈeəriəz]	hochwassergefährdete Gebiete
A large area was **flooded** [ˈflʌdɪd].	Ein großes Gebiet wurde **über-flutet / überschwemmt.**
tidal wave [taɪdl ˈweɪv]	**Flutwelle**
drought [draʊt]	**Dürre(periode)**
fire [ˈfaɪə]	**Feuer; Brand**
a fire disaster [dɪˈzɑːstə]	eine Brandkatastrophe
famine [ˈfæmɪn]	**Hungersnot; Hungerkatastrophe**
an impending [ɪmˈpendɪŋ] famine	eine drohende Hungersnot
famine relief [rɪˈliːf]	Hungerhilfe
devastate [ˈdevəsteɪt]	**verwüsten**
The city was devastated by an earthquake.	Die Stadt wurde durch ein Erdbeben verwüstet.
suffer a **devastating** earthquake	von einem **verheerenden** Erdbeben heimgesucht werden
The city of X was the hardest hit, with 34 **fatalities** [fəˈtælətiz].	Die Stadt X war mit 34 **Todesopfern** am stärksten betroffen.
The **death toll** [ˈdeθ təʊl] has risen to 68.	Die **Zahl der Todesopfer** hat sich auf 68 erhöht.
An estimated [ˈestɪmeɪtɪd] 600 people **lost their lives**.	Die Zahl der Todesopfer wird auf 600 geschätzt.
rescue team [ˈreskjuː tiːm]	**Rettungsmannschaft; Bergungskommando**
They **survived** [səˈvaɪvd] the disaster unscathed [ʌnˈskeɪðd].	Sie **überlebten** die Katastrophe unversehrt.
The damage [ˈdæmɪdʒ] is estimated at $2 billion.	Der **Sachschaden** wird auf 2 Milliarden Dollar geschätzt.

13.1 Animals
Tiere

(tame / wild) animal ['ænɪməl]	(zahmes / wildes) **Tier**
experimental [ɪksperɪ'mentl] animals	Versuchstiere
cruelty ['kru:əlti] to animals	Tierquälerei
animal welfare / rights	Tierschutz
animal rights activist ['æktɪvɪst]	Tierschützer(in)
beast [bi:st]	**Tier; Bestie**
man and beast	Mensch und Tier
pet [pet]	**(Haus-)Tier**
mammal ['mæml]	**Säugetier**
fur [fɜ:]	**Fell**
Many animals are hunted for their fur.	Viele Tiere werden wegen ihres Fells gejagt.
dog [dɒg]	**Hund**
hunting dog – watchdog ['wɒtʃdɒg]	Jagdhund – Wachhund
fighting dog / killer dog	Kampfhund
hound [haʊnd] – **the hounds**	**Jagdhund** – (*Jagd*) **die Meute**
bitch [bɪtʃ]	**Hündin; Weibchen** (= *Füchsin* etc.)
pup(py) ['pʌp(i)]	**Welpe; junger Hund**
mongrel ['mʌŋgrəl]	**Bastard; Promenadenmischung**
cat [kæt]	**Katze**
tom(cat)	Kater
kitten ['kɪtn]	**(Katzen-)Junges; Kätzchen**
donkey ['dɒŋki] / **ass** [æs]	**Esel**
(big / small) **game** [geɪm]	**(Groß- / Nieder-)Wild**
deer [dɪə] *Pl.* deer	**Hirsch(e); Reh(e)**
fox [fɒks]	**Fuchs**
wolf [wʊlf] *Pl.* wolves [wʊlvz]	**Wolf**
monkey ['mʌŋki] – **ape** [eɪp]	**Affe – Menschenaffe**
Man is descended [dɪ'sendɪd] from the apes.	Der Mensch stammt vom Affen ab.
chimp / chimpanzee [tʃɪmpæn'zi:]	**Schimpanse**
lion ['laɪən] – **tiger** ['taɪgə]	**Löwe – Tiger**
(brown / grizzly / polar) **bear** [beə]	**(Braun- / Grisli- / Eis-)Bär**
mouse [maʊs] *Pl.* mice [maɪs]	**Maus**
rat [ræt]	**Ratte**
hamster ['hæmstə]	**Hamster**
squirrel ['skwɪrəl]	**Eichhörnchen**

feather ['feðə]	**Feder**
Owls [aʊlz] have strong legs, sharp claws, and soft feathers.	Eulen haben kräftige Beine, scharfe Krallen und weiche Federn.
bird [bɜːd]	**Vogel**
bird of prey [preɪ]	Raubvogel; Greifvogel
bird's nest – birds' nests	Vogelnest – Vogelnester
nightingale ['naɪtɪŋgeɪl]	**Nachtigall**
owl [aʊl] – **dove** [dʌv] – **duck** [dʌk]	**Eule – Taube – Ente**
goose [guːs] *Pl.* geese [giːs]	**Gans**
parrot ['pærət] – **canary** [kə'neəri]	**Papagei – Kanarienvogel**
budgerigar ['bʌdʒərigɑː] / **budgie**	**Wellensittich**
fish [fɪʃ] *Pl.* fish / fishes ['fɪʃɪz]	**Fisch**
Fish are plentiful here.	Fische sind hier reichlich vorhanden.
Some fishes don't have ribs.	Manche Fische (= Fischarten) haben keine Rippen.
goldfish ['gəʊldfɪʃ] *Pl.* goldfish	**Goldfisch**
shark [ʃɑːk] – **whale** [weɪl]	**Hai(fisch) – Wal(fisch)**
reptile ['reptaɪl]	**Reptil; Kriechtier**
tortoise ['tɔːtəs] – **turtle** ['tɜːtl]	**Landschildkröte – Wasserschildkröte**
crocodile ['krɒkədaɪl]	**Krokodil**
snake [sneɪk] – **snail** [sneɪl]	**Schlange – Schnecke**
frog [frɒg] – **toad** [təʊd]	**Frosch – Kröte**
(tape- / book)**worm** [wɜːm]	(Band- / Bücher-)**Wurm**
spider ['spaɪdə] – **insect** ['ɪnsekt]	**Spinne – Insekt**
ant [ænt] – **bee** [biː] – **wasp** [wɒsp]	**Ameise – Biene – Wespe**
moth [mɒθ]	**Nachtfalter; Motte**
fly [flaɪ] – **butterfly** ['bʌtəflaɪ]	**Fliege – Schmetterling**
flea(bite) [fliː]	**Floh**(biss / -stich)
louse [laʊs] *Pl.* lice [laɪs]	**Laus**
beetle ['biːtl]	**Käfer**
bug [bʌg]	**Wanze; Käfer; Insekt**
tick [tɪk]	**Zecke**
parasite ['pærəsaɪt]	**Schmarotzer; Parasit**
pest [pest] – **pests**	**Schädling – Ungeziefer**
potato [pə'teɪtəʊ] bugs and other pests	Kartoffelkäfer und andere Schädlinge
vermin ['vɜːmɪn]	**Ungeziefer**
vet [vet]	**Tierarzt / Tierärztin**
zoo [zuː] / **zoological** [zəʊə'lɒdʒɪkl] **garden**	**Zoo / zoologischer Garten**
cage [keɪdʒ]	**Käfig; (Vogel-)Bauer**

13.2 Plants
Pflanzen

plant [plɑ:nt]	Pflanze; (an)pflanzen
garden / cultivated / pot plant	Garten- / Kultur- / Topfpflanze
wild [waɪld] plant / flower	Wildpflanze / -blume
a hardy ['hɑ:di] plant	eine winterharte Pflanze
the plant kingdom ['kɪŋdəm]	das Pflanzenreich
tree [tri:]	**Baum**
ash (tree) [æʃ]	**Esche**
beech (tree) [bi:tʃ]	**Buche**
birch (tree) [bɜ:tʃ]	**Birke**
(horse) **chestnut** (tree) ['tʃesnʌt]	(Ross-)**Kastanie**
lime (tree) BE / AE **linden** (tree)	**Linde**
maple (tree) ['meɪpl]	**Ahorn**
mulberry (tree) ['mʌlbəri]	**Maulbeerbaum**
oak (tree) [əʊk] – **acorn** ['eɪkɔ:n]	**Eiche** – **Eichel**
palm (tree) [pɑ:m]	**Palme**
poplar ['pɒplə]	**Pappel**
(weeping) **willow** [(wi:pɪŋ) 'wɪləʊ]	(Trauer-)**Weide**
yew (tree) [ju:]	**Eibe**
pine (tree) [paɪn]	**Kiefer**
Pines and firs are conifers ['kɒnɪfəz].	Kiefern und Tannen sind Nadelbäume.
(fir) cone [('fɜ:) kəʊn]	**(Tannen-)Zapfen**
coniferous [kə'nɪfərəs] **forest**	**Nadelwald**
deciduous [dɪ'sɪdjuəs] **forest / tree**	**Laubwald / -baum**
flower ['flaʊə]	**Blume; Blüte**
The roses have just come into flower.	Die Rosen haben gerade zu blühen begonnen.
cut flowers	Schnittblumen
cornflower – sunflower	Kornblume – Sonnenblume
buttercup ['bʌtəkʌp]	**Butterblume**
daffodil ['dæfədɪl] / **daff** [dæf]	**Osterglocke; (gelbe) Narzisse**
daisy ['deɪzi]	**Gänseblümchen**
look (as) fresh as a daisy	frisch wie der junge Morgen aussehen
an ox-eye daisy / a marguerite [mɑ:gə'ri:t]	eine Margerite
dandelion ['dændɪlaɪən]	**Löwenzahn; Pusteblume**
lily ['lɪli]	**Lilie**
lily of the valley ['væli]	Maiglöckchen

thistle ['θɪsl] – **poppy** ['pɒpi]	Distel – Mohn(blume)
carnation [kɑ:'neɪʃn]	Nelke
tulip (bulb) ['tju:lɪp (bʌlb)]	Tulpe(nzwiebel)
fuchsia ['fju:ʃə]	Fuchsie
rose [rəʊz] – **orchid** ['ɔ:kɪd]	Rose – Orchidee
cactus ['kæktəs] *Pl.* cacti ['kæktaɪ]	Kaktus
grass [grɑ:s] – **grasses**	Gras – Gräser
sow [səʊ] grass	Gras (aus)säen
sow the garden with grass	im Garten Gras (aus)säen
clover ['kləʊvə] – **moss** [mɒs]	Klee – Moos
herb [hɜ:b]	Kraut; Kräuter-
fern [fɜ:n]	Farn(kraut)
vine [vaɪn]	Wein(rebe); Ranke
weed(s) [wi:d(z)]	Unkraut
I've got to weed the garden.	Ich muss im Garten Unkraut jäten.
fungus ['fʌŋgəs] *Pl.* fungi ['fʌŋgi:]	Pilz
mushroom ['mʌʃrʊm]	(Speise-/essbarer) **Pilz**; Champignon
toadstool ['təʊdstu:l]	Giftpilz; nicht essbarer Pilz
annual ['ænjuəl]	einjährig(e Pflanze)
biennial [baɪ'eniəl]	zweijährig(e Pflanze)
an **evergreen** ['evəgri:n]	eine **immergrüne Pflanze**
root [ru:t]	Wurzel
stem [stem]	(*Blume, manchmal Baum*) **Stiel**
(tree) trunk [trʌŋk]	(Baum-)Stamm
branch [brɑ:ntʃ]	Ast; (dickerer) **Zweig**
twig [twɪg]	(kleiner/dünner) **Zweig**
bark [bɑ:k]	Borke; Rinde
leaf [li:f] – **leaves** [li:vz]	Blatt – Blätter/Laub
The trees are shedding their leaves.	Die Bäume werfen ihr Laub ab.
bud [bʌd]	Knospe
The trees are in bud.	Die Bäume schlagen aus.
bloom [blu:m] / **blossom** ['blɒsəm]	Blüte; blühen
The trees are in full bloom/blossom.	Die Bäume stehen in voller Blüte.
The forget-me-not blooms from May to July.	Das Vergissmeinnicht blüht von Mai bis Juli.
yellow/fragrant ['freɪgrənt] blossoms	gelbe/duftende Blüten
when the cherry trees blossom	wenn die Kirschbäume blühen
flora ['flɔ:rə]	Flora
botany ['bɒtəni]	(die) **Botanik/Pflanzenkunde**
botanic(al) [bə'tænɪk(l)] **garden(s)**	botanischer Garten

14.1 Medicine
Medizin

internal **medicine** [ɪntɜ:nl 'medsn]	(die) innere **Medizin**
occupational [ɒkjuˈpeɪʃənl] medicine	(die) Arbeitsmedizin
forensic [fəˈrensɪk] medicine	(die) Rechtsmedizin
internist [ˈɪntɜ:nɪst] *AE*	**Internist(in)**
nonmedical practitioner	**Heilpraktiker(in)**
the healing professions [prəˈfeʃnz]	**die Heilberufe**
cardiology [kɑ:diˈɒlədʒi]	(die) **Kardiologie**
dermatology [dɜ:məˈtɒlədʒi]	(die) **Dermatologie**
gynaecology [gaɪnəˈkɒlədʒi]	(die) **Gynäkologie / Frauenheilkunde**
neurology [njuˈrɒlədʒi]	(die) **Neurologie**
ophthalmology [ɒfθælˈmɒlədʒi]	(die) **Augenheilkunde**
pathology [pəˈθɒlədʒi]	(die) **Pathologie**
radiology [reɪdiˈɒlədʒi]	(die) **Radiologie / Strahlenkunde**
rheumatology [ru:məˈtɒlədʒi]	(die) **Rheumatologie**
urology [juˈrɒlədʒi]	(die) **Urologie**

Die vorstehenden *-ologies* werden jeweils auf der *–ol*-Silbe betont:
cardi'ology, neu'rology etc. – Die Namen der betreffenden Fachärzte
(= *specialists*) lauten jeweils auf *-ologist: urologist* (= Urologe/in) etc.

obstetrics [əbˈstetrɪks]	**Geburtshilfe**
obstetric ward [əbstetrɪk ˈwɔ:d]	Entbindungsstation
midwife [ˈmɪdwaɪf] / obstetric nurse	Hebamme
obstetrician [ɒbstəˈtrɪʃn]	(ärztl.) **Geburtshelfer(in)**
paediatrics [pi:diˈætrɪks]	(die) **Pädiatrie / Kinderheilkunde**
paediatric (ward / surgery)	Kinder(station / -chirurgie)
orthopaedic [ɔ:θəˈpi:dɪk] **surgery**	(die) **Orthopädie**
endoscopy [enˈdəskəpi] –	**Endoskopie – endoskopisch**
endoscopic [endəˈskɒpɪk]	
nursing [ˈnɜ:sɪŋ]	(die) **Krankenpflege**
clinic [ˈklɪnɪk]	**(Poli-)Klinik; Klinikum**
clinical [ˈklɪnɪkl]	klinisch
during / in clinical trials [ˈtraɪəlz]	bei / in der klinischen Erprobung
diagnose [ˈdaɪəgnəʊz] an illness	eine Krankheit **diagnostizieren**
She was diagnosed with breast cancer.	Bei ihr wurde Brustkrebs festgestellt.
diagnosis [daɪəgˈnəʊsɪs] *Pl.* -ses	Diagnose

diagnostic [daɪəg'nɒstɪk]	diagnostisch
blood sample ['blʌd sɑːmpl] / **test**	**Blutprobe / -untersuchung**
blood vessel / clot / bank	Blutgefäß / -gerinnsel / -bank
a **CAT scan** ['kæt skæn] / **CT scan**	eine **Computertomographie / CT**
thorax ['θɔːræks] *Pl.* thoraxes /	**Thorax; Brustkorb / -kasten**
thoraces ['θɔːrəsiːz]	
gastric ['gæstrɪk]	**gastrisch; Magen-**
gastric / stomach ['stʌmək] disorders	Magenleiden / -krankheiten
the gastrointestinal tract	der Magen-Darm-Trakt / -Kanal
pancreas ['pæŋkriəs]	**Pankreas; Bauchspeicheldrüse**
the large / small **intestine** [ɪn'testɪn]	der Dick- / Dünn**darm**
colon ['kəʊlən] *Pl.* colons / cola	**Colon; Grimmdarm**
rectum ['rektəm] – **rectal** ['rektl]	**Rektum / Mastdarm – rektal**
the **urinary** ['jʊərɪnəri] **tract**	die **Harnwege**
bone marrow ['bəʊn mærəʊ]	**Knochenmark**
the **spinal column** [spaɪnl 'kɒləm]	die **Wirbelsäule**
the **central nervous system**	das **Zentralnervensystem**
the **immune** system [ɪ'mjuːn sɪstəm]	das **Immunsystem**
immunodeficiency / immune	**Immunschwäche**
deficiency [dɪ'fɪʃnsi]	
(body) **fluid** ['fluːɪd] / **tissue** ['tɪʃuː]	(Körper-)**Flüssigkeit / Gewebe**
gland – **glandular** ['glændjʊlə]	**Drüse – Drüsen-**
lymph [lɪmf] node / gland [glænd]	**Lymphknoten / -drüse**
rheumatic [ru'mætɪk]	**rheumatisch; Rheumakranke(r)**
rheumatic fever [rumætɪk 'fiːvə]	Gelenkrheumatismus
arthritis [ɑː'θraɪtɪs]	**Arthritis; Gelenkentzündung**
asthma ['æsmə]	**Asthma**
asthmatic [æs'mætɪk]	asthmatisch; Asthmatiker(in)
an **occupational** disease [dɪ'ziːz]	eine **Berufskrankheit**
pulmonary ['pʌlmənəri] diseases	**Lungenkrankheiten**
He died of a pulmonary embolism.	Er starb an einer Lungenembolie.
She died of **kidney** failure ['feɪljə].	Sie starb an **Nieren**versagen.
dialysis [daɪ'æləsɪs] *Pl.* -lyses	**Dialyse; Blutwäsche**
perform a **transplant** ['trænsplɑːnt]	eine **Transplantation** durchführen
organ donor ['dəʊnə]	**Organspender(in)**
organ recipient [rɪ'sɪpiənt]	Organempfänger(in)
skin grafting ['skɪn grɑːftɪŋ]	**Hauttransplantation / -übertragung**
radiation therapy ['θerəpi]	(die) **Strahlentherapie**
general / plastic **surgery** ['sɜːdʒəri]	(die) allgemeine / plastische
	Chirurgie
open-heart surgery ['sɜːdʒəri]	(die) Offenherzchirurgie
public-health [pʌblɪk'helθ] **officer**	**Amtsarzt / -ärztin**
public-health department	Gesundheitsamt

14.2 Mathematics
Mathematik

mathematics [mæθə'mætɪks]	(die) Mathematik
mathematical [mæθə'mætɪkl]	mathematisch
arithmetic [ə'rɪθmətɪk]	(die) Arithmetik; (das) Rechnen
arithmetic(al) [ærɪθ'metɪk(l)]	arithmetisch
geometry [dʒi'ɒmətri]	(die) Geometrie
geometric(al) [dʒi:ə'metrɪk(l)]	geometrisch
geometric(al) progression [prə'greʃn]	geometrische Progression
algebra ['ældʒɪbrə]	(die) Algebra
count [kaʊnt]	zählen
He can count (up) to eight.	Er kann bis acht zählen.
sum [sʌm]	Rechenaufgabe
do sums (– did – done)	rechnen
do / solve problems ['prɒbləmz]	Textaufgaben bearbeiten / lösen
calculate ['kælkjuleɪt]	(be- / er- / aus)rechnen
calculation [kælkju'leɪʃn]	(Be-)Rechnung
compute [kəm'pju:t]	(be- / er)rechnen
addition [ə'dɪʃn] – subtraction	Addition – Subtraktion
multiplication – division [dɪ'vɪʒn]	Multiplikation – Division

55 + 44 = 99: *55 plus* [plʌs] *44 is / equals* ['i:kwəlz] *99. /*
  55 and 44 is / are / make(s) 99.
99 – 44 = 55: *99 minus* ['maɪnəs] *44 leaves* [li:vz] *55. /*
  44 from 99 is 55.
11 x 6 = 66: *11 multiplied* ['mʌltɪplaɪd] *by 6 is 66. / 11 times 6 is 66.*
66 ÷ 11 = 6: *66 divided* [dɪ'vaɪdɪd] *by 11 is 6. / 66 over 11 is 6.*

square [skweə]	Quadrat; quadratisch; Quadrat-
two square metres ['mi:təz]	zwei Quadratmeter
decimal / vulgar fraction ['frækʃn]	Dezimal- / gemeiner Bruch
numerator – denominator [-'nɒm-]	Zähler – Nenner
a common [ɒ] denominator	ein gemeinsamer Nenner
equal ['i:kwəl]	gleich
equation [ɪ'kweɪʒn]	Gleichung
circle ['sɜ:kl]	Kreis
circular ['sɜ:kjələ]	kreisförmig; Kreis-
diameter [daɪ'æmɪtə]	Durchmesser
rectangle ['rektæŋgl] – rectangular	Rechteck – rechteckig
triangle ['traɪæŋgl] – triangular	Dreieck – dreieckig
an angle ['æŋgl] of 90 degrees	ein Winkel von 90 Grad

14.3 Numbers
Zahlen

even ['iːvn] / **odd** [ɒd] numbers   **gerade** / **ungerade** Zahlen

 Null

> *4 – 4 = 0: Four minus four is zero* ['zɪərəʊ] / BE auch *nought* [nɔːt].
> *3.06: three point zero* / BE auch *nought six*
> *There are three zeros* / BE auch *noughts in 1,000.*
> *It was ten degrees* [dɪ'griːz] *below zero.* (= 10° unter null)
> *My phone* / *room* / *account number is 7030* (= *seven oh three oh*).
> *zero growth* [grəʊθ] (= Nullwachstum)
> *Our chances are nil* / *zero.* (= Unsere Chancen sind gleich null.)
> *Leeds United won 3-0* (= *three nil*). (= Leeds hat 3:0 gewonnen.)
> *The Chicago White Sox won 3-0* (= *three nothing* / *zip*).
> (Tennis:) *15-0* (= *fifteen love*), *30-0* (= *thirty love*) etc.

one book – twenty-one books   **ein** Buch – einundzwanzig Bücher
two / fifty-two books   **zwei** / zweiundfünfzig Bücher
(forty-)**three** books   **drei**(undvierzig) Bücher
four – **fourteen** – **forty**   **vier** – **vierzehn** – **vierzig**
five – **fifteen** – **fifty**   **fünf** – **fünfzehn** – **fünfzig**
six – **sixteen** – **sixty**   **sechs** – **sechzehn** – **sechzig**
seven – **seventeen** – **seventy**   **sieben** – **siebzehn** – **siebzig**
eight – **eighteen** – **eighty**   **acht** – **achtzehn** – **achtzig**
nine – **nineteen** – **ninety**   **neun** – **neunzehn** – **neunzig**
nine hundred and four   neunhundertvier

> ***Numbers over 100*** (= Zahlen über 100)
> *100 = one* / *a hundred* ['hʌndrəd]
> *144 = one* / *a hundred and forty-four*
> *555 = five hundred and fifty-five*
> *1,000 = one* / *a thousand* ['θaʊznd]
> *1,888 = one thousand eight hundred and eighty-eight*
> *3,000 = three thousand*
> *100,000 = one* / *a hundred thousand*
> *159,000 = one hundred and fifty-nine thousand* (AE auch ohne *and*)
> *1,000,000 = a* / *one million* ['mɪljən]
> *5,000,000 = five million*
> *2,000,000,000 = two billion* ['bɪljən] / BE auch *two thousand million*

the **first** / thirty-first day   der **erste** / einunddreißigste Tag

the **second** day	der **zweite** Tag
the **third** / forty-third row [rəʊ]	die **dritte** / dreiundvierzigste Reihe

---

Die Ordnungszahlen (= ordinal ['ɔːdɪnl] numbers) als Ziffern

1st [fɜːst]	4th [fɔːθ]	16th
2nd / AE auch 2d ['sekənd]	5th [fɪfθ]	27th
3rd / AE auch 3d [θɜːd]	6th [sɪksθ]	38th etc.

---

the **fourth** row [rəʊ]	die **vierte** Reihe
the **fifth** anniversary [ænɪ'vɜːsəri]	der **fünfte** Jahrestag
George VI = George the **Sixth**	Georg VI. = Georg der **Sechste**
This is the **eighth** [eɪtθ] time.	Dies ist das **achte** Mal.
in (the) **ninth** [naɪnθ] grade AE	in der **neunten** Klasse
the **thirtieth** ['θɜːtiəθ] of May	der **dreißigste** Mai
her **seventieth** ['sevntiəθ] birthday	ihr **siebzigster** Geburtstag

---

Fractions ['frækʃnz] (= Brüche)

$\frac{1}{2}$ = a half / one half • $\frac{3}{2}$ = three halves • $1\frac{1}{2}$ = one and a half
$\frac{1}{3}$ = a third / one third • $\frac{2}{3}$ = two thirds • $2\frac{1}{3}$ = two and a third
$\frac{1}{4}$ = a / one quarter / one fourth • $\frac{3}{4}$ = three quarters / fourths
$\frac{4}{5}$ = four fifths • $3\frac{3}{5}$ = three and three fifths • $\frac{145}{360}$ = 145 over 360

Decimals ['desɪmlz] (= Dezimalzahlen)

Dem deutschen Komma entspricht im Englischen ein Punkt:
2.684 = two point six eight four (dt. = 2,684)
0.259 = zero point two five nine / BE auch (nought) point two five nine

---

once [wʌns]	**einmal**
Once / One times five is five.	Einmal fünf ist fünf.
twice [twaɪs]	**zweimal**
Twice / Two times five is ten.	Zwei mal fünf ist zehn.
Three times five is fifteen.	**Drei mal** fünf ist fünfzehn.
Four times three is twelve.	**Vier mal** drei ist zwölf.
Six times eight is forty-eight.	**Sechs mal** acht ist achtundvierzig.

Jahreszahlen

1066 = ten sixty-six
1997 = nineteen (hundred and) ninety-seven
1900 = nineteen hundred
1905 = nineteen oh five / nineteen hundred and five
2005 = two thousand (and) five / twenty oh five
2012 = two thousand (and) twelve / twenty twelve

14.4 Measures and weights
Maße und Gewichte

i In Großbritannien werden alltägliche Dinge wie Körpergröße, Entfernungen und Körpergewicht oft noch in den traditionellen Maßeinheiten *foot* [fʊt], *inch* [ɪntʃ], *mile* und *stone* angegeben. In Handel, Technik und Wissenschaft dagegen hat sich das metrische System, das die Kinder auch in der Schule lernen, bereits weitgehend durchgesetzt. In den USA werden metrische Maßeinheiten sehr viel seltener benutzt.

1 inch [ɪnʃ] is equal to 2.54 centimetres ['sentɪmiːtəz].	1 **Zoll** entspricht 2,54 Zentimetern.
a gap less than three inches ['ɪnʃɪz] wide	ein Spalt, der weniger als drei Zoll breit ist
a three-inch gap	ein drei Zoll breiter Spalt
She didn't give / yield an inch.	Sie gab keinen Fingerbreit nach.
foot [fʊt] *Pl.* feet [fiːt]	**Fuß** (= 30,48 cm)
One foot is about a third of a metre ['miːtə].	Ein Fuß ist ungefähr ein Drittelmeter.
The tree has grown [grəʊn] a few feet.	Der Baum ist ein paar Fuß gewachsen.
We're flying ['flaɪɪŋ] at 30,000 feet now.	Wir fliegen jetzt in einer Höhe von 10 000 Metern.
a large room – 25 feet by 15	ein großes Zimmer – 7,60 mal 4,60 m
He's six feet / foot two inches tall.	Er ist 1,88 m groß.
a six-foot man	ein Mann, der über eins achtzig groß ist / war
He's 1.88 (= one point eight eight) metres tall.	Er ist 1,88 Meter groß.

i *Inch, foot, yard, mile* und ihre metrischen Entsprechungen

		1 inch / in	=	2.54 centimetres / cm
12 inches / in(s)	=	1 foot / ft	=	30.48 centimetres / cm
3 feet / ft	=	1 yard / yd	=	0.914 metre / m
1760 yards / yd(s)	=	1 mile / m	=	1.609 kilometres / km

A yard [jɑːd] is slightly less than a metre.	Ein **Yard** ist etwas weniger als ein Meter.
a few hundred yards from where I live	ein paar hundert Meter von meiner Wohnung entfernt

One **mile** is 1760 yards.	Eine **Meile** hat 1760 Yard.
It's ten miles to Hatfield.	Nach Hatfield sind es zehn Meilen.
a four-mile jog	ein Dauerlauf über vier Meilen
an area of ten square miles	ein Gebiet von zehn Quadrat-meilen
There's a speed limit of 50 **kilo-metres** ['kıləmi:təz] per hour (kph).	Es gilt ein Tempolimit von 50 Stunden**kilometern** (km/h).

Beachten Sie den Gebrauch der Pluralform bei Maßen über 1:
2.54 centimetres (= 2,54 Zentimeter) • *two inches* (= zwei Zoll) •
36 kilos (= 36 Kilo) • *five litres* (= fünf Liter)
Bei Maßen unter null kann der Singular oder Plural stehen:
0.914 metre(s) (= 0,914 Meter) • *0.454 kilogram(s)* (= 0,454
Kilogramm)

One **pound** is equal to 0.454 kilogram(s) ['kıləgræm(z)].	Ein **Pfund** ist gleich 0,454 Kilogramm.
Half a pound of Cheddar, please.	Bitte ein halbes Pfund Cheddar.
There are 16 **ounces** ['aʊnsız] in a pound.	Ein Pfund hat 16 **Unzen**.
The baby weighs 7 lb(s) [paʊnd(z)] 6 oz ['aʊnsız].	Das Baby wiegt 3,4 Kilo.
I weigh about ten **stone** . *BE*	Ich wiege ungefähr 63 Kilo.
I weigh about 139 lbs [paʊndz]. *AE*	Ich wiege ungefähr 63 Kilo.
The police found 1,200 **kilos** ['ki:ləʊz] of cocaine [kəʊ'keın].	Die Polizei fand 1 200 **Kilo** Kokain.
The Irish consumed [kən'sju:md] 12.7 **kilograms** ['kıləgræmz] of chocolate per person last year.	Die Iren haben im vorigen Jahr pro Person 12,7 **kg** Schokolade konsumiert.

i *Ounce, pound, stone* und ihre metrischen Entsprechungen

		1 ounce / oz	=	28.35 grams / g
16 ounces / oz(s)	=	1 pound / lb	=	0.454 kilogram / kg
14 pounds / lb(s)	=	1 stone / st	=	6.356 kilograms / kg

one **pint** [paınt]	(*BE* = 0,568 / *AE* = 0,473 Liter)
a pint of milk/beer	(*etwa*) ein halber Liter Milch/Bier
one **gallon** ['gælən]	(*BE* = 4,546 / *AE* = 3,785 Liter)
ten gallons of petrol *BE* / *AE* gas	45 *BE* / *AE* 38 Liter Benzin

i *Gallon* ['gælən] – *litre* ['li:tə] bei **Benzin**
In Großbritannien wird Benzin heute in *litres* verkauft,
in den USA nach wie vor in *gallons*.

15.1 Materials, tools, machines
Werkstoffe, Werkzeuge, Maschinen

technology [tek'nɒlədʒi]	(die) **Technik / Technologie**
high technology / high tech	(die) **Spitzen- / Hochtechnologie**
technological [teknə'lɒdʒɪkl]	**technisch; technologisch**
engineering [endʒɪ'nɪərɪŋ]	(angewandte) **Technik;** Ingenieurwesen
material [mə'tɪərɪəl]	**Material; Werkstoff**
metal ['metl]	**Metall(-)**
(high-speed) **steel** [sti:l]	(Schnellarbeits-)**Stahl**
wood [wʊd] – **wooden** ['wʊdn]	**Holz – Holz- / hölzern**
glass [glɑ:s]	**Glas(-)**
plastic ['plæstɪk]	**Plastik(-); Kunststoff-**
rubber ['rʌbə]	**Gummi(-); Kautschuk**
made of	**(gemacht / hergestellt) aus**
It's made of glass / plastic / steel.	Es ist aus Glas / Kunststoff / Stahl.
a **tool** [tu:l]	ein **Werkzeug**
hammer and chisel ['tʃɪzl]	**Hammer und Meißel**
nail [neɪl]	**Nagel**
screw(driver) ['skru:(draɪvə)]	**Schraube(nzieher)**
drill [drɪl]	**Bohrer; Bohrmaschine; bohren**
a pair of **scissors** ['sɪzəz] / **pliers**	eine **Schere / Zange**
Where are my scissors / pliers?	Wo ist meine Schere / Zange?
saw [sɔ:] (– sawed – sawn*)	**sägen**
machine [mə'ʃi:n]	**Maschine**
sewing machine ['səʊɪŋ məʃi:n]	Nähmaschine
machine tool [mə'ʃi:n tu:l]	Werkzeugmaschine
machinery [mə'ʃi:nəri]	**Maschinen**
equipment [ɪ'kwɪpmənt]	**Ausrüstung; Geräte; Maschinen**
device [dɪ'vaɪs]	**Vorrichtung; Gerät**
(electric) **motor** ['məʊtə]	(Elektro-)**Motor**
(internal-combustion) **engine**	(Verbrennungs-)**Motor**
steam engine ['sti:m endʒɪn]	Dampfmaschine / -lokomotive
gear [gɪə] – **gears**	**Zahnrad – Getriebe;** (*Auto*) **Gang – Gänge**
drive in first gear	im ersten Gang fahren
spring [sprɪŋ]	**Feder** (*z. B. in Uhren*)
(safety) **valve** [vælv]	(Sicherheits-)**Ventil**
brake [breɪk]	**Bremse; bremsen**

Technology

15.2 Manufacturing
Fabrikproduktion

manufacture [ˌmænjuˈfæktʃə]	**herstellen; fertigen; Herstellung**
manufacture a wide range of products	eine Vielzahl von Produkten herstellen
manufactured goods / products	Industrieerzeugnisse
manufacturing method [ˈmeθəd]	Fabrikationsmethode / -weise
manufacturing / production facilities	Fertigungs- / Produktionsanlagen
the manufacture of children's clothing	die Fabrikation von Kinder- kleidung
manufacturer [ˌmænjuˈfæktʃərə]	**Hersteller**
the leading car manufacturers	die führenden Automobilhersteller
send it back to the manufacturers	es an die Herstellerfirma zurückschicken
fabricate [ˈfæbrɪkeɪt]	**herstellen**
The wooden parts used to be fabricated piece by piece.	Die Holzteile wurden früher einzeln hergestellt.
the fabrication of consumer goods	die Herstellung von Konsumgütern
make (– made – made)	**machen; erzeugen; herstellen**
We make / manufacture toys.	Wir stellen Spielwaren her.
made in Germany	in Deutschland hergestellt
produce [prəˈdjuːs]	**herstellen; produzieren**
steel produced in the USA	in den USA hergestellter Stahl
a mass-produced article [ˈɑːtɪkl]	ein Massenartikel
finished products [fɪnɪʃt ˈprɒdʌkts]	Fertigerzeugnisse
production [prəˈdʌkʃn]	**Produktion; Herstellung; Fertigung**
mass production [mæs prəˈdʌkʃn]	Massenherstellung / -fertigung
production line [prəˈdʌkʃn laɪn]	Fertigungsstraße; Fließband
processing [ˈprəʊsesɪŋ]	**Bearbeitung; Veredelung**
a paper-processing plant [plɑːnt]	ein Papierverarbeitungsbetrieb
assemble [əˈsembl]	**montieren**
assembly [əˈsembli] (plant)	Montage(werk)
assembly shop [əˈsembli ʃɒp]	Montagehalle
assembly line [əˈsembli laɪn]	Montageband; Fließband
computer-controlled assembly	computergesteuerte Montage
maintenance [ˈmeɪntənəns]	**Wartung; Instandhaltung**
factory [ˈfæktri]	**Fabrik**
factory workers / hands	Fabrikarbeiter(innen)
(manufacturing) **plant** [plɑːnt]	**Werk; Betrieb; Maschinen**
Opel's Eisenach plant	das Opel-Werk in Eisenach

outdated [aʊt'deɪtɪd] plants	veraltete Anlagen
manage ['mænɪdʒ] a plant	ein Werk / einen Betrieb leiten
plant / works manager ['mænɪdʒə]	Betriebsleiter(in)
invest [ɪn'vest] millions in plant	Millionen in Maschinen investieren
(a cement [sə'ment]) **works**	(ein Zement-)**Werk**
(work) shop [('wɜːk)ʃɒp]	**Werkstatt; Betrieb; Werk**
a repair shop [rɪ'peə ʃɒp]	eine Reparaturwerkstatt
the car / automotive industry	die Automobil**industrie**
the processing industries ['ɪndəstriz]	die verarbeitende Industrie
industrial [ɪn'dʌstriəl] development	die **industrielle** Entwicklung
industrial robot [ɪndʌstriəl 'rəʊbɒt]	Industrieroboter
output ['aʊtpʊt]	**(Produktions-)Leistung**
output per worker hour	Ausstoß pro Arbeitsstunde
boost [buːst] output (by) 5 per cent	die Produktionsleistung um 5 Prozent steigern
efficiency [ɪ'fɪʃnsi]	**Leistung(sfähigkeit); Wirkungsgrad**
performance [pə'fɔːməns]	(*Maschine*) **Leistung**
increased **productivity** [prɒdʌk'tɪvəti]	erhöhte **Produktivität**
mechanization [mekənaɪ'zeɪʃn]	**Mechanisierung**
automation [ɔːtə'meɪʃn]	**Automatisierung; Automation**
an **automated** production process	ein **automatisierter** Produktionsablauf
automatic [ɔːtə'mætɪk] regulation	**automatische** Regelung
perform [pə'fɔːm] an operation automatically	einen Arbeitsgang automatisch ausführen
computerize [kəm'pjuːtəraɪz] a process	einen Arbeitsablauf **computerisieren**
cost(s) [kɒst(s)]	**Kosten**
cut labour costs ['leɪbə kɒsts]	die Lohnkosten senken
lower ['ləʊə] the cost per unit	die Stückkosten senken
conveyor belt [kən'veɪə belt]	**Förderband**
mechanic [mɪ'kænɪk]	**Mechaniker(in)**
fitter ['fɪtə]	**Monteur; (Maschinen-)Schlosser**
(machine) **operator** ['ɒpəreɪtə]	**(Maschinen-)Bediener(in)**

i Bei der Fertigungssteuerung (= *in production management*) wird heute zunehmend *JIT* (= *just-in-time*) praktiziert: Die Zulieferer (= *suppliers* [sə'plaɪəz]) der Automobilindustrie z. B. liefern die Teile (= *components* [kəm'pəʊnənts]) exakt zu dem Zeitpunkt an (= supply / deliver), wo sie für die Montage (= *assembly* [ə'sembli]) benötigt werden.

15.3 Electricity and electronics
Elektrizität und Elektronik

electricity [ɪlek'trɪsəti]	(die) Elektrizität; Strom
electricity company ['kʌmpəni]	Elektrizitätsgesellschaft
an electric(al) [ɪ'lektrɪk(l)] shock	ein elektrischer Schlag
electrical engineering [endʒɪ'nɪərɪŋ]	(die) Elektrotechnik
electrical engineer [endʒɪ'nɪə]	Elektroingenieur(in)
electrician [ɪlek'trɪʃn]	Elektriker(in)
generate ['dʒenəreɪt] electricity	Elektrizität / Strom erzeugen
generator ['dʒenəreɪtə]	Generator; AE Lichtmaschine
dynamo ['daɪnəməʊ]	Dynamo; BE Lichtmaschine
battery ['bætəri]	Batterie
an electrostatic [ɪlektrə'stætɪk] charge	eine elektrostatische Aufladung
(re)charge the battery ['bætəri]	die Batterie (wieder) aufladen
direct current [daɪrekt 'kʌrənt]	Gleichstrom
alternating ['ɔːltəneɪtɪŋ] current	Wechselstrom
220 volts [vəʊlts]	220 Volt
voltage ['vəʊltɪdʒ]	(Volt- / Netz-)Spannung
a 100-watt [wɒt] light bulb	eine 100-Watt-Glühbirne
transformer [træns'fɔːmə]	Transformator
electricity supply / BE auch mains	Stromnetz
cable ['keɪbl]	Kabel; Leitung
flex [fleks] BE / AE cord [kɔːd]	(Anschluss-)Kabel / Schnur; Litze
extension lead [liːd] BE / AE cord	Verlängerungsschnur
power point / (wall) socket	Steckdose
outlet ['aʊtlet]	AE Steckdose
plug [plʌg]	Stecker
Where do you plug in the speakers?	Wo schließt man die Lautsprecher an?
switch [swɪtʃ]	Schalter; schalten
switch / turn the TV on / off	den Fernseher ein- / ausschalten
fluorescent [flɔː'resnt] lamp / tube	Leuchtstofflampe / -röhre
insulate – insulation [ɪnsju'leɪʃn]	isolieren – Isolierung
electronic data ['deɪtə] processing	elektronische Datenverarbeitung
microchip ['maɪkrəʊtʃɪp]	(Mikro-)Chip
microprocessor ['maɪkrəʊprəʊsesə]	Mikroprozessor
transistor [træn'zɪstə]	Transistor; Transistorradio
amplify ['æmplɪfaɪ] – amplifier	verstärken – Verstärker
digital ['dɪdʒɪtl]	digital; Digital-
digitize ['dɪdʒɪtaɪz] – digitization	digitalisieren – Digitalisierung

Kapitel 16

16.1 Reference sources
Nachschlagemöglichkeiten

a **reference** ['refrəns] book/work	ein **Nachschlage**buch/-werk
dictionary ['dɪkʃənəri]	**Wörterbuch**
look it up in the dictionary	es im Wörterbuch nachschlagen
thesaurus [θɪ'sɔːrəs]	**Thesaurus; Synonymwörterbuch**
encyclopedia [ɪnsaɪklə'piːdiə]	**Enzyklopädie**
glossary ['glɒsəri]	**Glossar; Wörterverzeichnis**
index ['ɪndeks]	**Register; Index**
almanac ['ɔːlmənæk]	**Almanach**
manual ['mænjuəl] / **handbook**	**Handbuch**
catalogue ['kætəlɒg]	**Katalog**
atlas ['ætləs]	**Atlas**
bibliography [bɪbli'ɒgrəfi]	**Bibliografie; Schriftenverzeichnis**
directory [də'rektəri]	**Adressbuch**
library ['laɪbrəri]	**Bibliothek; Bücherei**
borrow a book from the library	ein Buch aus der Bibliothek entleihen
photocopy ['fəʊtəʊkɒpi]	**Fotokopie; fotokopieren**
study the specialist literature	die Fachliteratur **studieren**
browse [braʊz] through a book	in einem Buch **blättern**
search [sɜːtʃ] for a particular name	einen bestimmten Namen **suchen**
scan [skæn] an article	einen Artikel **überfliegen**
record [rɪ'kɔːd] something	etwas **aufzeichnen**
information [ɪnfə'meɪʃn]	**Information(en)**
try to find a piece of information	eine Information suchen
virtual reality [vɜːtʃuəl ri'æləti]	**virtuelle Realität**
the **Internet** ['ɪntənet] / the **Web**	das **Internet;** das **Netz**
download text from the Internet	Text aus dem Internet kopieren/herunterladen/„downloaden"
an **e-mail** (message ['mesɪdʒ])	eine **E-Mail**
E-mail us your questions.	Senden Sie uns Ihre Fragen per E-Mail.
full-text **search** [sɜːtʃ]	Volltext**suche**
run a search (– ran – run)	einen Suchlauf durchführen/machen
search engine ['sɜːtʃ enʒɪn]	Suchmaschine
transmit **data** [trænzmɪt 'deɪtə]	**Daten** übertragen
database ['deɪtəbeɪs]	Datenbestand; Datenbank

16.2 Books and publishing
Bücher und Verlagswesen

book [bʊk]	Buch
bookseller – bookstall ['bʊkstɔːl]	Buchhändler(in) – Bücherstand
secondhand / antiquarian books	**antiquarische** Bücher
secondhand / antiquarian bookshop	Antiquariat
a **hardback** BE / AE **hardcover**	ein **Buch mit festem Einband**
paperback ['peɪpəbæk]	Taschenbuch(-)
foreword / preface ['prefəs]	Vorwort
introduction [ɪntrə'dʌkʃn]	Einleitung
(table of) **contents** ['kɒntents]	Inhalt(sverzeichnis)
page [peɪdʒ]	(Buch-)Seite
the lists in the **appendix** [ə'pendɪks]	die Listen im **Anhang**
author ['ɔːθə] – **reader** ['riːdə]	Autor(in) – Leser(in)
translate [træns'leɪt]	übersetzen; übertragen
a translation into Danish	eine Übersetzung ins Dänische
translator [træns'leɪtə]	Übersetzer(in)
adapt [ə'dæpt] – **adaptation**	bearbeiten – Bearbeitung
abridge [ə'brɪdʒ] – **abridgment**	kürzen – Kürzung
an (un)abridged version ['vɜːʃn]	eine (un)gekürzte Fassung
copyright ['kɒpiraɪt]	Copyright; Urheberrecht
publish ['pʌblɪʃ]	veröffentlichen; verlegen
publishing house / firm / company	Verlag

> *The book came out / was published* ['pʌblɪʃt] *last May.* (= Das Buch ist im vergangenen Mai erschienen.) • *bring a book out* (= ein Buch herausbringen) • *launch a book* (= ein Buch auf den Markt bringen)

manuscript ['mænju-] – **typescript**	Manuskript – Typoskript
edit ['edɪt] a manuscript	ein Manuskript **lektorieren**
editor ['edɪtə]	Lektor(in); Redakteur(in)
edition [ɪ'dɪʃn]	Ausgabe; Auflage
typeset a book (– typeset – typeset)	ein Buch **setzen**
read the proofs [pruːfs]	Korrektur lesen
misprint ['mɪsprɪnt]	Druckfehler
print [prɪnt]	drucken; Druck
The book is out of print.	Das Buch ist vergriffen.
a print run of 5,000 copies	eine (Druck-)Auflage von 5 000
the **printer(s)** ['prɪntə(z)]	die **Druckerei**
a **copy** ['kɒpi] of the book	ein **Exemplar** des Buches
bestseller [best'selə]	Bestseller

16.3 The press
Die Presse

the (mass) **media** ['miːdiə] are / is ... — die (Massen-)**Medien** sind ...
freedom ['friːdəm] of the **press** — **Presse**freiheit
hold a press conference ['kɒnfərəns] — eine Pressekonferenz geben
journalism ['dʒɜːnəlɪzm] – **journalist** — **Journalismus** – **Journalist(in)**
a **news item** ['njuːz aɪtəm] — eine **Nachricht**
news agency ['njuːz eɪdʒənsi] — Nachrichtenagentur
a national **(news)paper** — eine überregionale **Zeitung**
newsstand ['njuːzstænd] — Zeitungskiosk; Zeitungsstand
a **daily** ['deɪli] (paper) — eine **Tageszeitung**
a **weekly** ['wiːkli] — eine **Wochenzeitung / -zeitschrift**
magazine [mægə'ziːn] — **Magazin; Zeitschrift**
newsmagazine ['njuːzmægəziːn] — Nachrichtenmagazin
a technical **journal** ['dʒɜːnl] — eine **Fachzeitschrift**
story ['stɔːri] — **Bericht; Meldung; Story; Artikel**
carry a story — eine Meldung bringen
report [rɪ'pɔːt] — **berichten; melden; Bericht; Meldung**

according [ə'kɔːdɪŋ] to news reports — Presseberichten zufolge
reporter [rɪ'pɔːtə] — **Reporter(in)**
feature ['fiːtʃə] — **(Sonder-)Beitrag; Feature**
announce [ə'naʊns] — **bekannt geben; verlautbaren**
front page [frʌnt 'peɪdʒ] — (*Zeitung*) **Titelseite / erste Seite**
sports / business ['bɪznəs] **section** — Sport- / Wirtschaft**steil**
(international) **edition** [ɪ'dɪʃn] — (internationale) **Ausgabe**
editor ['edɪtə] (in chief [tʃiːf]) — (Chef-)**Redakteur(in)**
letters to the editor — Leserbriefe
lead [liːd] with a story (– led – led) — eine Story **groß herausstellen**
column ['kɒləm] — (*Zeitung*) **Spalte, Kolumne**
columnist ['kɒləmnɪst] — **Kolumnist(in)**
correspondent [kɒrə'spɒndənt] — **Korrespondent(in)**
copy ['kɒpi] — **Text(e); Artikel; Stoff**
heading ['hedɪŋ] — **Überschrift**
headline ['hedlaɪn] — **Schlagzeile**
hit the headlines (– hit – hit) — Schlagzeilen machen
subscribe [səb'skraɪb] to a newspaper — eine Zeitung **im Abonnement beziehen**
subscriber – **subscription** — **Abonnent(in)** – **Abonnement**
take out a subscription to a paper — eine Zeitung abonnieren
spokesman ['spəʊks-] / **-woman** — **(Presse-)Sprecher / Sprecherin**

16.4 Radio and television
Rundfunk und Fernsehen

radio ['reɪdiəʊ]	Rundfunk(-); Radio(-); Hörfunk
listen ['lɪsn] to the radio	Radio hören
I heard [hɜːd] it on the radio.	Das habe ich im Radio gehört.
television ['telɪvɪʒn] / TV [tiː'viː]	(das) **Fernsehen; Fernseh-;** **Fernseher**
What's on (the) television tonight?	Was ist heute Abend im Fernsehen?
watch [wɒtʃ] television / TV	fernsehen
broadcast (– broadcast – broadcast)	**senden; übertragen; ausstrahlen**
live broadcast [laɪv 'brɔːdkɑːst]	Direktübertragung; Livesendung
televise	**im Fernsehen senden / übertragen**
network ['netwɜːk] / station	(*Rundfunk / Fernsehen*) **Sender**
channel ['tʃænl]	**(Fernseh-)Kanal**
tune in to a station	einen Sender **einstellen**
(radio / TV) programme ['prəʊgræm]	(Rundfunk- / Fernseh-)**Sendung**
documentary [dɒkju'mentri]	**Dokumentarfilm**
a **commercial** [kə'mɜːʃl]	ein **Werbespot**
television play / teleplay	**Fernsehspiel**
a popular TV **series** ['sɪəriːz]	eine beliebte Fernseh**serie**
quiz show ['kwɪz ʃəʊ]	**Quizsendung**
chat show *BE / AE* talk show	Talkshow
episode ['epɪsəʊd]	**Folge** (einer Fernsehserie)
interview ['ɪntəvjuː] – **interviewer**	Interview – Interviewer(in)
announcer [ə'naʊnsə]	Ansager(in); Sprecher(in)
newscaster / *BE auch* **newsreader**	Nachrichtensprecher(in)
presenter [prɪ'zentə] *BE / AE* **anchor** ['æŋkə] / **anchorman / -woman**	Moderator(in)
commentator ['kɒmənteɪtə]	Kommentator(in)
weatherman / -woman / -person	Wettermann / -frau
producer [prə'djuːsə]	Produzent(in)
listener ['lɪsnə]	(Rundfunk-)**Hörer(in)**
viewer ['vjuːə]	(Fernseh-)**Zuschauer(in)**
tape recorder ['teɪp rɪkɔːdə]	**Tonbandgerät**
cassette recorder [kə'set rɪkɔːdə]	Kassettenrekorder
video ['vɪdiəʊ]	**Video(-);** *BE* **Videorekorder**
videocassette [vɪdiəʊkə'set]	Videokassette
video(cassette) recorder / VCR	Videorekorder
DVD [diːviː'diː] **(player)**	**DVD(-Player / -Abspielgerät)**
microphone ['maɪkrəfəʊn] / **mike**	**Mikrofon**

16.5 The postal service
Der Postdienst

post [pəʊst]	**Post**
take a letter to the post	einen Brief auf die Post bringen
We'll send it by post.	Wir schicken es mit der Post.
post *BE* / *AE* mail a letter	einen Brief auf die Post geben
by return [rɪ'tɜːn] (of post)	postwendend
postcard ['pəʊst kɑːd]	**Postkarte**
post office ['pəʊst ɒfɪs]	**Post(filiale / -amt)**
the Post Office	die Post (*als Einrichtung*)
post-office box / POB / PO box	Postfach
postal rates / charges ['tʃɑːdʒɪz]	**Post**gebühren

Für Postzusteller(in) / Briefträger(in) / Postfrau etc. gibt es eine Reihe von Entsprechungen: BE *postman / postwoman*, AE *mailman / mail carrier / letter carrier / postman*.

mail [meɪl]	**Post(-)**
Has the mail / post come yet?	Ist die Post schon da?
mailing list ['meɪlɪŋ lɪst]	Adressenliste
parcel ['pɑːsl]	**Paket**
pack / unpack a parcel	ein Paket / Päckchen packen / auspacken
ship sth. by parcel post	etw. per Paketpost versenden
small packet ['pækɪt] *BE* / *AE* **small parcel**	**Päckchen**
printed matter ['prɪntɪd mætə]	**Drucksache(n)**
deliver [dɪ'lɪvə] – **delivery** [dɪ'lɪvəri]	**zustellen – Zustellung**
If undelivered, please return [rɪ'tɜːn] to sender.	Falls unzustellbar, bitte zurück an Absender.
special delivery [speʃl dɪ'lɪvəri]	Eilzustellung
by *BE* / *AE* via ['vaɪə] **airmail**	mit / per **Luftpost**

Ein Briefkasten auf der Straße ist im BE *postbox, letterbox* oder (veraltet) *pillar box* ['pɪlə bɒks], im AE *mailbox*. Ein privater Briefkasten ist im BE *letterbox*, im AE *mailbox*.

please **forward** ['fɔːwəd]	bitte **nachsenden**
postage ['pəʊstɪdʒ]	**Porto**
(postage) stamp [stæmp]	**Briefmarke**
the **postcode** *BE* / *AE* **zip code**	die **Postleitzahl**

16.6 Telephone and fax
Telefon und Fax

(tele)phone [('teli)fəʊn]
Our phone is out of order.
You're wanted on the phone.
answer ['ɑːnsə] the phone
pick up the phone
during a (tele)phone conversation
telephone charges ['telifəʊn tʃɑːdʒɪz]
cordless ['kɔːdləs] phone
mobile (phone) *BE* / *AE* cellphone
We (tele)phoned the doctor.
We (tele)phoned for a doctor.

Telefon(-); Fernsprech-
Unser Telefon ist gestört.
Sie werden am Telefon verlangt.
ans Telefon gehen
den Hörer abnehmen
während eines Telefongesprächs
Telefongebühren
schnurloses Telefon
Funk-/Mobiltelefon; Handy
Wir riefen den Arzt an.
Wir telefonierten nach einem Arzt.

call [kɔːl]
I called her (up) at the office.
Can I call you back?
Thank you / Thanks for calling.
make a phone call (– made – made)
local call [ləʊkl 'kɔːl]
long-distance call ['dɪstəns]

anrufen; Anruf; Telefonat
Ich habe sie im Büro angerufen.
Kann ich Sie zurückrufen?
Vielen Dank für Ihren Anruf.
ein Telefongespräch führen
Ortsgespräch
Ferngespräch

ring (– rang – rung) *BE* / *AE* call
I'll ring you tonight.
I rang her up in London.
Give me a ring sometime.
ring off *BE* / *AE* hang up

anrufen
Ich rufe dich heute Abend an.
Ich habe sie in London angerufen.
Rufe mich doch mal an.
einhängen; auflegen

(tele)phone number ['nʌmbə]
You can call me on *BE* /
    AE at this number.
You've got the/a wrong number.
toll-free ['təʊl friː] number
an ex-directory [eksdə'rektəri] *BE* /
    AE unlisted number

Telefonnummer
Sie können mich unter dieser
    Nummer anrufen.
Sie sind falsch verbunden.
(gebührenfrei anrufbare Nummer)
eine Nummer, die nicht im
    Telefonbuch steht

 How to say phone numbers (= Wie man Telefonnummern spricht)
From Germany, the code for the UK is 0044 (double oh, double
four). Within the UK, the code for central London is 0171 (oh one
seven one). Our phone number is 385 1300 (three eight five, one
three double oh).

phone book / telephone directory
Yellow Pages [jeləʊ 'peɪdʒɪz]

Telefonbuch
Gelbe Seiten; Branchentelefonbuch

Information und Kommunikation

directory enquiries [ɪn'kwaɪəriz] *BE* / *AE* **directory assistance** [ə'sɪstəns]	(die) **Telefonauskunft**
subscriber [səb'skraɪbə]	(Telefon-)Kunde / Kundin
dial ['daɪəl] a number	eine Nummer **wählen**
dialling *BE* / *AE* **dial tone** [təʊn]	Freizeichen; Wählton; Rufton
The number's **engaged** *BE* / *AE* **busy**.	Die Nummer ist **besetzt**.

🔦 *Phrases used on the phone* (= Am Telefon benutzte Redensarten)
Who's this? (= Wer ist da?) • *Is that Mrs King?* (= Ist da Frau King?) • *Speaking.* (= Am Apparat.) • *Can I speak to Pat, please?* (= Kann ich bitte Pat sprechen?) • *Hold on, I'll connect you.* (= Moment, ich verbinde Sie.) • *One moment, please.* (= Einen Augenblick bitte.) • *This is Jill Fox (speaking).* (= Hier ist / spricht Jill Fox.) • *Can you speak a bit louder, please?* (= Können Sie bitte ein bisschen lauter sprechen?) • *We've been disconnected.* (= Wir sind getrennt worden.)

line – **connection** [kə'nekʃn]	**Leitung** – **Verbindung**
Will you please hold the line.	Bleiben Sie bitte am Apparat.
extension [ɪk'stenʃn]	**Nebenstelle; Apparat**
receiver [rɪ'siːvə]	(Telefon-)**Hörer**
replace [rɪ'pleɪs] the receiver	(den Hörer) auflegen
answering machine / *BE auch* **answerphone**	**Anrufbeantworter**
call box *BE* / **(tele)phone box** *BE* / *AE* **(tele)phone booth** [buːð]	**Telefonzelle**
pay phone / *AE auch* **pay station**	**Münz- / Kartentelefon**
phonecard ['fəʊnkɑːd]	**Telefonkarte**
switchboard ['swɪtʃbɔːd]	(Telefon-)**Zentrale / Vermittlung**
send an **SMS (message)**	eine **SMS** senden

🔦 Beachten Sie den Unterschied zwischen *hang on* (= warten / dran bleiben) und *hang up* (= einhängen / auflegen): *Hang on a minute.* (= Augenblick bitte.) *He had the cheek to hang up on me.* (= Er besaß die Frechheit, einfach aufzulegen.)

fax [fæks]	(Tele-)**Fax; faxen**
send (– sent – sent) a fax	ein Fax schicken / senden
Could you send it by fax?	Könnten Sie es per Fax senden?
I'll give you my fax number.	Ich gebe Ihnen meine Faxnummer.
We'll fax you our offer.	Wir faxen Ihnen unser Angebot.
fax (machine [mə'ʃiːn])	(Tele-)Faxgerät

16.7 Computers
Computer

computer [kəm'pju:tə]	Computer; Rechner
computer game [geɪm]	Computerspiel
computer-literate ['lɪtrət] kids	Kinder mit Computerverstand
computer science ['saɪəns]	(die) Informatik
use a **word processor** ['prəʊsesə]	eine **Textverarbeitung** benutzen
a word-processing program	ein Textverarbeitungsprogramm
enter **data** ['deɪtə]	**Daten** eingeben
data processing (system)	Datenverarbeitung(sanlage); EDV
data transfer ['trænsfɜ:]	Datenübertragung /-transfer
program ['prəʊgræm]	**Programm(-); programmieren**
programmer ['prəʊgræmə]	Programmierer(in)
programming ['prəʊgræmɪŋ]	Programmieren; Programmierung
software package ['sɒftweə pækɪdʒ]	**Software**paket; **Programm**paket
bug [bʌg]	**Programmfehler; Macke**
crash [kræʃ]	**abstürzen; Absturz**
operating system ['sɪstəm] / OS	**Betriebssystem /BS**

Aussprache ins Deutsche übernommener Computerwörter

cache [kæʃ] • *configuration* [kənfɪgjə'reɪʃn] • *cookie* ['kʊki] • *cursor* ['kɜ:sə] • *display* [dɪ'spleɪ] • *domain* [dəʊ'meɪn] • *excel* [ɪk'sel] • *hacker* ['hækə] • *hardware* ['hɑ:dweə] • *host* [həʊst] • *hyperlink* ['haɪpəlɪŋk] • *hypertext* ['haɪpətekst] • *icon* ['aɪkɒn] • *interactive* [ɪntər'æktɪv] • *joystick* ['dʒɔɪstɪk] • *laptop* ['læptɒp] • *macro* ['mækrəʊ] • *modem* ['məʊdem] • *monitor* ['mɒnɪtə] • *parameter* [pə'ræmɪtə] • *provider* [prə'vaɪdə] • *software* ['sɒftweə]

---

online – offline	**verbunden – nicht verbunden**
keyboard ['ki:bɔ:d]	**Tastatur**
screen [skri:n]	**Bildschirm**
(ink-jet / laser ['leɪzə]) **printer**	(Tintenstrahl- /Laser-)**Drucker**
thermal ['θɜ:ml] printer	Thermoprinter
interface ['ɪntəfeɪs]	**Schnittstelle**
(serial ['sɪərɪəl]) **port**	(serieller) **Anschluss**
drive [draɪv]	**Laufwerk**
diskette [dɪ'sket] / **floppy (disk)**	**Diskette**
boot (up) [bu:t] / **start up**	**hochfahren; starten**
shut down /off	**abschalten**
load [ləʊd]	**laden; Lade-**
download a file	eine Datei herunterladen

install [ɪnˈstɔːl] — installieren
installation [ɪnstəˈleɪʃn] — **Installation**
log on [lɒɡ ˈɒn] – log off [lɒɡ ˈɒf] — **sich anmelden – sich abmelden**
(sub)directory [(sʌb)daɪˈrektəri] — **(Unter-)Verzeichnis**
file [faɪl] — **Datei(-)**
create [kriˈeɪt] a file — eine Datei anlegen / erstellen
open / close a file — eine Datei öffnen / schließen
access [ˈækses] to the Net — **Zugang** zum Internet
format [ˈfɔːmæt] — **formatieren; Format**
scroll [skrəʊl] (up / down) — **(zurück- / vor)scrollen**
highlight [ˈhaɪlaɪt] — **hervorheben; markieren**
edit [ˈedɪt] — **editieren; bearbeiten**
search and replace [rɪˈpleɪs] — **suchen und ersetzen**
copy [ˈkɒpi] — **kopieren; Kopie**
delete [dɪˈliːt] / erase [ɪˈreɪz] — **löschen**
drag and drop — **„ziehen und fallen lassen"**
save [seɪv] — **sichern; schützen; (ab)speichern**
store [stɔː] – storage [ˈstɔːrɪdʒ] — **speichern – Speicher-**
data stored on the hard disk — auf der Festplatte gespeicherte Daten

storage capacity [kəˈpæsəti] — Speicherkapazität
memory [ˈmeməri] — **(Arbeits-)Speicher**
buffer [ˈbʌfə] — **Puffer(speicher); Zwischenablage**
backup (copy) [ˈbækʌp] — **Sicherungskopie**
pop-up menu [ˈmenjuː] — **Pop-up-Menü; Balkenmenü**
tool bar [ˈtuːl bɑː] — **Symbolleiste**
default [dɪˈfɔːlt] (option / setting) — **Standard**(einstellung); **Voreinstellung**

click on the Search button — die Schaltfläche Suchen **anklicken**
double-click on an icon [ˈaɪkɒn] — auf ein Bildsymbol doppelklicken
shift key [ˈʃɪft kiː] — **Umschalttaste**
function key [ˈfʌŋkʃn kiː] — **Funktionstaste**
press / hit the return key [rɪˈtɜːn kiː] — die Eingabetaste drücken
control [kənˈtrəʊl] / Ctrl — **Steuerung / Strg**
press / hit Enter [ˈentə] — **Eingabe** drücken
character [ˈkærəktə] — **Zeichen**
proportional font [fɒnt] / spacing — **Proportionalschrift**
hard hyphen [ˈhaɪfn] — **geschützter Bindestrich**
soft [sɒft] hyphen — bedingter Trennstrich
paragraph [ˈpærəɡrɑːf] mark / sign — **Absatzmarke**
backslash [ˈbækslæʃ] — **Backslash; negativer Schrägstrich**
message [ˈmesɪdʒ] — **Mitteilung; Meldung; Nachricht**

update [ʌp'deɪt]	aktualisieren
upgrade ['ʌpɡreɪd]	**verbesserte Version**
upgrade [ʌp'ɡreɪd] the software	die Software aktualisieren
user ['juːzə]	**Anwender(in); Benutzer(in)**
user-friendly ['juːzə frendli]	benutzerfreundlich
network ['netwɜːk]	**Netz(werk)**
terminal ['tɜːmɪnəl]	**Terminal; Dateneingabestation**
leased line [liːst 'laɪn]	**Standleitung**
compress [kəm'pres] a file	eine Datei **komprimieren**
encode [ɪn'kəʊd] – **decode** [diː'kəʊd]	**kodieren – dekodieren**
encrypt [ɪn'krɪpt] – **decrypt** [diː'krɪpt]	**verschlüsseln – entschlüsseln**
activate ['æktɪveɪt]	**aktivieren; einschalten**
deactivate [diː'æktɪveɪt]	**deaktivieren; ausschalten**
path [pɑːθ]	**Pfad**
flat rate [flæt 'reɪt]	**Pauschaltarif**
the **Web** (= the **World Wide Web**)	das **Netz**
search [sɜːtʃ] the Web / Internet	das Netz / Internet durchsuchen
visit ['vɪzɪt] a website	eine Website besuchen
webpage ['webpeɪdʒ]	Webseite
on the **Internet** ['ɪntənet]	im **Internet**
homepage ['həʊmpeɪdʒ]	Start- / Ausgangsseite im WWW
design [dɪ'zaɪn] a homepage	eine Homepage gestalten
hit [hɪt]	**Zugriff** (auf eine Internet-Seite)
browse [braʊz]	**browsen; surfen**
country code ['kʌntri kəʊd]	**Länderkennung** (z. B. .de)
e-mail ['iː meɪl] – **snail mail**	**E-Mail – herkömmliche Post**
mail server ['meɪl sɜːvə]	Mail-Server
mailbox ['meɪlbɒks]	elektronischer Briefkasten
attachment [ə'tætʃmənt]	(E-Mail-)**Anlage**
spam [spæm]	**Werbemüll**
chat [tʃæt]	**Chat; chatten**
join a chat group ['tʃæt gruːp]	in einer Chat-Group mitmachen
(computer) **virus** ['vaɪrəs]	(Computer-)**Virus**
the virus erases [ɪ'reɪzɪz] your hard disk / hard drive	der Virus löscht deine Festplatte
(anti)virus protection [prə'tekʃn]	Schutz gegen Viren
worm [wɜːm]	**Wurm**
secure server [sɪ'kjʊə 'sɜːvə]	**sicherer / verschlüsselter Server**
digital signature [dɪdʒɪtl 'sɪgnətʃə]	**digitale Unterschrift / Signatur**
password ['pɑːswɜːd]	**Passwort**
ascending [ə'sendɪŋ] – **descending**	(*Tabelle*) **aufsteigend – absteigend**
simple **query** ['kwɪəri]	einfache **Abfrage**
advanced [əd'vɑːnst] query	erweiterte Abfrage

17.1 Motor vehicles and road traffic
Kraftfahrzeuge und Straßenverkehr

(motor) vehicle [(məʊtə) 'viːɪkl]	(Kraft-)Fahrzeug
an efficient **means of transport** ['trænspɔːt] BE / AE **transportation**	ein effizientes **Transportmittel / Verkehrsmittel**
car / AE auch auto(mobile) ['ɔːtəʊ]	Auto
go by car	mit dem Wagen fahren
car rental ['rentl] – rental car	Autovermietung – Mietwagen
lorry ['lɒri] BE / AE truck [trʌk]	**Lastwagen; Lkw; Laster**
van [væn]	(geschlossener) **Lieferwagen**
removal van BE / AE moving van	Möbelwagen
drive [draɪv] (– drove – driven)	**fahren** (d. h. am Steuer sitzen)
She drives very well.	Sie fährt sehr gut.
It's an hour's drive.	Es ist eine einstündige Fahrt.
driver ['draɪvə]	**Fahrer(in)**
a **driving school** ['draɪvɪŋ skuːl]	eine **Fahrschule**
run [rʌn] (– ran – run)	(jemand / ein Fahrzeug) **fahren**
Shall I run / drive you home?	Soll ich Sie nach Hause fahren?
motorist ['məʊtərɪst]	**Autofahrer(in); Kraftfahrer(in)**
commute [kə'mjuːt]	**pendeln**
commuter [kə'mjuːtə]	Pendler(in)
hitchhike ['hɪtʃhaɪk]	**per Anhalter fahren; trampen**
hitchhiker ['hɪtʃhaɪkə]	Anhalter(in); Tramper(in)
Can you give me a **lift / ride**?	Können Sie mich mitnehmen?
We had a smooth [smuːð] ride.	Wir hatten eine ruhige Fahrt.

 Autobahnen sind im BE *motorways*; im AE heißen autobahnartige Straßen *superhighways, freeways, expressways* oder *interstates*. Hauptverkehrsstraßen (= *main roads*) heißen im AE allgemein *highways*. Deutsche Autobahnen nennt man meist auch englisch so – der Plural lautet *autobahns*.

road [rəʊd]	**Straße** (als Verkehrsweg)
ship goods by road	Waren auf der Straße befördern
one-way street [wʌn weɪ 'striːt]	**Einbahnstraße**
cul-de-sac ['kʌl də sæk]	**Sackgasse**
bend / curve [kɜːv]	**Kurve**
at / on the corner ['kɔːnə]	an der **Ecke**
junction BE / AE intersection	**(Straßen-)Kreuzung**

roundabout *BE* / *AE* **traffic circle**	Kreisverkehr
traffic light(s) ['træfɪk laɪt(s)]	Verkehrsampel
lane [leɪn] – **bus lane**	(Fahr-)Spur – Busspur
the best / quickest `route` [ruːt] to X	der beste / schnellste **Weg** nach X
make a **detour** ['diːtʊə]	einen **Umweg** machen
diversion [daɪ'vɜːʃn] – **bypass**	Umleitung – Umgehungsstraße
pavement *BE* / *AE* **sidewalk**	Bürgersteig; Gehsteig
(pedestrian [pə'destriən]) **crossing**	(Fußgänger-)**Überweg**
heavy `traffic` ['træfɪk]	starker **Verkehr**
rush-hour ['rʌʃ aʊə] traffic	Berufsverkehr
traffic jams during rush hours	**Staus** während der Stoßzeiten
service area ['sɜːvɪs eəriə] *BE*	(Autobahn-)Raststätte
petrol ['petrəl] *BE* / *AE* **gas station**	Tankstelle
a **breakdown** ['breɪkdaʊn]	eine **Panne**
My car's at the **garage** ['gærɑːʒ].	Mein Auto ist in der **Werkstatt.**
a spare **tyre** ['taɪə] / wheel	ein Ersatz**reifen** / -rad
check the tyre pressure ['preʃə]	den Reifendruck prüfen
burst tyre / flat tyre / blowout	geplatzter Reifen; Reifenpanne
change [tʃeɪndʒ] a tyre / the oil	einen Reifen / das Öl **wechseln**
Can you `fix` it?	Können Sie es **reparieren?**
I've just had my car **serviced** ['sɜːvɪst].	Mein Auto war gerade zur Inspektion.
You can't **park** here.	Hier können Sie nicht **parken.**
a parked [pɑːkt] car	ein parkendes Auto
a no parking sign	ein Parkverbotsschild
look for a parking space	eine Parklücke suchen
parking meter ['miːtə]	Parkuhr
parking fine [faɪn]	Geldbuße für Falschparken
car park *BE* / *AE* **parking lot**	Parkplatz
traffic cop ['træfɪk kɒp] *AE*	Verkehrspolizist(in)
driving licence ['laɪsns] *BE* / *AE* **driver's license**	Führerschein
car / vehicle `documents`	Auto- / Fahrzeug**papiere**
speeding ['spiːdɪŋ]	zu schnelles Fahren
reckless driving [rekləs 'draɪvɪŋ]	rücksichtsloses Fahren
drink-driving *BE* / *AE* **drunk driving**	Trunkenheit am Steuer
road / **traffic accident** ['æksɪdənt]	Verkehrsunfall
motorcycle ['məʊtəsaɪkl] / **motorbike**	Motorrad
ride a motorcycle / motorbike	Motorrad fahren
motorcyclist / **motorcycle rider**	Motorradfahrer(in)
bicycle ['baɪsɪkl] / **bike** / **cycle** ['saɪkl]	Fahrrad
go by bike / bicycle / cycle	mit dem Fahrrad fahren

17.2 Rail transport
Beförderung mit der Eisenbahn

rail [reɪl]	**Schiene(n-); (Eisen-)Bahn(-)**
rail strike ['reɪl straɪk]	Eisenbahnerstreik
London's rail terminals ['tɜːmɪnlz]	die Londoner (Fern-)Bahnhöfe
railway BE / AE **railroad**	**Eisenbahn**
railway BE / AE railroad line	(Eisen-)Bahnlinie / -strecke
the rail(way) workers	die Eisenbahner
nationalize ['næʃnəlaɪz] the railways	die Eisenbahnen verstaatlichen
privatize ['praɪvətaɪz] the railways	die Eisenbahnen privatisieren
train [treɪn]	**Zug**
go / travel by train	mit dem Zug / der Bahn fahren
catch a train (– caught – caught)	einen Zug nehmen / schaffen
We missed our train.	Wir haben unseren Zug verpasst.
When's the next train to / for Hull?	Wann geht der nächste Zug nach Hull?
goods train BE / AE freight train	Güterzug
local (train) ['ləʊkl]	Nahverkehrszug; Regionalbahn
express (train) [ɪk'spres]	Schnellzug
high-speed train [haɪ spiːd 'treɪn]	Hochgeschwindigkeitszug
a through train ['θruː treɪn]	ein durchgehender Zug
train service ['sɜːvɪs]	**Zugverbindung**
a direct ['daɪrekt] service	eine Direktverbindung
intercity services to York	Intercity-Verbindungen nach York
a **shuttle** (service) ['ʃʌtl]	**Pendelverkehr**
railway **carriage** ['kærɪdʒ] BE / AE railroad **car**	Eisenbahn**wagen**
sleeping car / sleeper	Schlafwagen
dining car / AE auch diner / BE auch restaurant ['restrɒnt] car	Speisewagen
buffet (car) ['bʊfeɪ]	Büfettwagen
(non-)smoker ['sməʊkə]	**(Nicht-)Raucher(wagen / -abteil)**
engine ['endʒɪn] / **loco(motive)**	**Lokomotive**
electric locomotive [ləʊkə'məʊtɪv]	Elektrolok(omotive)
engine driver BE / AE **engineer**	**Lok(omotiv)führer(in)**
(first-class) **compartment**	(Erster-Klasse-)**Abteil**
reserve [rɪ'zɜːv] a **seat**	einen **Platz** reservieren
This seat is taken / occupied.	Dieser Platz ist besetzt.
guard [gɑːd] BE / AE **conductor**	**Zugbegleiter(in); Schaffner(in)**
station ['steɪʃn]	**Bahnhof**
mainline station	Fernbahnhof

platform 3 *BE* / *AE* **track 3**	**Bahnsteig 3; Gleis 3**
Keep off the tracks.	Betreten der Gleise verboten.
waiting room ['weɪtɪŋ rʊm]	**Wartesaal**
porter / *AE auch* **redcap** ['redkæp]	**Gepäckträger**
luggage trolley *BE* / *AE* **baggage cart**	**Kofferkuli**
Where can I check in my **luggage**?	Wo kann ich mein **Gepäck** aufgeben?
the left-luggage (office) *BE* / *AE* checkroom	die Gepäckaufbewahrung
the **lost-property** (office) *BE* / *AE* **lost-and-found** (office)	das **Fundbüro**
fare (increase / *AE auch* hike)	**Fahrpreis**(erhöhung)
ticket (office)	**Fahrkarte**(nschalter)
return ticket *BE* / *AE* round-trip ticket	Rückfahrkarte
Two first-class singles to Hull, please.	Bitte zweimal erste Klasse einfach nach Hull.
get on a train / **board** [bɔːd] a train	in einen Zug **einsteigen**
get off (a train) (– got – got)	(aus einem Zug) **aussteigen**
a train **journey** ['dʒɜːni] / *AE auch* train **ride**	eine Bahn**fahrt**
outward / return journey	Hin- / Rückreise
the journey there and back / the round trip	die Hin- und Rückfahrt
journey time / travel time	Fahrzeit
a comfortable ['kʌmftəbl] **ride**	eine bequeme **Fahrt**
change [tʃeɪndʒ] at Rugby	in Rugby **umsteigen**
make / miss a **connection** [kə'nekʃn]	einen **Anschluss** schaffen / verpassen
a **stopover** in Chicago [ʃɪ'kɑːgəʊ]	ein **Zwischenaufenthalt** in Chicago
departure [dɪ'pɑːtʃə] – **arrival**	**Abfahrt** – **Ankunft**
timetable *BE* / *AE* **schedule**	**Fahrplan; Kursbuch**
The train was **on schedule** ['ʃedjuːl].	Der Zug war **pünktlich**.
The train is behind schedule.	Der Zug hat Verspätung.
The train is scheduled to arrive at 6.35.	Der Zug soll fahrplanmäßig um 6.35 Uhr ankommen.
The train was **on time**.	Der Zug war **pünktlich**.
Many trains are running **late** today.	Viele Züge haben heute Verspätung.
What time do we **get to** York?	Wann **kommen** wir in York **an**?
passenger ['pæsɪndʒə]	**Fahrgast; Reisende(r); Passagier**

17.3 Air transport
Beförderung mit dem Flugzeug

fly [flaɪ] (– flew [flu:] – flown [fləʊn])	**fliegen**
fly economy [ɪˈkɒnəmi] (class) / AE fly coach	in der Touristenklasse fliegen
He's afraid of flying.	Er hat Angst vor dem Fliegen.
The flying / flight time is six hours.	Die Flugzeit beträgt sechs Stunden.
frequent flyer [fri:kwənt ˈflaɪə]	**Vielflieger(in)**
travel / go by **air / plane**	mit dem **Flugzeug** reisen / fliegen
ship / send goods by air	Waren auf dem Luftweg versenden
low / high air fares	niedrige / hohe Flugpreise
aircraft [ˈeəkrɑːft] *Plural ohne -s!*	**Flugzeug(e)**
This aircraft is very fast.	Dieses Flugzeug ist sehr schnell.
These aircraft are very fast.	Diese Flugzeuge sind sehr schnell.
plane / **airplane** *AE* / *BE* **aeroplane**	**Flugzeug**
He died [daɪd] in a plane crash.	Er kam bei einem Flugzeugabsturz ums Leben.
airliner [ˈeəlaɪnə]	**Verkehrsflugzeug, -maschine**
jet [dʒet]	**Düsenflugzeug, -maschine**
jet lag [ˈdʒet læg]	Jetlag
jetliner [ˈdʒetlaɪnə]	Düsenverkehrsflugzeug
airline [ˈeəlaɪn]	**Fluggesellschaft; (Flug-)Linie**
an airline ticket in his name	ein Flugschein auf seinen Namen
airport [ˈeəpɔːt]	**Flughafen**
Shall I meet you at the airport?	Soll ich dich am Flughafen abholen?
terminal [ˈtɜːmɪnl]	(*Flughafen*) **Abfertigungshalle**
timetable / **flight schedule** [ˈʃedjuːl]	**Flugplan**
arrival(s) [əˈraɪvl(z)] – **departure(s)**	**Ankunft – Abflug**
arrival / departure lounge [laʊndʒ]	Ankunfts- / Abflughalle
Scheduled arrival time is 16:05 (sixteen oh five), but the flight will be delayed.	Die flugplanmäßige Ankunftszeit ist 16.05 Uhr, aber der Flug wird verspätet eintreffen.
cancel [ˈkænsl]	**streichen; stornieren; ausfallen lassen**
Flight 452 has been cancelled.	Flug 452 fällt aus.
cancel a reservation [rezəˈveɪʃn]	eine Reservierung rückgängig machen

destination [destɪ'neɪʃn]	Zielflughafen; Reiseziel
domestic **flight** [dəmestɪk 'flaɪt]	Inland**flug**
direct flight [daɪrekt 'flaɪt]	Direktverbindung mit Zwischen-landung
nonstop flight [nɒnstɒp 'flaɪt]	Flug ohne Zwischenlandung
book a seat ['siːt]	einen Platz **buchen**
security [sɪ'kjʊərəti] **search / check**	**Sicherheitskontrolle**
check-in counter ['tʃekin kaʊntə]	(Fluggast-)**Abfertigungsschalter**
What time do we have to check in?	Um welche Zeit müssen wir am Abfertigungsschalter sein?
upgrade ['ʌpgreɪd]	**Höherstufung** (z. B. von *economy class* zur *business* ['bɪznəs] *class*)
Your flight leaves from **gate** 4.	Ihr Flug geht von **Flugsteig** 4 (ab).
an **unaccompanied minor** ['maɪnə]	ein **unbegleitetes Kind**
carry-on bag – **carry-on baggage**	**Bordtasche** – **Kabinengepäck**
one piece of hand baggage / luggage	ein Stück Handgepäck
boarding pass / card	**Einsteigekarte; Bordkarte**
standby ['stændbaɪ] (passenger)	Fluggast / Passagier auf Warteliste
charter ['tʃɑːtə] flight / plane	**Charter**flug / -maschine
go charter (– went – gone [gɒn])	einen Charterflug nehmen
charter a helicopter ['helɪkɒptə]	einen Hubschrauber chartern
scheduled ['ʃedjuːld] flight	Linienflug / -maschine
Please fasten ['fɑːsn] your **seat belt**.	Bitte schnallen Sie sich an.
oxygen mask ['ɒksɪdʒən mɑːsk]	**Sauerstoffmaske**
life jacket ['laɪf dʒækɪt] / **life vest**	**Schwimmweste**
overhead ['əʊvəhed] **rack / locker**	**über dem Sitz befindliches Gepäckfach**
cockpit ['kɒkpɪt]	**Cockpit; Pilotenkabine**
captain ['kæptɪn] and **crew** [kruː]	**Kapitän** und **Besatzung**
the ground crew ['graʊnd kruː]	das Bodenpersonal
pilot ['paɪlət]	**Pilot(in); Flugzeugführer(in)**
runway ['rʌnweɪ]	**Start- / Landebahn**
shortly after **takeoff** ['teɪkɒf]	kurz nach dem **Start**
cruising altitude ['kruːzɪŋ æltɪtjuːd]	**Reiseflughöhe**

 Flugbegleiter(innen) (= *flight attendants* ['flaɪt ətendənts]) heißen auch *stewardesses / stewards* oder (nur weibl.) *(air) hostesses* ['həʊstəsɪz].

hijack ['haɪdʒæk] / **skyjack** a plane	ein Flugzeug **entführen**
a hijacking / skyjacking	eine Flugzeugentführung
the hijackers / skyjackers	die Flugzeugentführer
air freight ['eə freɪt] / **air cargo**	**Luftfracht**

17.4 Water transport
Beförderung auf dem Wasserweg

the sea [siː]	die See; das Meer
in international [ɪntəˈnæʃnəl] waters	in internationalen Gewässern
ship [ʃɪp]	Schiff; verschiffen
The captain [ˈkæptɪn] goes down with his ship / vessel.	Der Kapitän geht mit seinem Schiff unter.
I had the books shipped over from the US.	Ich ließ mir die Bücher aus den USA schicken.
shipping [ˈʃɪpɪŋ]	(die) Schifffahrt; Schiffe
They were shipwrecked [ˈʃɪprekt].	Sie erlitten Schiffbruch.
shipyard [ˈʃɪpjɑːd] (workers)	Werft(arbeiter)
boat [bəʊt]	Boot; Schiff; Fähre
the boat train to Dover [ˈdəʊvə]	der Zug zur Fähre in Dover
canoe [kəˈnuː]	Kanu (fahren); Paddelboot; paddeln
on board the ferry [ˈferi]	an Bord der Fähre

Kinds of watercraft (= Arten von Wasserfahrzeugen)
ocean liner [ˈəʊʃn laɪnə] (= Ozeandampfer) • *passenger liner* (= Passagierschiff) • *steamship* (= Dampfschiff) • *steamer* (= Dampfer) • *cargo ship / freighter* (= Frachtschiff / Frachter) • *merchant* [ˈmɜːtʃənt] *ship* (= Handelsschiff) • *container ship* (= Containerschiff) • *oil tanker* (= Öltanker) • *supertanker* (= Supertanker) • *fishing trawler* [ˈtrɔːlə] (= Fischkutter) • *whaler* [ˈweɪlə] (= Walfänger) • *paddle steamer* (= Raddampfer) • *tug (boat)* (= Schlepper) • *lifeboat* (= Rettungsboot) • *motorboat* (= Motorboot) • *yacht* [jɒt] (= Jacht) • *sailing boat* BE / AE *sailboat* (= Segelboot) • *rowing* [əʊ] *boat* BE / AE *rowboat* (= Ruderboot) • *raft* [rɑːft] (= Floß)

sail [seɪl]	Segel
They went sailing.	Sie gingen segeln.
Our ship sails tomorrow.	Unser Schiff läuft morgen aus.
sailing / yachting [ˈjɒtɪŋ]	Segeln; Segel-
go on a cruise [kruːz]	eine Kreuzfahrt machen
voyage [ˈvɔɪɪdʒ]	(See-)Reise

 Schiffe sind *it* oder *she*: *The Titanic* [taiˈtænɪk] / *It / She sank within three hours, and of its / her 2 206 passengers* [ˈpæsɪndʒəz] *only 703 were saved.* (= Die Titanic sank innerhalb von drei Stunden, und von ihren 2206 Passagieren wurden nur 703 gerettet.)

passage ['pæsɪdʒ]	Überfahrt
book a passage to America	eine Schiffsreise nach Amerika buchen
passengers travelling steerage	**Passagiere**, die im Zwischendeck reisen
stowaway ['stəuəweɪ]	blinder Passagier
embark [ɪm'bɑːk]	sich einschiffen
disembark [dɪsɪm'bɑːk]	von Bord gehen
aboard [ə'bɔːd] / **on board** (the) ship	an Bord des Schiffes
go / come **ashore** [ə'ʃɔː]	an Land gehen / kommen
run **aground** [ə'graund] (– ran – run)	auf Grund laufen; stranden
capsize [kæp'saɪz]	kentern
sink [sɪŋk] (– sank – sunk)	sinken
change **course** [tʃeindʒ 'kɔːs]	den Kurs ändern
bow [bau] – **stern** [stɜːn]	Bug – Heck
port [pɔːt] – **starboard** ['stɑːbəd]	Backbord – Steuerbord
the port where the ship **docked** [dɒkt]	der Hafen, in dem das Schiff anlegte
anchor ['æŋkə]	Anker; (ver)ankern
ride / lie at anchor	vor Anker liegen

"Nautical" idioms (= „nautische" Idioms)

I was between the devil and the deep blue sea. (= Ich war in einer argen Zwickmühle.) • *Frankly, I'm all at sea.* (= Offen gesagt, ich blicke nicht mehr durch.) • *There are plenty more fish in the sea.* (= Auch andere Mütter haben schöne Töchter.) • *We're all in the same boat.* (= Wir sitzen doch alle im gleichen Boot.) • *Economically, we've missed the boat.* (= Wirtschaftlich haben wir den Anschluss verpasst.)

sailor ['seilə]	Seemann; Matrose
I'm afraid I'm not a good sailor.	Leider bin ich nicht seefest.
captain ['kæptɪn] / **skipper** ['skɪpə]	Kapitän
radio operator ['reɪdiəu ɒpəreɪtə]	Funker
crew [kruː]	Mannschaft; Besatzung
All **hands** on deck!	Alle Mann an Deck!
pilot ['paɪlət]	Lotse
shipowner ['ʃɪpəunə]	Schiffseigner(in); Reeder
pirate ['paɪrət] – **piracy** ['paɪrəsi]	Pirat – Piraterie
seasick ['siːsɪk] – **seasickness**	seekrank – Seekrankheit
lighthouse ['laɪthaus]	Leuchtturm
lock [lɒk]	Schleuse

17.5 Public transport
Öffentlicher Nahverkehr

the **underground** *BE* / *AE* **subway**	die **U-Bahn**
take the underground / subway	mit der U-Bahn fahren
the **tube** [tjuːb]	die **U-Bahn** (*in London*)
Where's the nearest tube? *BE*	Wo ist der nächste U-Bahnhof?
Buses are slower than tubes. *BE*	Busse sind langsamer als U-Bahnen.
a half-hour **journey** [ɜː] *BE* / *AE* **ride**	eine halbstündige **Fahrt**
The S-Bahn is useful for longer journeys / rides / runs.	Die S-Bahn ist gut für längere Fahrten.
Children age 4 and under ride free. *AE*	Kinder bis zu 4 Jahren fahren frei.
subway riders [ˈsʌbweɪ raɪdəz] *AE*	**U-Bahnfahrer; U-Bahnfahrgäste**
the **elevated railroad** / the **el** [el]	die **Hochbahn** (*z. B. in Chicago*)
a train **bound** for Watford [ˈwɒtfəd]	ein Zug nach Watford

Dem britischen *public transport* [ˈtrænspɔːt] sowie den überwiegend im AE gebräuchlichen Bezeichnungen *public transportation, public transit* [ˈtrænsɪt], *mass transportation* und *mass transit* entsprechen im Deutschen die Begriffe öffentlicher (Personen-)Nahverkehr bzw. öffentliche Verkehrsmittel.

Entsprechend: *use public transport* BE / *AE ride public transportation* (= öffentliche Verkehrsmittel benutzen), *an efficient* [ɪˈfɪʃnt] *public transport(ation) system* / *mass transit system* (= ein leistungsfähiges System von öffentlichen Verkehrsmitteln).

Means of transport(ation) kann Einzahl oder Mehrzahl sein: *a means of transport(ation)* (= ein Verkehrsmittel) – *these means of transport(ation)* (= diese Verkehrsmittel).

tram [træm] *BE* / *AE* **streetcar**	**Straßenbahn**
I travel to work by **bus** [bʌs].	Ich fahre mit dem **Bus** zur Arbeit.
double-decker (bus) [dʌblˈdekə]	Doppeldecker(bus)
The buses run every five minutes.	Die Busse verkehren alle fünf Minuten.
the number 6 bus route [ˈbʌs ruːt]	die Buslinie 6
bus stop [ˈbʌs stɒp]	**Bushaltestelle**
request stop [rɪˈkwest stɒp]	**Bedarfshaltestelle**
minibus [ˈmɪnibʌs]	**Kleinbus**
coach [kəʊtʃ] *BE*	**Reisebus**

Means of transport

hail a **cab** / **taxi** ['tæksi]	ein **Taxi** heran- / herbeiwinken
a taxi ride / journey ['dʒɜːni]	eine Taxifahrt
taxi rank *BE* / *AE* taxi stand	Taxistand
turn the **meter** ['miːtə] on / off	das **Taxameter** / die **Uhr** ein- / ausschalten
a $2 **surcharge** ['sɜːtʃɑːdʒ]	ein **Zuschlag** von 2 Dollar
tip the driver ['draɪvə]	dem Fahrer **ein Trinkgeld geben**
short-trip / short-distance **ticket**	Kurzstrecken**karte**
ticket machine ['tɪkɪt məʃiːn]	Fahrkartenautomat
a **transfer** ['trænsfɜː] *AE*	ein **Umsteigefahrschein**
a flat **fare** ['flæt feə]	ein Einheits- / Pauschal**fahrpreis**
a fare increase / *AE auch* fare hike	eine Fahrpreiserhöhung
The conductor [kən'dʌktə] collects the fares.	Der Schaffner / Die Schaffnerin kassiert das Fahrgeld.
fare dodging ['dɒdʒɪŋ]	Schwarzfahren
Fare dodgers face a stiff fine.	Schwarzfahrern droht eine hohe Geldstrafe.
One Day **Travelcard** ['trævlkɑːd]	(verbilligte Tageskarte in London)

i | *Tokens* ['təʊkənz] sind als Fahrausweis dienende Metallmarken, die man an einer *token booth* kauft und beim Betreten des Bahnsteigs (= *platform*) oder des Busses in ein Drehkreuz (= *turnstile*) steckt.

Some useful expressions (= Nützliche Redensarten)

How do I get to X, please?	Wie komme ich bitte nach X?
Which platform for Victoria [vɪk'tɔːriə]?	Von welchem Bahnsteig geht es nach Victoria?
Follow the signs [saɪnz] for Circle Line.	Folgen Sie den Schildern zur Circle-Linie.
Take the Central Line eastbound ['iːstbaʊnd].	Fahren Sie mit der Central-Linie in Richtung Osten.
Does this train go to ...?	Fährt dieser Zug nach ...?
The train goes via Charing Cross.	Der Zug fährt über Charing Cross.
Where do I change / transfer for ...?	Wo muss ich nach ... umsteigen?
What bus / train do I take for ...?	Welcher Bus / Zug fährt nach ...?
When / Where do I have to get off?	Wann / Wo muss ich aussteigen?
It's six stops to Victoria.	Nach Victoria sind es sechs Stationen.
You can get there on Line 1.	Da kommst du mit der Linie 1 hin.
Train terminates ['tɜːmɪneɪts] here.	(Der) Zug endet hier.
The escalator is out of service.	Die Rolltreppe ist außer Betrieb.
Mind [maɪnd] the gap!	Beachten Sie den Spalt (zwischen Bahnsteig und Zug)!

18.1 Economic theory and policy
Wirtschaftstheorie und -politik

economic(ally) [i:kə'nɒmɪk(li)]	wirtschaftlich; ökonomisch
economic policy ['pɒləsi]	(die) Wirtschaftspolitik
raise economic growth [grəʊθ]	das Wirtschaftswachstum steigern
economist [ɪ'kɒnəmɪst]	**Volkswirt(schaftler)(in); Wirtschaftswissenschaftler(in)**
the (national) **economy** [ɪ'kɒnəmi]	die (Volks-)**Wirtschaft**

Economic ist „wirtschaftlich = mit der Wirtschaft zusammenhängend"; *economical* ist „wirtschaftlich = sparsam". – *The economy* ist die Wirtschaft (eines Landes); *economy* (ohne Artikel) ist Sparsamkeit / Wirtschaftlichkeit. *Economics* ist (die) Wirtschaftswissenschaft / Volkswirtschaftslehre.

goods and services	Waren und Dienstleistungen
supply and demand [dɪ'mɑ:nd]	Angebot und Nachfrage
the (world [wɜ:ld]) **market**	der (Welt-)Markt
free / unfair **competition** [kɒmpə'tɪʃn]	freier / unlauterer **Wettbewerb**
production [prə'dʌkʃn]	Produktion
production costs [kɒsts]	(die) Produktionskosten
the **private** sector [praɪvət 'sektə]	die **Privat**wirtschaft
free **enterprise** [fri: 'entəpraɪz]	freies **Unternehmertum**
business **profits** [bɪznəs 'prɒfɪts]	(die) Unternehmer**gewinne**
accumulate [ə'kju:mjəleɪt] **capital**	**Kapital** bilden
prosperity [prɒ'sperəti]	**Wohlstand**
wealth [welθ]	**Reichtum; Vermögen**
gross [grəʊs] **national product**	**Bruttosozialprodukt**
a balanced **budget** ['bʌdʒɪt]	ein ausgeglichener **Haushalt**
the budget deficit ['defəsɪt]	das Haushaltsdefizit
budget cuts / freeze	Haushaltskürzungen / -stopp
the national **debt** [det]	die Staats**schuld / -verschuldung**
cut / reduce **subsidies** ['sʌbsədiz]	**Subventionen** abbauen
cut **interest rates** ['ɪntrəst reɪts]	die **Zinsen** senken
increase **productivity** [prɒdʌk'tɪvəti]	die **Produktivität** erhöhen
the **standard of living**	der **Lebensstandard**
the **cost of living** [kɒst əv 'lɪvɪŋ]	die **Lebenshaltungskosten**
consumer prices [kən'sju:mə praɪsɪz]	(die) **Verbraucher**preise
inflation [ɪn'fleɪʃn] – **deflation**	**Inflation – Deflation**

18.2 Business
Das Geschäftsleben

business ['bɪznəs]	(das) Geschäft; Geschäfts-
Business is good / bad.	Die Geschäfte gehen gut / schlecht.
Are you here on business?	Sind Sie geschäftlich hier?
a thriving ['θraɪvɪŋ] business	ein florierendes Unternehmen
businessman / -woman / -people	Geschäftsmann / -frau / -leute
commerce ['kɒmɜːs]	Handel(sverkehr)
chamber ['tʃeɪmbə] of commerce	(Industrie- und) Handelskammer
commercial [kə'mɜːʃl]	kaufmännisch; kommerziell; Handels-
trade [treɪd]	Handel; Gewerbe
the furniture ['fɜːnɪtʃə] trade	die Möbelbranche
merchant ['mɜːtʃənt]	Kaufmann / -frau
(quality) merchandise / goods	(Qualitäts-)Ware(n)
deal in sth. (– dealt [e] – dealt)	mit etw. handeln
deal with sb.	mit jem. Geschäfte machen
owner / proprietor [prə'praɪətə]	Besitzer(in); Eigentümer(in)
shopkeeper ['ʃɒpkiːpə]	Ladenbesitzer(in)
company ['kʌmpəni]	Gesellschaft; Firma; Unternehmen
multinational (corporation)	multinationaler Konzern; Multi
(un)limited liability [laɪə'bɪləti]	(un)beschränkte Haftung
shareholder / stockholder	Aktionär(in)
director [də'rektə]	Direktor(in)
the board [bɔːd] of directors	der Vorstand
chairman of the board	Vorstandsvorsitzende(r)
manager ['mænɪdʒə]	Leiter(in)
data-processing manager	Leiter(in) der EDV-Abteilung
sales manager / AE auch vice president of sales	Verkaufs- / Vertriebsdirektor(in)
executive [ɪg'zekjətɪv]	leitende(r) Angestellte(r); Manager(in)
sell (– sold – sold)	verkaufen
sale [seɪl]	Verkauf; Vertrieb
sales figures ['seɪlz fɪgəz]	Verkaufs- / Absatzzahlen
a drop / decline in sales	ein Umsatzrückgang
a rise / an increase in sales	ein Umsatzanstieg; eine Umsatzerhöhung
Sales have dropped / declined.	Die Umsätze sind zurückgegangen.
Sales are going up / increasing.	Die Umsätze steigen.
seller – buyer ['baɪə]	Verkäufer(in) – Käufer(in)

salesman – saleswoman	Verkäufer – Verkäuferin
travelling salesman	(Handels-/Reise-)Vertreter
representative [reprɪ'zentətɪv]	**Vertreter(in); Repräsentant(in)**
sales rep(resentative) ['seɪlz rep]	(Handels-)Vertreter(in)
a **commission** [kə'mɪʃn] of 25 per cent	eine **Provision** von 25 Prozent
wholesale ['həʊlseɪl] – **retail** ['riːteɪl]	**Großhandel(s-) – Einzelhandel(s-)**
wholesaler – retailer ['riːteɪlə]	Großhändler – Einzelhändler
distribute [dɪ'strɪbjuːt] goods	Waren **vertreiben/ausliefern**
contract ['kɒntrækt]	**Vertrag**
buy [baɪ] (– bought [ɔː] – bought)	**(an-/ein)kaufen**
turnover ['tɜːnəʊvə]	(der) **Umsatz**
make a **profit** ['prɒfɪt]	**Gewinn** erzielen
profitable ['prɒfɪtəbl]	**Gewinn bringend; rentabel**
lose [luːz] (– lost [lɒst] – lost)	**verlieren**
loss [lɒs]	**Verlust**
suffer huge [hjuːdʒ] losses	enorme Verluste erleiden
charge a **price**	einen **Preis** berechnen
cut/raise prices	die Preise senken/erhöhen
overcharge [əʊvə'tʃɑːdʒ] someone	jemand **zu viel abverlangen**
value ['væljuː]	**Wert**
discount ['dɪskaʊnt]	**Rabatt; Skonto**
stiff **competition**	scharfe **Konkurrenz**
bid for something (– bid – bid)	ein Angebot für etwas abgeben
offer ['ɒfə]	**Angebot; anbieten**
showroom ['ʃəʊruːm]	**Ausstellungsraum**
place an **order** with a firm	(einen) **Auftrag** an eine Firma erteilen
fill/fulfil/execute an order	einen Auftrag ausführen
Can you **supply** these items?	Können Sie diese Artikel **liefern?**
supplier [sə'plaɪə]	**Lieferant**
deliver [dɪ'lɪvə] from stock	vom Lager **(aus)liefern**
the **delivery** [dɪ'lɪvəri] of goods	die **Lieferung** von Waren
ship/dispatch/forward sth.	etwas **versenden**
shipment/consignment [kən'saɪn-]	**(Waren-)Sendung; Lieferung**
stock [stɒk]	**Lager**
It's in stock/out of stock.	Es ist (nicht) vorrätig.
Our stocks are running low.	Unsere Vorräte gehen zur Neige.
warehouse ['weəhaʊs]	**Lagerhaus; (Waren-)Lager**
guarantee [gærən'tiː]	**garantieren (für); Garantie(schein)**
a two-year guarantee/warranty [ɒ]	eine zweijährige Garantie
import ['ɪmpɔːt] – **export** ['ekspɔːt]	**Import – Export**
import [ɪm'pɔːt] – export [ɪk'spɔːt]	importieren – exportieren

18.3 Money and finance
Geld und Finanzwesen

(make a lot of) **money** ['mʌni]	(viel) **Geld** (verdienen)
a large / small amount of money	ein großer / kleiner Geldbetrag
I haven't got any **cash** [kæʃ] on me.	Ich habe kein (**Bar-)Geld** bei mir.
five thousand dollars in cash	5 000 Dollar in bar
Are you paying (in) cash?	Zahlen Sie bar?
I'm rather short of cash.	Ich bin ziemlich knapp bei Kasse.
cash payment ['kæʃ peɪmənt]	Barzahlung
cash machine ['kæʃ məʃiːn]	**Geldautomat**

Beachten Sie die Einzahl- und Mehrzahlformen bei Geldbeträgen

We've got £60 (= sixty pounds) in the bank. (= Wir haben 60 Pfund auf der Bank.) • *They bid half a million dollars.* (= Sie boten eine halbe Million Dollar.) • *That's eleven euros thirty.* (= Das macht dann elf Euro dreißig.) • *He had only 20 cents in his pocket.* (= Er hatte nur 20 Cent in der Tasche.) • *a 20-euro note BE / AE bill* (= ein 20-Euro-Schein) • *a 50-pound note / 50-dollar bill* (= eine 50-Pfund-Note / 50-Dollar-Note).

How much did he **charge** for the job?	Was hat er für die Arbeit **berechnet**?
You can charge it to my account.	Belasten Sie es meinem Konto.
cost [kɒst] (– cost – cost)	**kosten**
They cost 60p [sɪksti 'piː] each.	Sie koste(te)n 60 Pence das Stück.
change a 100-euro note	einen Hunderteuroschein **wechseln**
pay [peɪ] (– paid [peɪd] – paid)	(**be)zahlen**
pay for goods	Waren bezahlen
pay a bill	eine Rechnung bezahlen
She's paid (off) all her debts [dets].	Sie hat alle ihre Schulden bezahlt.
pay by cheque / by credit card	mit Scheck / Kreditkarte bezahlen
payment ['peɪmənt]	**Bezahlung**
wallet ['wɒlɪt] / *AE auch* **billfold**	**Brieftasche**
purse [pɜːs] *BE / AE* **change purse**	**Portmonee; Geldbeutel**

Dollars sind umgangssprachlich *bucks*; *pounds* sind *quid: I owe her two hundred bucks / quid.* (= Ich schulde ihr zweihundert Dollar / Pfund.)

spend money (on) (– spent – spent)	Geld **ausgeben** (für)

expenditure(s) [ɪkˈspendɪtʃə(z)]	**Ausgaben; Aufwendungen**
lend money to someone (– lent – lent)	jemand Geld **leihen**
borrow money from someone	(sich) Geld von jemand **borgen**
take out a **loan** [ləʊn]	einen **Kredit** aufnehmen
lease [liːs] a car	einen Wagen **leasen**
save money [ˈmʌni]	Geld **sparen**
invoice [ˈɪnvɔɪs]	**(Waren-)Rechnung; Faktura**
foot [fʊt] the **bill**	die **Rechnung** bezahlen / begleichen
open an **account** [əˈkaʊnt] with a bank	bei einer Bank ein **Konto** eröffnen
the money in my account	das Geld auf meinem Konto
withdraw (– withdrew – withdrawn)	*(Geld)* **abheben**
banker – **bank manager** [ˈmænɪdʒə]	**Bank(i)er** – **Zweigstellenleiter(in)**
cut / reduce **interest rates**	die **Zinsen** senken
treasurer [ˈtreʒərə]	**Schatzmeister(in); Leiter(in) der Finanzabteilung; Kassenwart**
the **Treasury** [ˈtreʒəri] (Department)	das **Finanzministerium**
monetary [ˈmʌnɪtri] policy	**(die) Geld(markt)politik**
monetary union [mʌnɪtri ˈjuːnɪən]	(die) **Währungsunion**
the peso was **devalued** by 50 %	der Peso wurde um 50 % **abgewertet**
exchange rates [ɪksˈtʃeɪndʒ reɪts]	**Wechsel- / Devisenkurse**
foreign exchange [fɒrən ɪksˈtʃeɪndʒ]	**Devisen**
create a common **currency** [ˈkʌrənsi]	eine gemeinsame **Währung** schaffen
invest – **investor** – **investment**	**investieren – Investor(in) – Investition**
invest millions in a project [ˈprɒdʒekt]	Millionen in ein(em) Projekt investieren
our **financial** [faɪˈnænʃl] position	unsere **finanzielle** Lage
finance [faɪˈnæns] a project	ein Projekt **finanzieren**
insolvency [ɪnˈsɒlvənsi]	**Zahlungsunfähigkeit**
pay for something by **instalments**	etwas in **Raten** bezahlen
The first instalment is due in May.	Die erste Rate ist im Mai fällig.
a high / low **income** [ˈɪnkʌm]	ein hohes / niedriges **Einkommen**
the **stock exchange** [ˈstɒk ɪkstʃeɪndʒ]	die **Börse**
stocks [stɒks]	**Aktien**
dividend [ˈdɪvɪdend]	**Dividende; Gewinnanteil**
broker [ˈbrəʊkə]	*(z. B. Börsen-)***Makler(in)**
fund [fʌnd] **manager**	**Fondsverwalter(in)**
stock-market crash [kræʃ]	**Zusammenbruch des Aktienmarktes**

18.4 Advertising
Werbung

advertising ['ædvətaɪzɪŋ]	(die) **Werbung**; Reklame
advertising agency ['eɪdʒənsi]	Werbeagentur
advertising department	Werbeabteilung
advertising manager ['mænɪdʒə]	Werbeleiter(in)
advertising campaign [kæm'peɪn]	Werbekampagne / -feldzug
advertise ['ædvətaɪz] a product	für ein Produkt **Reklame machen**
advertiser ['ædvətaɪzə]	**Inserent(in)**
advertisement [əd'vɜːtɪsmənt] /	**(Werbe-)Anzeige; Werbespot;**
ad [æd] / BE auch **advert** ['ædvɜːt]	Reklame
place ad(vertisement)s	Anzeigen schalten
classified ad(vertisement)	Kleinanzeige
copy ['kɒpi]	(ein / der) **Werbetext**
He writes good copy.	Er schreibt gute Werbetexte.
copywriter ['kɒpiraɪtə]	(Werbe-)Texter(in)
creative(ly) [kri'eɪtɪv(li)]	**kreativ; schöpferisch; gestaltend**
marketing ['mɑːkɪtɪŋ]	**Marketing(-)**
direct ['daɪrekt] marketing	Direktmarketing; Direktwerbung
telemarketing ['telimɑːkɪtɪŋ]	(Verkauf / Werbung per Telefon)
market-oriented ['ɔːrientɪd]	**marktorientiert**
market research [rɪ'sɜːtʃ]	(die) **Marktforschung**
promotion [prə'məʊʃn]	**Verkaufsförderung**
promote [prə'məʊt] a product	ein Produkt **bewerben**
publicity [pʌb'lɪsəti]	**Publicity; Werbung**
launch [lɔːntʃ] a publicity campaign	eine Werbekampagne starten
Public relations [pʌblɪk rɪ'leɪʃnz] is / are very important.	(Die) **Öffentlichkeitsarbeit** ist sehr wichtig.
goodwill [gʊd'wɪl]	**Goodwill; ideeller Firmenwert**
commercials [kə'mɜːʃlz]	(Fernsehen / Radio) **Werbespots**
brochure ['brəʊʃə]	**Werbeschrift; Prospekt**
leaflet ['liːflət]	**Werbezettel; Prospekt**
flyer ['flaɪə] / **handbill**	**Handzettel**
direct mail [daɪrekt 'meɪl]	**Infopost; Postwurfsendungen**
junk mail ['dʒʌŋk meɪl]	(abfällig) **Reklamesendungen**
hoarding ['hɔːdɪŋ] BE / AE **billboard**	**Reklame- / Plakatwand**
display [dɪ'spleɪ]	**Display; Auslage**
giveaway ['gɪvəweɪ]	**Werbegeschenk**
target group / **target audience** ['ɔːdiəns]	**Zielgruppe**
test market ['test mɑːkɪt]	**Testmarkt**

18.5 Occupations
Berufe

vocation [vəʊˈkeɪʃn]	**Berufung**
family, home and **job**	Familie, Haushalt und **Beruf**

 Beruf

What does she do (for a living)? (= Was macht sie beruflich?) •
He's a butcher [ˈbʊtʃə] *by trade.* (= Er ist Fleischer von Beruf.) •
Occupation [ɒkjuˈpeɪʃn]: *Housewife* (= Beruf: Hausfrau)
Professional people sind Angehörige der freien bzw. hoch quali-
fizierter Berufe, also etwa der *legal* [ˈliːgl], *medical* [ˈmedɪkl], *or
teaching professions.* Entsprechend: *She's a lawyer* [ˈlɔːjə] *by
profession.* (= Von Beruf ist sie Rechtsanwältin.)

work **freelance** [ˈfriːlɑːns]	**freiberuflich** tätig sein
freelance writer	freie(r) Schriftsteller(in)
self-employed [self ɪmˈplɔɪd]	**selb(st)ständig**
the **boss** [bɒs]	der **Chef** / die **Chefin**
head [hed] (of a department)	**Leiter(in)** (einer Abteilung)
head(master/-mistress) *BE* /	*(Schule)* **Direktor(in)** / **Leiter(in)**
AE **principal** [ˈprɪnsəpl]	
professor [prəˈfesə]	**Professor(in)**

Lehrer(in) kann auch *instructor* [ɪnˈstrʌktə] **sein:**
driving instructor (= Fahrlehrer/in) • *riding instructor*
(= Reitlehrer/in) • *swimming instructor* (= Schwimmlehrer/in) •
ski [skiː] / *skiing instructor* (= Skilehrer/in) • *flight/flying
instructor* (= Fluglehrer/in)

the **chair(man)** [ˈtʃeə(mən)]	der **Vorsitzende**
the chair(woman) [ˈtʃeə(wʊmən)]	die Vorsitzende
labourer [ˈleɪbərə]	**(Hilfs-)Arbeiter(in)**
unskilled **worker** [ʌnskɪld ˈwɜːkə]	ungelernte(r) **Arbeiter(in)**
semiskilled worker [ˈsemɪskɪld]	angelernte(r) Arbeiter(in)
skilled worker [skɪld ˈwɜːkə]	Facharbeiter(in)
blue-collar [bluː ˈkɒlə] worker	Arbeiter(in)
white-collar worker	Angestellte(r)
apprentice [əˈprentɪs]	**Lehrling; Auszubildende(r)**
have **workmen** in the house	**Handwerker** im Haus haben

Traditionelle Handwerksberufe (deutsch jeweils auch weiblich)
baker (= Bäcker) • *shoemaker* (= Schuhmacher) • *bricklayer*
(= Maurer) • *butcher* ['bʊtʃə] (= Fleischer / Metzger) • *cabinetmaker*
(= Kunst- / Möbeltischler) • *carpenter* (= Zimmermann / Bautischler) •
chimney sweep (= Schornsteinfeger) • *clockmaker / watchmaker*
(= Uhrmacher) • *joiner* (= Tischler / Schreiner) • *dressmaker*
(= Damenschneider) • *tailor* (= Herrenschneider) • *plumber* ['plʌmə]
(= Klempner / Installateur)

accountant [ə'kaʊntənt] / **book-keeper**	Buchhalter(in)
shorthand typist [ʃɔːthænd 'taɪpɪst]	Stenotypistin
secretary ['sekrətri]	Sekretär(in)
personal assistant [ə'sɪstənt] / **PA**	(*etwa*) Chefsekretärin / Assistentin
shop assistant ['ʃɒp əsɪstənt] *BE*	Verkäufer(in) (*in Laden etc.*)

Employee [ɪm'plɔiː] = Angestellte(r) / Mitarbeiter(in)
bank employee (= Bankangestellte/r) • *civil service employee*
(= Angestellte/r im öffentlichen Dienst) • *a male employee*
(= ein Mitarbeiter) • *a female employee* (= eine Mitarbeiterin)

Clerk hat oft eine ähnliche Bedeutung wie *employee*
bank clerk ['bæŋk klɑːk] (= Bankangestellte/r) • *office clerk*
(= Büroangestellte/r) • *postal clerk* (= Schalterangestellte/r bei
der Post) • *salesclerk* (AE = Verkäufer/in) • *supermarket clerk*
(= Supermarktangestellte/r)

civil servant [sɪvl 'sɜːvənt] / *AE auch* **government employee**	(*etwa*) Beamter / Beamtin
civil engineer [sɪvl endʒɪ'nɪə]	Bauingenieur(in)
inventor [ɪn'ventə]	Erfinder(in)
(aircraft) **designer** [dɪ'zaɪnə]	(Flugzeug-)Konstrukteur(in)
fashion designer	Modeschöpfer(in)

Attendants [ə'tendənts]
swimming-pool attendant (= Bademeister/in) • *car-park attendant*
BE / AE parking attendant (= Parkwächter/in) • *lavatory* ['lævətri]
attendant (= Toilettenmann / -frau) • *museum* [mju'zɪəm] *attendant*
(= Museumswärter/in)

housewife / **house husband** *BE*	Hausfrau – Hausmann
homemaker *AE*	Hausfrau – Hausmann
cleaner ['kliːnə]	Raumpfleger(in); Reinigungskraft

18.6 In the office
Im Büro

office ['ɒfɪs]	Büro; (*Anwalt*) Kanzlei
office hours ['aʊəz]	Dienst- / Arbeitsstunden
superior [su'pɪərɪə] / *AE auch* supervisor ['su:pəvaɪzə]	Vorgesetzte(r)
my colleagues ['kɒli:gz] / coworkers	meine Kolleg(inn)en
her subordinates [sə'bɔ:dɪnəts]	ihre Mitarbeiter(innen)
the receptionist [rɪ'sepʃənɪst]	die Dame / der Herr am Empfang
arrange an appointment	einen Termin vereinbaren
I've an appointment to see Mr Fox.	Ich habe einen Termin bei Herrn Fox.
A Mr Dole to see you.	Ein Herr Dole möchte Sie sprechen.
meet with someone (– met – met)	mit jem. eine Unterredung haben
hold a meeting (– held – held)	eine Sitzung abhalten
She's going to a meeting.	Sie ist auf dem Weg zu einer Besprechung.
She's still in conference ['kɒnfrəns].	Sie ist noch in einer Besprechung.
business card ['bɪznəs kɑ:d]	Visiten- / Geschäftskarte
business lunch ['bɪznəs lʌntʃ]	Arbeitsessen
desk [desk]	Schreibtisch
desk lamp	Schreibtischlampe
a desk job	eine Bürotätigkeit
draft [drɑ:ft] a letter	einen Brief entwerfen
a draft letter	ein Briefentwurf
type [taɪp] a letter	einen Brief auf der Maschine / auf dem PC schreiben / tippen
Could you type this right away?	Könnten Sie dies direkt schreiben?
How long will it take to type out the contract ['kɒntrækt]?	Wie lange wird es dauern, den Vertrag zu schreiben?
type up the minutes of the meeting	das Protokoll der Sitzung schreiben
typing error ['erə] / typo ['taɪpəʊ]	Tippfehler
typing paper ['taɪpɪŋ peɪpə]	Schreibmaschinenpapier
typing pool ['taɪpɪŋ pu:l]	Schreibzentrale
typewriter ['taɪpraɪtə]	Schreibmaschine
dictate [dɪk'teɪt] letters to a secretary	einer Sekretärin Briefe diktieren
dictated by X and signed in his / her absence ['æbsəns]	nach Diktat verreist

dictating machine [dɪk'teɪtɪŋ məʃiːn]	**Diktiergerät**
take **dictation** (– took – taken)	ein **Diktat** aufnehmen
take something down in **shorthand**	etwas **stenografieren**
Get me the Smith file , please.	Bringen Sie mir bitte die **Akte** Smith.
These things can be filed (away).	Diese Sachen können in die Ablage.
photocopier ['fəʊtəʊkɒpiə]	**Fotokopierer**
photocopy ['fəʊtəʊkɒpi]	**Fotokopie; fotokopieren**
I have some copying to do.	Ich muss noch einiges fotokopieren.
copy paper ['kɒpi peɪpə]	Kopierpapier
take on extra work (– took – taken)	zusätzliche Arbeit **übernehmen**
I'm afraid I'm busy ['bɪzi] right now.	Ich bin leider gerade **beschäftigt**.
(office) **stationery** ['steɪʃənri]	**Büromaterial; (Firmen-)Briefpapier**
paper clip ['peɪpə klɪp]	**Büroklammer**
clipboard ['klɪpbɔːd]	**Klemmbrett; Manuskripthalter**
staple ['steɪpl] – **stapler** ['steɪplə]	**Heftklammer – Heftmaschine**
staple papers together	Papiere zusammenheften
(hole) **punch** [pʌntʃ]	**Locher**
notepad ['nəʊtpæd] – **notebook**	**Notizblock – Notizbuch**
ring binder ['rɪŋ baɪndə]	**Ringbuch**
card index [kɑːd 'ɪndeks]	**Kartei**
notice board BE / AE **bulletin board**	**Anschlagtafel; schwarzes Brett**
drawing pin BE / AE **thumbtack**	**Reißzwecke; Reißnagel**
write [raɪt] (– wrote – written)	**schreiben**
writing paper ['raɪtɪŋ peɪpə]	Schreibpapier, Briefpapier
pencil ['pensl]	**Bleistift**
pencil sharpener ['ʃɑːpnə]	Bleistift(an)spitzer
propelling BE / AE mechanical pencil	Drehbleistift; Druckbleistift
Have you got a **pen**?	Hast du **was zum Schreiben**?
ballpoint (pen)	Kugelschreiber
felt tip (pen) / felt pen ['felt pen]	Filzstift; Filzschreiber
marker (pen) ['mɑːkə]	Markierstift
fountain pen ['faʊntən pen]	Füll(feder)halter; Füller
refill ['riːfɪl]	**(Kugelschreiber- / Bleistift-)Mine**
written in **ink** [ɪŋk]	mit **Tinte** geschrieben
(ink) **cartridge** ['kɑːtrɪdʒ]	**(Tinten-)Patrone**
rubber BE / AE **eraser** [ɪ'reɪzə]	**Radiergummi**
Sellotape™ BE / AE **Scotch tape**™	**Tesafilm™; Klebefilm**

18.7 Labour relations
Beziehungen zwischen den Tarifpartnern

labour ['leɪbə]	Arbeit; die Arbeiterschaft
organized / unionized ['juːniənaɪzd] labour	gewerkschaftlich organisierte Arbeitnehmer(innen)
the **work force** ['wɜːk fɔːs]	die **Belegschaft**

i *Labour relations* bezeichnet die Beziehungen zwischen der Unternehmensleitung (= management) und den Mitarbeitern (= employees [ɪmˈplɔɪiːz]), zwischen Arbeitgebern (= employers) und Gewerkschaften (= union).

trade union *BE* / *AE* **labor union**	**Gewerkschaft**
belong to a union ['juːniən]	einer Gewerkschaft angehören
union member ['juːniən membə]	Gewerkschaftsmitglied
strike (– struck – struck)	**streiken**
striking workers	streikende Arbeiter(innen)
take strike action against a firm	eine Firma bestreiken
The miners are on strike.	Die Bergarbeiter streiken.
an unofficial / wildcat strike	ein wilder Streik
a sympathy ['sɪmpəθi] strike	ein Sympathiestreik
stage warning ['wɔːnɪŋ] strikes	Warnstreiks durchführen
call off a strike	einen Streik abblasen / beenden
head off a strike	einen Streik abwenden
settle a strike	einen Streik beilegen
work to rule [ruːl]	**Dienst nach Vorschrift (machen)**
a **go-slow** *BE* / *AE* **slowdown**	ein **Bummelstreik**
stop work / **down tools** [tuːlz]	die **Arbeit niederlegen**
lock out [lɒk ˈaʊt] – **lockout** ['lɒkaʊt]	**aussperren – Aussperrung**
minimum **wage** [mɪnɪməm ˈweɪdʒ]	**Mindestlohn**
demand [dɪˈmɑːnd] wage increases	Lohnerhöhungen fordern
negotiate [nɪˈɡəʊʃieɪt] / **bargain** ['bɑːɡən] with the unions	mit den Gewerkschaften **verhandeln**
negotiate a pay agreement	einen Tarifvertrag aushandeln
settle a dispute [dɪˈspjuːt]	einen Streit **beilegen**
pay / wage settlement ['setlmənt]	Tarifabschluss
return [rɪˈtɜːn] to / go back to work	die Arbeit **wieder aufnehmen**
layoffs ['leɪɒfs]	(vorübergehende) **Entlassungen**
They're on **short time** [ʃɔːt ˈtaɪm].	Sie machen **Kurzarbeit**.

Register Englisch

Zahlen, Wochentage, Monatsnamen, Personennamen und geographische Namen sowie die nachstehend aufgelisteten Wörter sind in diesem Register nicht berücksichtigt – es sei denn, sie sind Teil einer Kollokation oder vom Sprachgebrauch her besonders zu beachten.

a(n)	cannot	himself	not	that	were
about	could(n't)	his	now	the	what
after	did	how	of	their	when
again	didn't	I	on	them	where
all	do	if	one	themselves	which
also	does(n't)	in	only	then	who
am	don't	into	or	there	why
American	down	is	other	these	will
and	England	it	our	they	with
are	English	its	ourselves	this	without
as	first	itself	out	those	woman
at	for	just	over	through	won't
be	from	man	people	to	would(n't)
because	got	many	please	too	yes
been	had	me	she	UK	you
before	has	more	so	up	yourself
between	have	most	some	us	yourselves
Britain	he	much	somebody	US(A)	
British	her	must	someone	very	
but	here	my	something	was	
by	herself	myself	such	we	**A**
can('t)	him	no	than	well	

abridgment 154
absence 181
absent 105
absolute 71
absolution 98
absolutism 71, 93
abstain 74
abstention 74
abstract 107
abuse 33, 42, 89
academy 100
access 161
accessories 52
accident 55, 57, 164
accommodation(s) 120
accompany 109
according to 155
account 145, 176, 177
accountant 82, 180

a bit 159
a few 106, 108, 112, 147
A levels 102
a little 26
a lot 125
a lot of 60, 104, 127, 176
abandon 42
abdomen 17
abduction 91
ability 81
abnormal 94
aboard 170
abortion 33, 75
above freezing 136
above zero 136
abridge(d) 154

accounting 82
accumulate 173
accuse 115
-ache 59
achieve 84, 103
achievement 29, 102
acid 89
acid rain 135
acorn 140
acquaintance 31
acquainted 31
act 75, 82, 112
act out 105
action 85, 112, 183
activate 162
activist 138
activity 126, 127
actor 112
actress 112
ad 178
adapt 111, 154

adaptation 154
addict 89
addicted 89
addiction 89
addition 144
address 15
administer 56
administration 76
adolescence 21
adolescent 21
adopt 42
adoption 42
ads 87
adult 21, 33
adult bookshop 33
adult education 100
adultery 40
advance 85
advanced 102, 162
advanced technical college 99

advert 178
advertise 178
advertisement 178
advertiser 178
advertising 178
aeroplane 167
affair 40
affairs 84
affection 32
affordable 64
afraid 29, 36, 68, 120, 167,170, 182
Africa 128
African 128
afternoon 48
after-sales service 122
aftershave 34
aftershave lotion 35
against 29, 68, 78, 91, 98,183
age 15, 18, 21, 22, 23, 36, 93, 171
ageing 22
agency 77, 88, 118, 155, 178
agent 69, 87, 118
aging 22
agitated 25
agreement 32, 84, 183
agricultural 132
agriculture 132
aground 170
aid 26, 56, 84, 104
AIDS 54
ailment 53
air 69, 75, 135, 167
air base 86
air cargo 168
air conditioner 67
air fare 167
air force 85
air freight 168
air hostess 168
air raid 86
air transport 167
aircraft 167, 180
airline 167
airliner 167
airmail 157
airplane 167
airport 167

air-raid shelter 86
alarm clock 67
alcohol 89
alcoholic 89
alcoholism 89
ale 45
algebra 144
alimony 40
all at sea 170
all sorts of 126
allergic 54
allergy 54
allergy sufferer 54
alleviate 90
alliance 84
allowance 42, 82, 83
all-powerful 71
ally 84
almanac 153
almost 18, 57
aloud 104
altar 97
alternating current 152
altitude 168
always 31, 51
Alzheimer's disease 23, 53
amateur 124
amazed 29
ambassador 84
ambulance 56
amen 98
America 128
American 128
American cheese 43
American football 125
American plan 120
Americas 128
ammunition 86
among 22, 90
amount 176
amplifier 152
amplify 152
amusement park 117
anaesthesia 62
anaesthetic 62
anaesthetist 62
ancestor 38
anchor 156, 170

anchorman 156
anchorwoman 156
ancient 93, 107
ancient history 93
ancient times 93
ancient world 93
angel 97
anger 94
angle 144
Anglican (Communion) 96
angry 29
animal 20, 55, 138
animal rights 138
animal welfare 138
ankle 56
anniversary 40, 146
announce 155
announcer 156
annoyed 29
annual 141
anonymous 89
answer 158
answering machine 159
answerphone 159
ant 139
Antarctic 128
anthology 114
antiquarian 123, 154
antique shop 123
antiques 127
antiquity 93
antivirus 162
anus 17
anxiety 94
apartment 64, 87
ape 138
appalling 90
appeal 78, 80
appealing 24
appearance 18, 19
appendicitis 62
appendix 54, 154
appetite 27, 59
applause 112
apple 44
apple juice 45
appliance 66
application 119
apply 35, 119, 120
appoint 77

appointment 58, 77, 181
apprentice 179
apron 52
aptitude test 102
arable 132
archbishop 98
architect 113
architectural 113
architecture 113
archives 93
Arctic 128
area 70, 125, 129, 131, 133, 134, 137, 148
aristocracy 71
arithmetic 144
arithmetic(al) 144
arm 16, 56, 57
armchair 67
armed 92
armed forces 85
armed intervention 84
army 85, 96
aroma 27
around 70, 118
arrange 181
arrangement 106, 109
arranging 126
arrest 80
arrival 119, 166, 167
arrive 166
arson 91
arsonist 91
art 72, 101, 107
art academy 100
art college 100
art dealer 123
art gallery 107
art nouveau 107, 113
artery 17
arthritis 143
article 26, 52, 153
artillery 86
artist 39, 91, 106
artistic 126
arts 100
ascending 162
ash (tree) 140
ashamed 30
ashcan 67
ashore 170

A

Asia 128
Asian 128
asparagus 44
ass 138
assemble 150
assembly 150, 151
assembly line 150
assembly shop 150
assessment 82
assign homework 104
assignment 104
assistance 83, 90, 159
assistant 122, 180
association 87
Association football 125
asthma 53, 143
asthmatic 143
astonished 29
at a glance 26
at all 27
at college 100
at first sight 26
at home 42
at least 68
at once 28
at sea 170
at the corner 163
at the docks 130
at the moment 120
at the sales 123
at the scene 56
at the weekend 116
athletics 124
atlas 153
atmosphere 115
atom(ic) bomb 86
attachment 162
attack 25, 53, 85, 86
attacker 91
attend 97, 99, 101
attendant 168, 180
attending 61
attitude 28
attorney 78, 79
attraction 117
attractive 18, 33
attractiveness 18
audible 27
audience 112, 178

audio 27
audiovisual 104
audit 82
aunt 38
Australia 128
Australian 128
author 115, 154
authoritarian 71
auto 163
auto racing 124
autobahn 163
autobiographical 114
autobiography 114
autofocus 108
autograph 127
automated 151
automatic 108, 151
automatically 151
automation 151
automobile 163
automotive 151
autopsy 36
available 59
avalanche 137
average 136
awareness 135
away 69, 181
away from 64
away victory 125

BA 103
baby 16, 18, 20, 41, 62, 92, 148
baby carriage 20
baby lotion 35
baby-minder 20
baby-sitter 20
bachelor 39
Bachelor of Arts 100, 103
Bachelor of Science 103
bachelor's degree 100, 103
back *adv.* 67, 166
back *n.* 56, 58, 63
back door 65
back garden 65
back passage 17
backache 59
backbencher 74

backpacking 127
backslash 161
backup 161
backyard 65
bacon 43, 48, 121
bad 17, 25, 28, 30, 174
badly 19, 56
badminton 125
bag 49, 122, 168
bag(s) 119
baggage 119, 168
baggage cart 119, 166
bake 46
baked potatoes 44
baker 180
balance 75
balanced 173
balcony 65
bald 19
balding 19
ball 20
ballad 115
ballet 110
ballot 75
ballpark 124
ballpoint 182
banana 44
band 110, 117
Band-Aid™ 56
bank 135, 143, 176, 177
bank clerk 180
bank employee 180
bank holiday 116
bank manager 177
bank of a lake 130
bank robbery 92
banker 177
banns 39
baptism 41
Baptist 96
baptize 98
bar 49, 50, 110
bar of chocolate 43
bar of soap 34
barber 35
bargain 122, 183
bark 141
barn 132
baroque 107, 113
base 86

baseball 125
baseball cap 52
basement 65
basic 90
basket 67, 122
basketball 125
basketry 126
bass 109
bath 34, 42, 66, 120
bathe 42
bathing suit 52
bathrobe 52
bathroom 65, 68, 69
bathtub 66
battalion 85
batter 92
battered wife 92
battery 152
battle 85
battlefield 85
battleship 85
bay 130
B&B 121
be afraid 36, 68, 120
be all at sea 170
be entitled to 83
be fond of 28
be going to 77
be in bud 141
be in for 136
be in love 32
be in touch with 32
be into sth. 89
be of age 21
be on drugs 89
be on the needle 89
be on the pill 59
be on trial 78
be on welfare 83
be set 112
be sick 17, 53
be supposed to 63
beach 130
beans 44, 47
bear *n.* 20, 138
bear *v.* 28
beast 138
beat 46, 69, 92, 110
beat time 110
beat up 92

B

bridesmaid 39
bridge 60
briefs 52
brigade 85
bright 19
bring a suit 78
bring down 88
bring out 154
bring up 42
broad 18
broadcast 156
broad-minded 25
broad-shouldered 18
brochure 118, 178
broil 47
broken 29
broker 177
bronze 107
brook 130
broom 69
broth 44
brothel 33
brother 38
brother-in-law 38
brown bear 138
brown bread 43
browse 153, 162
bruise 56
brunette 19
brush 34, 69, 106
BSc 103
buck 176
bud 141
Buddhism 95
Buddhist 95
budgerigar 139
budget 75, 173
budget cuts 173
budget deficit 173
budget freeze 173
budgie 139
buffer 161
buffet 50
buffet (car) 165
bug 139, 160
bugger 41
build 113
building 64, 113, 134
building blocks 20
building site 113
built 18
built-in 66
bulb 141, 152

bulletin board 182
bureau 77
burglar 92
burglarize 92
burglary 92
burgle 92
burial 36
burly 18
burning 37, 58
burns 55
burst tyre 164
bury 36
bus 55, 171, 172
bus lane 164
bus route 171
bus stop 171
bushes 131
business 174
business card 181
business college 99
business lunch 181
business profits 173
business section 155
business tax 82
businessman 174
businesspeople 174
businesswoman 174
bust 17, 107
busy 159, 182
butcher 179, 180
butter 43, 48
buttercup 140
butterfly 127, 139
butterscotch 43
buttocks 17
button 52, 161
buy 122, 123, 175
buyer 174
BVDs™ 52
by air 167
by airmail 157
by bus 171
by cheque 176
by fax 159
by heart 104
by instalments 177
by mail order 122
by parcel post 157
by return 157

by road 163
by trade 179
by train 28, 165
by-election 74
bypass 164

C

cab 172
cabbage 44
cabinet 76
cabinetmaker 180
cable 152
cache 160
cactus 141
Caesarean 41, 62
café 49
cafeteria 49
cage 139
cake 43, 46
calculate 144
calculation 144
call 75, 121, 158
call back 158
call box 159
call for 56
call off 183
call up 158
calm 25
Calvinism 96
camera 108
camera store 123
camp 36
campaign 75, 178
campus 100
can *n.* 67
can *v.* 47
can opener 47
canal 130
canary 139
cancel 118, 120, 167
cancellation 119
cancer 36, 54, 142
candidate 73, 75
candy 43
canned 47
canoe 169
can't bear 28
canteen 48, 49
canvas 106
cap 52
capacity 161
capital 173
capital gains 82

capital punish-
    ment 80
capitalism 71
capitalist 71
capsize 170
captain 85, 125, 168, 169, 170
capture 86
car 55, 79, 122, 163, 164, 165, 177
car industry 151
car manufacturer 150
car park 164, 180
car rental 163
caravan 65
carbon dioxide 135
carbonated 45
card 82, 103, 119, 157, 176, 181
card index 182
cardboard box 87
cardinal 98
cardiology 142
cards 20
care 42, 62, 83
career 91
careful 24
careless 24
cargo 168
cargo ship 169
carnation 141
carpenter 180
carpet 68, 69
carpet(ing) 67
carport 65
carriage 20, 165
carrier 157
carry 125, 155
carry-on bag 168
carryout 49
cart 119, 122, 166
cartridge 182
carve 107
carving 107
case 78, 119
case history 61
cash 119, 122, 176
cash machine 176
cash payment 176
cashier 121
casino 117
cassette recorder 156

C

cast 107, 112
castle 64
casual 51
casuals 52
casualties 86
casualty 56, 62
cat 54, 138
CAT scan 143
catalogue 122, 153
catch 165
catch a glimpse 26
cathedral 97
Catholic 96
Catholicism 96
cattle 132
cauliflower 44
cause 30, 90
CD player 27
cease fire 86
celebrate 39
cell 36
cellar 65
cellphone 158
cement 151
cemetery 36
cent 176
centimetre 147, 148
central 77, 158
central city 133
central heating 67
central London 133
central nervous system 143
centrally 67
centre 61, 72, 95, 100, 122, 128, 133
centre-left 72
cereals 43, 48, 121
ceremony 39, 103
certain 23
certificate 36, 39, 41, 102, 103, 119
chair 37, 67, 77, 179
chairman 179
chairman of the board 174
chairwoman 179
challenge 124
challenger 124
chamber 37, 74, 109

chamber of commerce 174
champion 124
championship 124
chance 145
chancellor 76
change 41, 119, 135, 164, 166, 176
change course 170
change for 172
change of life 22
change purse 176
channel 130, 156
chaplain 61, 98
character 30, 112, 161
charge 79, 152, 175, 176
charge nurse 62
charges 157, 158
charitable 82
charming 25
charter 168
chat 162
chat group 162
chat show 156
cheap 123
cheat 102
check 50, 119, 123, 164, 168
check in 120, 166, 168
check out 121
check-in counter 168
checkout 121
checkroom 49, 166
checkup 59
Cheddar 148
cheek 159
cheeky 25
cheer 45
cheerful 25
cheese 43, 108
chemist 123
chemistry 101
cheque 119, 176
cherry 44
cherry tree 141
chest 16, 17
chestnut 44, 140
chicken 43, 47, 132
chickenpox 54

chief 85, 155
chief resident 61
child 20, 21, 41, 42, 171
child abuse 42
child labour 90
child prostitution 90
childhood 20
childminder 20
children 40, 41, 42, 57, 90
children's clothing 150
children's wear 20
chilly 136
chimney 65
chimney sweep 180
chimp(anzee) 138
china 67
chip shop 49
chippy 49
chips 44
chisel 149
chocolate 43, 45, 148
choir 109
cholesterol 63
choose 50
chop 46
chord 110
chore(s) 42, 68
chorus 109, 114
christen 98
christening 41
Christian 73, 95, 96, 97
Christianity 95
Christmas 116
Christmas Day 116
Christmas Eve 116
chronic 53
chronicle 93
chronicler 93
church 96, 97, 109
churchyard 36
CIA 77
cinema 111, 144, 164, 172
circular 144
circulation 17
circumstances 79
circus 117
citizen 23, 26, 70, 133, 134, 137

City 70
city centre 70, 133
city council 133
city limits 133
civil engineer 180
civil rights 77
civil servant 180
civil service employee 180
civil wedding 39
civilian 86
civilization 129
civilized 24
clash 32
class 31, 100, 165
classical 109
classified ad 178
classroom 105
claw 139
clay 107
clean 46, 68, 69, 105
clean air 75
clean out 68
clean up 68
cleaner 69, 180
cleaners 35
cleaning 68, 69
cleaning agent 69
cleaning cloth 69
cleanliness 34
cleansing cream 35
clear 30
clear away 69
clearly 105
clergy 98
clergyman 98
clergywoman 98
clerk 180
clever 25
click 161
client 113
cliff 131
cliffhanger 114
climate 135, 136
climax 115
climbing 127
clinic 142
clinical 142
clip 182
clipboard 182
cloakroom 49
clock 67, 126
clockmaker 180
clone 132

close *adj.* 31, 136
close *v.* 105, 161
closet 66
clot 143
cloth 69
clothes 51, 52, 59
clothes brush 69
clothes store 123
clothing 51, 52, 150
cloud 136
cloudless 136
cloudy 136
clover 141
clown 117
cloze test 102
club 21, 31
club soda 45
coach 167, 171
coalition 72
coast 128
coast(line) 130
coaster 117
coat 51
cocaine 89, 148
cockpit 168
cocoa 45
code 81, 157, 158, 162
coffee 27, 45, 48, 50,121
coffee bar 49
coffee grinder 46
coffee mill 46
coffee shop 49, 121
coffeemaker 47
coffeepot 47
coffin 36
coin 127
cola 45
cold 53, 59, 60, 136
coleslaw 44
collapse 53
colleague 181
collect 81, 127, 172
college 99, 100
collide 55
collision 55
cologne 34, 35
colon 143
colour 108
colouring book 20
colouring set 20

column 143, 155
columnist 155
comb 34
combine (harve-ster) 132
come 129, 157
come ashore 170
come down with 54
come from 38
come into flower 140
come of age 21
come out 54, 154
come to power 72
comedy 114
comfortable 166
comic 114
comic books 20
comic strips 20
comics 20
command 85
commander 85
commander-in-chief 85
Commandment 97
commentator 156
commerce 174
commercial 156, 174, 178
commercial college 99
commercial school 99
commission 77, 175
commit 37, 40, 79
committee 74, 75
common 72, 177
common denomi-nator 144
common-law 39
common soldier 85
Commons 74
commonwealth 70
Communion 98
communism 71
communist 73
community 70
commute 163
commuter 163
company 31, 83, 85, 122, 152, 154, 174
compartment 165

compassionate 25
competition 113, 124, 173, 175
complete 60, 81
complexion 19
components 151
composer 109
composition 101, 107, 109
comprehension 101
comprehensive 99
compress 162
compromise 84
compulsory 101
compulsory deposit 135
compute 144
computer 160, 162
computer-con-trolled 150
computer-literate 160
computer science 101, 160
computerize 151
con man 91
conception 33
concert 110
concerto 110
concierge 121
concrete 113
concussion 55
condition 53, 56, 57
conditioner 34, 67
conditions 134
conduct 110
conductor 110, 165, 172
cone 140
confederation 70
conference 96, 155, 181
confession 98
confidence 75
confidence man 91
configuration 160
confined to 57
confirmation 98
conflict 30, 32, 84
congregation 98
congress 74
conifer 140
coniferous 140

connect 159
connection 32, 159, 166
conscience 30
conscious 63, 94
conservative 72
Conservative 73
considerate 24
consideration 32
consignment 175
consist of 74
consommé 44
constituency 75
constitutional 71
construct 87, 113
construction 113
consulate (general) 119
consultant 61, 82
consume 148
consumer goods 150
consumer prices 173
contact 32
container 67
container ship 169
contemporary 93
contempt 32
content 115
contented 24
contents 154
contest 117, 124
contested 40
continent 128
Continent 128
continental 128
continental break-fast 48, 121
continued education 100
continuing education 100
contraception 33
contract *n.* 175, 181
contract *v.* 53, 54
contractor 113
contralto 109
contribution 82
control 33, 57, 63, 87, 119,161
convalescent home 23
convenience food 43

C

convention 73
conversation 32, 158
convert 95
conveyor belt 151
convict 80
convincingly 112
cookbook 46
cooker 47, 66
cookery book 46
cookie 43, 160
cooking 46, 126
cool 136
cooperate 32
cooperation 32
cooperative 24
cop 164
copy 102, 154, 155, 161, 178
copy down 105
copy paper 182
copying 182
copyright 154
copywriter 178
cord 152
cordless 158
core subject 101
corkscrew 47
corn 44, 132
corner 163
cornflakes 48
cornflower 140
coronary 53
corporation 174
corporation tax 82
corps 85
correspondence course 100
correspondent 155
corridor 65
corrupt 25
corruption 30
cosmetics 35
cost v. 176
cost of living 173
cost(s) n. 151
costs n. 83, 173
costume 112
cot 20
cotton buds 34
cotton wool 35
couch 66, 67
cough 54
council 133
council flat 64

counsel 78, 79
counselling 94
counsellor 39, 94
count 144
counter 49, 122, 168
counterfeiting 91
counter-intelli-gence 85
counteroffensive 86
country 31, 70, 72, 84, 85, 128
country code 162
countryside 131
county 70
couple 39, 42
courageous 25
courageously 25
course 100, 101, 124, 170
courteous 25
courtesy 32
court-martial 86
courtyard 65
cousin 38
cover 83
cow 95, 132
cowardly 25
coworker 181
cradle 20
craft shop 123
crafts 126
cram for 102
cramp 54
crash 37, 55, 160, 167, 177
crash helmet 52
crayons 20
crazed gunman 91
cream 34, 35, 43
cream soda 45
create 161, 177
creation 88
creative(ly) 178
crèche 20
credit 102
credit card 176
Creed 98
cremate 36
cremation 36
crematorium 36
crematory 36
crew 168, 170
crew cut 19
crib 20, 102

cricket 125
cricket ground 124
cricket pitch 124
crime 33, 79, 86, 91
crime rate 91
criminal 31, 33, 86, 91
criminal case 78
criminal offence 91
crisis 22, 84
critic 112
critical 56
critically 55
criticism 114
criticize 28
crockery 67
crocodile 139
croissant 48, 121
crook 30
crop 132
cross 29, 95, 125
cross-examine 79
crossing 164
crossword 127
crotchet 110
crowd 31
crown 60
crown court 78
crucifixion 37
cruelty 138
cruise 169
cruising altitude 168
crumbs 68
cry 29
CT scan 143
Ctrl 161
cubism 107
cucumber 44
cuisine 46
cul-de-sac 163
cultivate 132
cultivated plant 140
cultural 134
cultural history 93
culture 95
cup 45, 47
cup that cheers 45
cupboard 66
curb costs 83
curd 121

cure 54, 89
curly 19
currency 177
current 130, 152
curriculum 101
curry 44, 50
cursor 160
curtains 67
curve 163
cushion 66
custody 40, 80
customer 122
customs 119
customs duty 82, 119
cut 16, 19, 56, 83
cut costs 151
cut flowers 140
cut interest rates 173
cut prices 175
cut rates 177
cut subsidies 173
cut taxes 81
cute 18
cuts 90, 173
cycle 164
cycling 127
cyclone 137

D

dad 41
daddy 41
daff(odil) 140
daily 155
daisy 140
damage 137
damages 78
dance 109, 110, 117
dancer 39, 110
dancing 110
dandelion 140
dark 19
dark-haired 19
darling 41
dash 124
data 153, 160, 161
data processing 152, 160, 174
database 153
date of birth 15
daughter 38
daughter-in-law 38

day 35, 50, 53, 92, 116, 136, 145, 146, 172
day-care center 20
day nursery 20
day off 116
deactivate 162
dead 36, 86, 92
dead body 36
Dead Sea 129
deadly 97
deaf 26, 57
deaf and dumb 26, 57
deaf-mute 57
deal in 174
deal with 174
dealer 89, 123
death 36, 37, 89, 90, 92
death camp 36
death cell 36
death certificate 36
death penalty 37, 79
death toll 137
debate 74, 80
debt 173, 176
decaffeinated 45
decay 60
deceased 36
decency 30
decent 24, 30
decide 46, 50, 73
deciduous 140
decimal 144, 146
deck 170
deck chair 67
declare war 85
decline 23, 174
declining 23
decode 162
decrepit 23
decrypt 162
deductible 82
deed 30
deep 59, 170
deep structure 115
deeply 95
deer 138
default 161
defeat 86
defecate 17
defect 57

defence 72, 77, 79, 85, 125
defence minister 77
defence secretary 77
defend 85
defender 125
defense 77
deficit 173
deflation 173
degree 100, 103, 144
delay 119, 167
delegate 70
delete 161
deli(catessen) 49, 123
delicious 27
delinquent 21
deliver 151, 157, 175
deliver a speech 74
delivery 41, 157, 175
demand 173, 183
democracy 71
democratic 71
Democratic 73
democratically 71
Democrats 73
demolish 134
denims 52
denomination 95, 96
denominational 96
denominator 144
dense 131
dental 60
dental floss 60
dental surgeon 60
dentist 60
denture 60
deodorant 35
depart from 101
department 76, 82, 100, 143, 177, 178, 179
Department of the Interior 76
department store 122
departure 119, 166, 167

dependent 90
depict 106
deposit 120, 123, 135
depreciation 82
deprivation 90
deprived 90
dermatology 142
descended from 138
descending 162
descent 38
desert 131
design 113, 162
designer 180
desire 28
desk 121, 181
desk job 181
despair 29, 90
desperately 90
despise 29
dessert 50
destination 118, 167
destitute 90
destroy 86
destruction 86
detain 80
detective 80
detective story 114
detention 80
detergent 69
deteriorate 88
devalue 177
devastate 137
devastating 137
develop 108
developing country 84
development 134, 135, 151
development aid 84
device 149
devil 97, 170
devoid of charm 25
diagnose 142
diagnosis 142
diagnostic 143
dial 159
dial tone 159
dialling tone 159
dialogue 105
dialysis 143

diameter 144
diaper 41
diary 114
dictate 181
dictating machine 182
dictation 101, 182
dictator 71, 77
dictatorship 71
dictionary 153
die 36, 74, 167
die of 37, 55, 56, 90, 143
diesel engine 27
diet 63
different 133
digital 108, 152, 162
digitization 152
digitize 152
diminished 79
diner 49, 165
dining car 49, 165
dining room 65
dining table 66
dinner 48
dioxide 135
diploma 102, 103
diplomacy 84
diplomat 22, 84
diplomatic 84
direct 112, 165
direct current 152
direct flight 168
direct mail 178
direct marketing 178
directions 115
director 111, 174
directory 153, 158, 161
directory assist- ance 159
directory enquiries 159
dirty 19
disability 57
disabled 57, 66
disadvantaged 90
disagreement 32
disaster 137
disaster area 137
disconnect 159
discontented 24
discount 175
discussion 32

D

eastbound 172
Easter 116
eastern 70, 128, 129
easy chair 67
easygoing 25
eat 26, 48
eat out 49
eatery 49
ecofriendly 135
ecological 135
economic 72, 173
economical 173
economically 90, 170, 173
economics 103, 173
economist 173
economy 173
economy (class) 167
ecstasy 89
edit 154, 161
edition 154, 155
editor 154
editor (in chief) 155
educate 42
education 42, 100, 101, 102
educational 99, 134
Edwardian 113
eel pie 50
effect 135
efficiency 151
efficient 24, 163, 171
effort 64
egg 43, 46, 48, 121
el 171
Elastoplast™ 56
elbow 16
elderly 22, 23
elect 71, 75
elected 71
election 73, 75, 134
election platform 73
electric 152, 165
electric chair 37
electric motor 149
electric razor 34
electric shaver 34

electrical 66, 152
electrical engineer 152
electrical enginee- ring 152
electrician 152
electricity 152
electricity supply 152
electrocution 37
electronic 152
electronics 123, 152
electrostatic 152
elementary school 99
elevated 171
elevator 65
e-mail 153, 161
e-mail address 15
embark 170
embassy 84, 119
embezzlement 91
embolism 143
embroidcry 126
emergency 56
emergency room 56, 62
emigrate 96
emotion 28, 94
emperor 76
empire 70
employ 88
employee 88, 180, 183
cmployer 183
employment 82, 88
employment agency 88
empress 76
empty 17
enact 75
encode 162
encrypt 162
encyclopedia 153
end 129
endangered 135
endearment 41
ending 115
endoscopic 142
endoscopy 142
enemy 32, 86
energy 23
enforce 78
Eng. Lit. 102

engage in sth. 126
engaged 39, 159
engagement 39
engine 27, 149, 153, 165
engine driver 165
engineer 104, 165, 180
engineering 149, 152
English breakfast 48, 121
English Channel 130
enjoy 28, 48, 127
enlarge 108
enlargement 108
Enlightenment 93
enough 63
enquiries 159
enrol(l) 100
Enter 161
enter data 160
enterprise 173
entertainment 117
entitled 82, 83
entitlement mentality 83
entrance hall 65
environment 135
environmental 135
environmentalist 135
environmentally 135
envy 29
Episcopal 96
episode 156
equal 147, 148
equal(s) 144
equation 144
equator 128
equipment 27, 149
erase 161, 162
eraser 182
erotic 33
error 181
eruption 137
escalator 172
escape 78
essay 101, 114
estate 87
estate agent 87
estimated 137

ethical 30
EU 84
euphemism 33
euro 176
Europe 128, 129
European 128, 129
European plan 120
European Union 84
evasion 81
eve 116
even number 145
evening 136
evening class 100
evening dress 51
evening gown 51
event 124
evergreen 141
every 20, 117, 171
evict 87
evidence 80
evil 30
exam 102
examination 102
examine 59
excel 160
excellent 125
excess 88
exchange 88, 119, 177
exchange rate 119, 177
excursion 118
excuse me 80
ex-directory 158
execute 37, 175
execution 37
executive 174
exempt 81
exercise 63
exhibit 107
exhibition 107
ex-husband 40
expectancy 22, 90
expectant 41
expecting 41
expenditure 177
experienced 22, 24
experimental 138
expire 119
export 175
exposure 56, 108

E

express (train) 165
expression 172
expressionism 107, 115
expressway 163
extension 159
extension cord 152
extension lead 152
extortion 91
extra 182
extra time 125
extract 60
extreme 72
extremely 90
extremist 72
eye 16, 18, 19, 26, 29
eye shadow 35
eye specialist 58

fabricate 150
fabrication 150
facade 113
face n. 16, 19
face v. 79, 129
face lotion 35
face powder 35
facilities 99, 134, 150
factory 150
faeces 17
fail an exam 102
failure 53, 143
fair adj. 24
fair n. 117
fairly 136
fairy tale 20, 114
faith 95
faithful 30, 40
faithfulness 30
fall 46, 88, 90
fall behind 87
fall in love 32
fall sick 59
false friend 25
family 31, 38, 42, 90, 179
family doctor 58
family planning 33
family tree 38

family way 41
famine 137
famine relief 137
famous 112, 117
fan 67
fancy 28
Far East 128
fare 166, 167, 172
fare dodger 172
fare dodging 172
farm 63, 132
farmer 131, 132
farming 132
farmland 131
farsighted 26
fascism 71
fascist 71
fashion 180
fashion designer 180
fashion shop 123
fashion show 117
fast 67, 167
fast film 108
fast food 43
fast lens 108
fasten 168
fat 18, 44, 63
fat farm 63
fatalities 137
father 20, 38, 41
father-in-law 38
faucet 66
fault 30
favour 78
favourite 101, 124, 126
fax 158, 159
fax machine 159
FBI 77
fear 28
feather 139
feature 155
featuring 111
federal 71, 76, 77, 82
federation 71
feeble 23
feebleness 23
feed 41
feel 27, 28
feel sick 59
feeling 28, 94
felt pen 182
felt tip (pen) 182
female 15, 180

fence 65
fern 141
Ferris wheel 117
ferry 169
fertile 131, 132
fever 53, 59, 143
few 106, 108, 110, 112, 147
fiancé 39
fiancée 39
fibre 63
FICA tax 82
fiction 114
field 124, 131, 132
field hospital 61
fight 30, 92
fighting 86
fighting dog 138
figure 18, 106
figure skating 124
figures 174
file 81, 160, 161, 162, 182
file a suit 78
file away 182
file for divorce 40
fill 60
fill an order 175
filling 60
film 28, 33, 108, 111, 112
filter 108
final 115
final exam 102
finals 102
finance 176, 177
financial 177
financing 73
find 78, 105, 122, 148, 153
fine adj. 26, 136, 127
fine n. 80, 164
fine v. 80
fine arts 101
finger 16
fingernail 16
finish 105
finished products 150
fir 140
fir cone 140
fire n. 46, 55, 65, 86, 137
fire v. 88
fire disaster 137

firearms 92
fireplace 65
firing squad 37
firm 122, 154, 175, 183
first 85
first aid 56
first-class 165, 166
first-degree 79
first name 15
first night 111
first-person narrator 114
fish 44, 50, 139, 170
fish and chip shop 49
fishing 127
fishing trawler 169
fishpond 130
fit 60
fitness 63
fitted 66
fitted carpet 67
fitter 151
fittings 66
fix 89, 164
fizzy water 45
flannel 34
flash 108
flash of lightning 136
flashback 115
flat 64, 65, 87, 110
flat fare 172
flat hunting 87
flat rate 162
flat tyre 164
flavour 27
flea 139
fleabite 139
flex 152
flexible 24
flight 118, 167, 168
flight attendant 168
flight instructor 179
flight schedule 167
flight time 167
flood 137

E

flooded 137
flood-prone 137
floor 65, 67, 68
floor polish 69
floor show 117
flop 112
floppy 160
flora 141
florist 123
floss 60
flour 43
flower 140
flower arranging 126
flu 53
fluid 143
fluorescent 152
fly 29, 139, 147, 167
fly coach 167
flyer 167, 178
flying 167
flying instructor 179
flying time 167
focus 108
fog 136
foggy 136
foldaway 66
folding 66
folk 22
folk tale 114
folks 38
follow 50, 72, 126, 172
fond of 28
font 161
food poisoning 54
food(s) 43, 63
foolish 25
foolishly 25
foot n. 16, 147
foot v. 177
football 125
football ground 124
football hooligan 91
football pitch 124
footwear 52
force 85, 183
forces 85
forecast 136
foreign affairs 84
foreign aid 84

foreign exchange 177
foreign minister 77, 84
foreign ministry 84
Foreign Office 76, 84
foreign policy 84
foreign-language 104
foreign secretary 77, 84
foreigner 28, 29
forensic medicine 142
forest 131, 140
forest area 131
foreword 154
forget-me-not 141
fork 47
form 71, 76, 83, 99, 115
format 161
former 40
forward 157, 175
fossil fuel 135
foster parents 42
foul 125
foundation subject 101
fountain pen 182
fox 138
fraction 144, 146
fracture 55
fragrance 27
fragrant 141
frail 23
frank(furter) 43
frankly 170
fratricide 37
fraud 91
freak 63
free 80, 171, 173
free enterprise 173
free kick 125
free of 81
free-range 132
freedom 95, 155
freelance 179
freeway 163
freeze 136, 173
freezer 66
freezing 136
freight 168

freight train 165
freighter 169
French fried potatoes 44
French fries 44, 49
frequent flyer 167
fresh 47, 121, 140
fresh-ground 27
fridge 66
fried eggs 43, 46, 121
fried potatoes 44
friend 25, 31
friendliness 32
friendly 135
friendship 31
fries 44
fringe 111
frizzy 19
frog 139
from out of town 133
from stock 175
front 111
front door 65
front garden 65
front page 155
front passage 17
frontbencher 74
frontier 84
frost 136
fruit 44, 48
fruit juice 45, 48
fruit salad 44
fry 46
frying pan 46, 47
fuchsia 141
fuddy-duddy 23
fuel 135
fulfil 175
full 141
full board 120
full of 29
full-body massage 63
full-cream milk 43
full-text search 153
fully automatic 108
fully booked 120
function key 161
fund manager 177

fundamentalism 98
fundamentalist 95
funeral 36
funeral director 36
funeral service 36
funfair 117
fungus 141
fur 138
fur coat 51
furious 29
furnace 67
furniture 66, 174
furniture polish 69
further education 100
fussy 25

gag 92
gaga 23
gain 103
gallery 107, 117
gallon 148
gallstone 54
gambling casino 117
game 20, 124, 138, 160
gang 31
gangster 91
gap 147, 172
garage 65, 164
garbage 67
garbage can 67
garden 65, 139, 140, 141
gardener 180
gardening 127
garlic 44
gas 148
gas chamber 37
gas station 164
gastric 143
gastrointestinal 143
gate 65, 168
gaunt 18
gay 33
gay marriage 40
GCSE 102, 103
gear(s) 149
genealogy 93

general 62, 85, 102, 119, 143
general election 75
general practitioner 58
general staff 85
generate 152
generation 22
generator 152
generous 25
genitals 17
genocide 37
genre 114
geographical 128
geometric(al) 144
geometry 144
Georgian 113
geoscience 101
get 81, 83, 100, 116, 123, 172, 182
get a day off 116
get a pass 102
get acquainted 31
get along with 31
get custody 40
get divorced 40
get dressed 59
get engaged 39
get married 39
get off 166, 172
get old 22
get on 22, 166
get on sb.'s nerves 17
get on with 31
get one's BA 103
get one's doctorate 103
get sick 59
get started 105
get the sack 88
get to 166, 172
get to know 31
ghetto 133
gift shop 123
gifted 42
ginger ale 45
ginger beer 45
girl 18, 21
girlfriend 31
give 40, 48, 56, 58, 68, 75, 147, 158, 159
give a speech 74
give birth 41

give homework 104
give lessons 104
give notice 87
give out 105
give sb. a lift 163
give sb. the sack 88
giveaway 178
given name 15
glad 65
glance 26
gland 143
gland(ular) 143
glass 45, 69, 113, 149
glasses 26, 83
glimpse 26
global warming 135
gloomy 25
glossary 153
glossy 108
gloves 52
go 39, 49, 61, 64, 65, ,66, 72, 105, 117, 118, 133, 172, 181
go ashore 170
go back 183
go by air 167
go by bike 164
go by car 163
go by train 165
go charter 168
go dancing 110, 117
go down 93, 169
go downtown 133
go fishing 127
go flat hunting 87
go for a jog 63
go for a walk 131
go hungry 90
go in for 126
go into town 133
go on a tour of 118
go on the stage 112
go out 48
go sailing 169
go sightseeing 118
go skiing 125
go to bed with 33
go to church 97

go to college 100
go to school 99
go to the movies 111
go to university 100, 102
go up 174
goal 125
goalkeeper 125
goalless draw 125
god 25
God 98
godchild 41
godfather 41
godmother 41
going to 77
golden wedding 39
golden years 23
goldfish 139
golf course 124
good 17, 25, 28, 30, 31, 68, 79, 103, 170, 174, 178
good afternoon! 48
Good Friday 116
good-for-nothing 30
good-looking 18
goods 27, 150, 163, 173, 174, 175, 176
goods train 165
goodwill 178
goose 43, 139
go-slow 183
gospel 97
got to 141
Gothic 107, 113
Gothic Revival 113
gout 54
govern 71
government 71, 72, 76, 134
government employee 180
governor 76
gown 51, 52
GP 58
grade 99, 103, 146
grade school 99
graduate 100, 102, 103

graduate school 100
graduation 103
grafting 143
grain 43
gram 148
grammar school 99
grandchildren 38
granddaughter 38
grandfather 38, 67
grandmother 38
grandparents 38
grandson 38
grant 83
grape 44
grape juice 45
grapefruit 44
grapefruit juice 45
grass 141
grassroots 73
gratuity 50
grave 20, 36
gravestone 36
gravy 44
greasy spoon 49
green 135
green tea 45
greengrocer 123
greenhouse 132
greenhouse effect 135
grey 19
gridlock 73
grill 47
grilled tomatoes 121
grin 29
grind 46
grinder 46
grizzly bear 138
grocer 123
grocery 123
groom 39
groomed 19
gross 81
gross national product 173
ground 124
ground crew 168
grounds 80
group 31, 71, 105, 135, 162, 178
grow 132, 147

G

grow old 22
grow wheat 132
grown-up 21
grownup 21
growth 173
grubby 19
grudge 32
guarantee 175
guard 165
guardian 42
guardianship 42
guest 49
guesthouse 120
guestroom 65
guidance 39
guide 118
guided tour 118
guillotine 37
guilty 30, 79
gulf 130
gum(s) 60
gun 92
gun down 92
gunman 91
guy 21, 25, 30, 41
gymnastics 63
gynaecologist 58
gynaecology 142

habitual 91
hacker 160
had better 51
had rather 111
haggard 18
hail a taxi 172
hair 16, 19
hair conditioner
34
hairbrush 34
haircut 34
hairdo 19
hairdresser 35,
123
hairdryer 34
hairstyle 19
half 110, 125, 146,
171, 176
half board 120
hall 65
hall porter 121
ham 43, 121
hamburger 123
hamburger place
49

hammer 149
hamster 138
hand 16, 34
hand baggage 168
hand lotion 35
hand luggage 168
hand out 105
handball court
124
handbill 178
handbook 153
handgun 92
handicap 57
handicapped 57
handkerchief 35
handle 27
hands 150, 170
handsome 18
hang on 159
hang up 158, 159
hang-gliding 127
hanging 37
hangover 89
hanky 35
happen 55
happy 39, 116
harbour 130
hard 27
hard disk 161, 162
hard drive 162
hard drug 89
hard hyphen 161
hard of hearing
26
hardback 154
hard-boiled 46
hardcover 154
hardest hit 137
hardware 160
hardy plant 140
harm 91
harmony 110
harvest 132
harvester 132
hash 89
hashish 89
hat 51, 52
hate 29
hatred 29
have 50
have a baby 41
have a bath 34
have a checkup
59
have a fever 53,
59

have a haircut 34
have a heart
attack 53
have a look at 26
have a massage
34
have a medical 61
have a nice trip
118
have a ride 117
have a shampoo
34
have a shave 34
have a shower 34
have a talk 32
have a tooth out
60
have a wash 34
have an abortion
33
have an affair 40
have an operation
62
have breakfast 48
have coffee 48
have got to 69,
141
have lunch 48
have no time for
28
have sex with 33
have sth. done
35, 164, 169
have surgery 62
have tea 48
have time off 116
have to 60, 119,
172
have trouble 58
haven 81
hawkish 73
hawks 73
hay 132
hazard 63
hazelnut 44
head 16, 55, 65,
179
head of depart-
ment 179
head of govern-
ment 76
head of state 76
head off 183
headache 59
headgear 52
heading 105, 155

headline 155
headmaster 179
headmistress 179
headscarf 52
headstone 36
healing pro-
fessions 142
health 23, 53, 63,
83
health-conscious
63
health education
101
health farm 63
health food 43, 63
health hazard 63
health insurance
83
health resort 63
healthy 63
hear 19, 26, 27,
46, 156
hearing 26, 57
hearing aid 26
heart 16, 53, 62,
104
heart condition
53
heart failure 53
heart trouble 53
heat 28
heat wave 136
heated 67
heater 67
heath 131
heather 131
heating 67
heatstroke 53
heaven 97
heavily 56, 136
heavy 164
heavy fighting
86
hedge 131
heels 52
height 15
helicopter 168
hell 97
hello! 48
helmet 52
help 29, 90
helping 50
hemisphere 128
hen 132
herb 141
herb(al) tea 45

H

junior high school 99
junk art 107
junk food 43
junk mail 178
jury 78
just *adj.* 30
just-in-time 151
juvenile 21, 80
juvenile court 21

keen 127
keep 29
keep in contact 32
keep off 166
kep sb. company 31
kettle 47
key 110, 161
keyboard 160
kick 125
kid 41, 48, 160
kidnapper 91
kidnapping 91
kidney 17
kidney failure 143
kidney stone 54
kill 37, 86
killed 92
killer 91
killer dog 138
kilo 148
kilogram 148
kilometre 147, 148
kind 49, 64, 114, 115, 123, 169
kindergarten 99
kindliness 32
kindness 32
king 76
kingdom 140
kitchen 46, 65, 67, 90
kitchen sink 66
kitten 138
Kleenex™ 35
knee 16
knickers 52
knife 47
knitting 126
knock down 55
knock over 55
know 30

Koran 98
kosher 98
kph 148

Labor Day 116
labor union 183
labour 41
Labour 72, 73, 75
labour 90, 183
labour costs 151
labour exchange 88
labour market 88
labour relations 183
labourer 179
lack 104
lack of evidence 80
lad 21
lady 21
lag 167
lake 130
lamb 43
Lambeth Conference 96
lamp 67, 152, 181
land 70, 132
landscape 106, 131
lane 164
laptop 160
larceny 92
lard 44
large 106, 131, 133, 137, 147, 176
large intestine 143
laser 160
lass 21
last 100, 102, 103, 118, 148, 154
last name 15
Last Supper 98
last will ... 37
last year 39
late 37, 166
latest 87
Latin America 128
laugh 29
launch 154, 178
laund(e)rette 35
launder 69

laundromat™ 35
laundry 35, 69
laundry detergent 69
lava 137
lavatory 35, 66
lavatory attendant 180
lavatory paper 35
law 75, 78, 98
law and order 78
lawsuit 78
lawyer 79, 179
lay off 88
layer 135
layoffs 183
lazy 25
lb(s) 148
lead *n.* 152
lead with a story 155
leader 31, 72, 74
leadership 31
leading 150
leaf 141
leaflet 178
lean 18
learn 104
learner 104
learning 104
learning disorder 57
lease 177
leased line 162
least 68
leave 57, 83, 116, 144, 168
left 72
left wing 72
leftist 72
left-luggage 119, 166
leg 16, 18, 55, 139
legal 179
legal holiday 116
legal proceedings 78
legend 114
legibly 105
legislature 74
legitimate 40
leisure 126
lemon 27, 44
lemon curd 121
lemonade 45
lend 177

lens 108
lesbian 33
less 103, 147
lesson 104
let 46, 69
lethal injection 37
let's 105
letter 181
letter carrier 157
letter to the editor 155
letterbox 157
lettuce 44
level 90
liar 30
Liberal Democrats 73
library 153
libretto 109
licence 79, 164
license 164
licensed 120
lie 36
lie at anchor 170
life 22, 134, 137
life expectancy 22, 90
life jacket 168
life vest 168
lifeboat 169
lift 65, 163
light *n.* 67, 164
light bulb 152
light fiction 114
light music 109
lighthouse 170
lightly 18
lightning 136
like prep. 136
like *v.* 28, 29, 50, 108, 121
likes 28
lily 140
lily of the valley 140
lime (tree) 140
limerick 115
limit 112, 148
limit 148
limited 174
limits 133
linden (tree) 140
line 72, 90, 121, 150, 159, 162, 165, 172
liner 169

lion 138
lip 16
lipstick 35
liquor 89
list 154, 157
listen 27, 127, 156
listener 156
listening comprehension 101
literary 114, 115
literate 160
literature 114, 153
litre 148
little 18, 26, 89, 105
little bugger 41
little guy 41
little one 41
little rascal 41
live *v.* 23, 65, 87, 131, 134, 147
live *adj.* 117
live broadcast 156
liver 16
liver sausage 43
liverwurst 43
livestock 132
livid 29
living 63, 90, 173, 179
living conditions 134
living room 65
living wage 90
load 108, 160
loan 177
lobby 121
lobbyist 75
lobster 44
local 62, 158, 165
local history 93
local train 165
lock 170
lock out 183
locker 119, 168
lockout 183
locks 19
loco(motive) 165
lodging 120
loft 65
log off 161
log on 161
logjam 73
long 64, 121, 171, 181

long-distance 158
long johns 52
long jump 124
long-sleeved 51
long-term 88
longevity 23
longsighted 26
loo 35
look 25, 26, 29, 67, 140
look after 23
look for 26, 80, 122, 164
look up 153
looking 18
loose 60
Lord's Prayer 98
Lord's Supper 98
lorry 163
lose 175
lose a suit 78
lose one's life 137
lose one's temper 24
lose the beat 110
lose weight 58
loss 175
lost-and-found 166
lost-property 166
lot 125, 164
lot of 60, 104, 127, 176
lotion 35
loud 27, 105
louder 159
loudly 27
loudness 27
lounge 65, 121, 167
louse 139
love 26, 28, 32, 145
lovely 18
lover 40
low 54, 63, 90, 167, 175, 177
low-cost 87
low-fat milk 43
low-income 87
low-paid 82
low-paid job 82
low tide 130
lower *adj.* 60, 74
lower *v.* 81
lower class 31

lower the cost 151
LSD 89
luggage 119, 166, 168
luggage trolley 119, 166
lukewarm 76
lullaby 42
lumbago 54
lunch 48, 181
lunch counter 49
luncheon 48
luncheonette 49
lung 54
lung(s) 16
Lutheran 96
lymph gland 143
lymph node 143
lyrics 109

ma 41
MA 103
mac 51
machine 149, 151, 159, 172, 176, 182
machine tool 149
machinery 149
mackintosh 51
macro 160
made in 150
made of 149
magazine 33, 155
magistrate 78
maiden name 15
mail 157, 162, 178
mail carrier 157
mail order 122
mail server 162
mailbox 157, 162
mailing list 157
mailman 157
main 117
main road 163
Main Street 134
mainline 165
mains 152
maintained school 99
maintenance 150
maisonette 64
maître d' 50
maize 44, 132
major 110

majority 74
make 144, 150, 164
make a call 158
make a connection 166
make a drawing 106
make a motion 74
make a profit 175
make a reservation 120
make a save 125
make a speech 74
make love 33
make money 176
make notes 105
make redundant 88
make sure 105
make the beds 69
make-up 35
male 15, 180
malevolent 25
malignant 54
mall 122
mam(m)a 41
mammal 138
man 18, 23, 25
manage 151
management 151, 183
manager 50, 125, 174, 177, 178
manslaughter 79, 91
manual 153
manufacture 150
manufactured goods 150
manufacturer(s) 150
manufacturing 150
manufacturing plant 150
manuscript 154
map 133
maple (tree) 140
marble 107
margarine 44
marguerite 140
marital status 15
mark 161
marker (pen) 182

market 87, 88, 173
market research 178
market-oriented 178
marketing 178
marks 103
marmalade 47, 48, 121
marriage 39, 40
marriage certificate 39
marriage counselling 94
marriage counsellor 39
married 15
married couple 39
married to 39
marrow 143
marry 39
mashed potatoes 44
mask 168
masked 92
mass 97
mass destruction 86
mass media 155
mass-produced 150
mass production 150
mass transit 171
mass transportation 171
massage 34, 63
master 25
Master of Arts 103
Master of Science 103
master's degree 103
mat 127
match 124, 125
matchbox 127
material 27, 68, 104, 113, 149
maternity allowance 83
maternity leave 83
maternity ward 61
math(s) 101

mathematical 144
mathematics 101, 144
matinée 111
matricide 37
matt 108
matter 106, 157
mattress 66
mature 22, 24
mature student 22
maturity 22
May Day 116
MD 103
meal 48, 50, 120
meals on wheels 23
mean 28
means 171
means of transport 163
means of transportation 163
measures 147
measuring cup 47
meat 43, 46
mechanic 151
mechanical pencil 182
mechanization 151
media 155
medical 61, 134, 179
medical care 83
medical grounds 80
medical history 61
medical insurance 83
medical school 100
medical ward 62
medication 59
medicine 59, 122, 142
medieval 93
Mediterranean 128
medium 47
meet 167
meet with 181
meeting 76, 84, 181
melody 109
member 31, 72, 74, 76, 183

membership 31, 72
memory 94, 161
menopause 22
mental 57
mental disorder 94
mental illness 53
mentality 83
mentally 57, 94
mentally ill 94
mentally retarded 42
menu 50, 161
merchandise 174
merchant 174
merchant ship 169
merry 116
merry-go-round 117
message 121, 153, 159, 161
Messiah 95
metal 149
metalwork 126
metaphor 115
metaphorically 115
meter 164, 172
methadone 89
method 150
Methodist 96
metre 115, 124, 144, 147, 148
metropolis 133
metropolitan area 133
microchip 152
microphone 156
microprocessor 152
microwave 47
middle 31
middle age 22
middle-aged 23
Middle Ages 93
middle-class 31
middle ear 16
Middle East 128
Middle Eastern 129
middle name 15
middle-of-the-road 72
middle school 99
Middle West 128

midfield player 125
midfielder 125
mid-life crisis 22
Midwest 128
midwife 41, 142
might 68
mike 156
mild 136
mile 133, 147, 148
military 85
military service 85
milk n. 16, 43, 47, 121, 148
milk v. 132
milkshake 45
mill 46
million 145, 151, 176, 177
mince 46
minced meat 46
mincemeat 46
mind 59, 63, 94, 172
mine pron 31, 38
miner 183
mineral water 45
minibus 171
minim 110
minimum wage 90, 183
minister 64, 77, 84, 98
minister of defence 77
minister of state 77
ministry 77, 84
minor 78, 110, 168
minority 74
minus 144, 145
minute 159, 171
minutes 181
mirror 67
miscarriage 41
misery 90
misprint 154
miss 165, 166
miss the boat 170
missile 86
mistress 40
mitigating circumstances 79
mixed salad 44

M

mobile (phone) 158
mobster 91
model 123
model railway 20
modelled 107
modem 160
moderate 72
modern 107, 114
mom 41
moment 120, 159
mommy 41
monarch 71
monarchy 71
monetary 177
money 42, 176, 177
mongrel 138
monitor 160
monkey 138
monologue 112
monthly 83
mood 28
mop up 68
moral 30
morality 30
morning 61
morning sickness 41
mortal 36, 97
mortality 90
mortar 113
mosaic 107
mosque 97
moss 141
motel 120
moth 127, 139
mother 20, 21, 38, 41, 42
mother-in-law 38
motion 74
motion picture 111
motions 17
motivate 104
motivation 94, 104
motor 149
motor racing 124
motor vehicle 163
motorbike 164
motorboat 169
motorcycle 164
motorcyclist 164
motorist 163
motorway 163
mount 97

Mount 131
mountain 70
mountain climbing 127
mountain(s) 131
mountaineering 127
mountainous 129
mourn 37
mourning 37
mouse 138
mouth 16
mouth-to-mouth 56
mouthwash 34
move 129
movement 17, 73, 107
movie 111
movie star 111
movie theater 111
moving van 163
mow 132
mower 132
MP 74
MSc 103
muesli 48
mugger 91
muggy 136
mulberry (tree) 140
multinational 174
multiple-choice 102
multiplication 144
multiplied by 144
mum 41
mummy 41
municipal 134
murder 79, 91
murderer 91
muscle 17, 57, 63
museum 107, 113, 117, 180
mushroom 44, 141
mushrooms 121
music 105, 109, 127
music shop 123
musical 109
musician 109
Muslim 95, 97
mustard 44
mutton 43
mutual 31

nail 16, 149
nail polish 35
nail scissors 35
nail varnish 35
naked 26
name 15, 50, 153, 167
nanny 20
napkin 35
nappy 41
narrative 114
narrator 114
narrow-minded 25
nation 70, 129
national 107, 155, 173
National Curriculum 101
national debt 173
National Health 83
National Insurance 82
national park 131
nationality 15
nationalize 165
native city 133
NATO 85
natural 36, 135
natural disaster 137
naturalism 115
nature reserve 131
nausea 53
nautical 170
navy 85
nazi 71
nazism 71
nearest 171
nearsighted 26
neck 16, 57
neck and neck 73
necktie 52
need 20, 25, 51, 60, 63, 68, 102
needle 89
needlework 126
needs 90
needy 90
negative 81, 108
neglect 42
negotiate 84, 183
negotiations 84

neighbour 102
neighbourhood 70, 134
neoclassical 113
neoclassicism 107
neofascist 71
neo-Gothic 113
neo-Nazi(s) 71
nephew 38
nerve 17
nervous 17, 143
nervous breakdown 17
nest 139
net 81
Net 161
network 156, 162
neurology 142
neurosis 94
neurotic 94
never 40, 51, 64
new 51, 66
New Labour 73
New Testament 97
New World 96, 128
New Year's Day 116
New Year's Eve 116
newborn 20
newlyweds 39
news 155
news agency 155
news item 155
news report 155
newsagent 123
newscaster 156
newsdealer 123
newsmagazine 155
newspaper 155
newsreader 156
newsstand 155
next 15, 75, 105, 165
NGO 76
NHS 83
NI contribution 82
nice 70, 118, 136
nice and cool 136
nickname 15
niece 38
night 111
night clothes 52

night school 100
nightclub 117
nightdress 52
nightgown 52
nightie 52
nightingale 139
nightmare 94
nightspot 117
nil 145
No 10
no 76
no confidence 75
no parking 164
nobility 71
nobody 26
node 143
noise 27, 135
noiseless 27
noisy 27
nominate 73
nomination 73
non-governmental 76
nonmedical prac- titioner 142
non-smoker 165
nonstop flight 168
nontaxable 82
north 128, 129
north of Watford 129
North Pole 129
northern 129
Northern Ireland 129
Northern Irish 129
North-South divide 129
northwest 129
nose 16, 58
note 110, 176
note down 105
notebook 182
notepad 182
notes 105
nothing 145
notice 26, 87
notice board 182
noticeable 26
notorious 117
nought 145, 146
novel 105, 111, 114
novelist 115
novella 114
nuclear 86

nude 106
number 36, 89, 145, 146, 158, 159, 171
numerator 144
nurse 62, 142
nursery 20
nursery school 99
nursing 142
nursing-care insurance 83
nursing home 23
nut 44
nutcracker 47
nutrition 90

oak (tree) 140
oats 43
obit 37
obituary 37
objective 29
observe 26
obstetric nurse 142
obstetric ward 142
obstetrician 142
obstetrics 142
occasional poem 115
occupation 22, 85, 179
occupation therapy 94
occupational 142, 143
occupied 129, 165
occupy 85
occur 55
ocean 130
ocean liner 169
OD 89
odd number 145
odour 27
of age 21
off 50, 122
offence 79, 91
offender 80, 91
offensive 86
offer 123, 159, 175
office 39, 58, 76, 83, 84, 111, 118, 134, 157, 158, 166, 181
office clerk 180

office hours 181
office stationery 182
officer 80, 85, 143
official 64
offline 160
off-off-Broadway 111
offside 125
often 32, 90, 117
oh 145, 146, 158
OHP 105
oil 44, 164
oil painting 106
oil slick 135
oil spill 135
oil tanker 169
oil(s) 106
ointment 59
old 22, 23, 126, 127, 128, 134
old age 18, 22, 23, 36
old folk 22
old folk's home 22
old people's home 22, 23
Old Testament 97
Old World 128
old-age home 23
old-age pension 83
old-age pensioner 22
older 22
olive 44
olive oil 44
omelette 43
on board 169, 170
on business 174
on deck 170
on duty 61
on leave 116
on offer 123
on remand 80
on schedule 166
on short time 183
on strike 183
on the corner 163
on the outskirts 134
on the phone 159
on the weekend 116
on time 166

on trial 78
on vacation 116
once 28
one-way street 163
onion 44
online 160
only 20
onset 41
open v. 105, 177
open a file 161
open fire 65
open-heart surgery 143
opened 17
opener 47
opening hours 118
opera 109
operable 62
operate 62
operating room 62
operating system 160
operating theatre 62
operation 62, 151
operator 151, 170
ophthalmology 142
opinion poll 73
opponent 32
opportunity 70
opposite 33
opposition 74
optimism 29
optimistic 21, 25, 29
option 161
optional 101
oral 93, 102
orange 44
orange juice 121
orange squash 45
orchestra 109
orchid 141
order 50, 78, 121, 122, 158, 175
ordinal number 146
organ donor 143
organ transplant 62
organic 63
organization 76

N

organizational 85
organized labour
    183
oriented 178
original sin 97
orphan 42
orphanage 42
Orthodox 96
orthopaedic 58
orthopaedic
    surgery 142
orthopaedist 58
OS 160
other 84
ought to 79
ounce 148
out of a job 88
out of breath 59
out-of-court 78
out-of-doors 106
out of focus 108
out of order 158
out of perspective
    107
out of print 154
out of service 172
out of stock 175
out of town 133
out of tune 109
out of work 88
outdated 151
outdoor 127
outdoors 87
outlet 152
outlook 136
outpatient 61
output 151
outside 65, 129
outskirts 134
outward 18
outward journey
    166
oval 19
oven 47
over the counter
    122
overall 52
overalls 52
overcharge 175
overcoat 51
overdose 89
overexposed 108
overfertilization
    135
overhead projector
    105

overhead rack
    168
overthrow 77
overture 110
overweight 18
owe 176
owl 139
own 21, 46
owner 174
ox-eye daisy 140
oxygen mask 168
oz(s) 148
ozone layer 135

p(ence) 176
pa 41
PA 180
pacifier 20
pack 34, 157
package 82, 160
package holiday
    118
package tour 118
packet 157
paddle steamer
    169
paediatrician 58
paediatrics 142
paedriatric ward
    142
page 105, 154,
    155, 158
pain 27, 58
pain-killing 59
paint 20, 106
painter 106
painting 106
pair 35, 105, 149
pajamas 52
palace 64, 118
pale 19
pallid 19
palm (tree) 140
pan 46, 47
pancake 43
pancreas 143
panties 52
pants 40, 52
pantsuit 51
pantyhose 52
papa 41
paper 26, 34, 35,
    101, 103, 135,
    155, 181, 182

paper clip 182
paper-processing
    150
paperback 154
parable 97
parachuting 127
paragraph 105,
    161
paralysed 57
parameter 160
parasite 139
parboil 46
parcel 157
parcel post 157
parent 42
parenthood 33
parents 40, 41, 42
parents-in-law 38
parish 98
park 117, 131,
    134, 164
parked 164
parking 164
parking attendant
    180
parking lot 164
parking meter 164
parking space 164
Parkinson's
    disease 53
parliament 74, 75
parliamentary 71
parody 114
parquet floor 67
parricide 37
parrot 139
part 17, 65, 112,
    150
partial 60
particular 153
partisan 86
partner 31, 40
partnership 31
party 71, 72, 73
party line 72
party-political
    scene 73
pass 102
pass an exam 102
pass water 17, 58
passage 17, 170
passenger 166,
    168, 169, 170
passenger liner
    169
passion 127

passport 119
passport control
    119
password 162
past 22
past it 23
pastime 126, 127
pastor 98
pastries 43
pasture 132
path 162
pathology 142
patient 24, 58, 62
patricide 37
patron 49
patronize 49
pattern 115
pavement 134,
    164
pay 81, 123, 176
pay agreement
    183
pay alimony 40
pay cash 176
pay duty 82, 119
pay for sth. 177
pay off 176
pay phone 159
pay settlement
    183
pay station 159
payment 123,
    123, 176
peace 28
peach 44
peak 131
peanut 44
pear 44
peas 44
pedestrian 164
peel 46
pen 182
penalty 37, 79
penalty area 125
penalty kick 125
penalty shootout
    125
pencil 182
peninsula 130
penis 17
pension 83
pensionable 22
pensioner 22
penthouse 64
pepper 44
per 148, 151

P

per cent 122, 151, 175
perception 94
perform 36, 143, 151
performance 111, 151
performance art 107
perfume 35
period 59, 105, 136
period of history 93
periphery 134
perish 36
perjury 78, 91
person 36, 57, 95, 148, 156
personal 34
personal assistant 180
personality 24, 94
perspective 106
pessimism 29
pessimistic 25, 29
pest 139
pet 138
petrol 135, 148
petrol station 164
petticoat 52
pharmacy 123
PhD 103
philanderer 40
philosophy 104
phone 158, 159
phone book 158
phone booth 159
phone box 159
phone call 158
phone for 56
phone number 145, 158
phonecard 127, 159
photo 108, 128
photocopier 182
photocopy 153, 182
photograph 108
photographer 108
photographic 108, 123
photography 108, 126
phrase 122, 159

physical 57, 61, 63
physical education 101
physical energy 23
physically 57
physician 58, 61
physics 101
physiotherapy 63
pianist 109
piano 69, 109
pick up 118, 158
pickpocket 92
pickpocketing 92
picture 106, 107, 111
picture book 20
piece by piece 150
piece of 66, 168
piece of information 153
piece of luggage 119
piece of music 109
pig 132
pill 59, 63
pillar box 157
pillow 66
pilot 168, 170
pin 182
pine (tree) 140
pineapple 44
pineapple juice 45
pint 148
piracy 170
pirate 170
pitch 110, 124
pitcher 47
pitiless 25
place 49, 64, 100, 112, 124, 178
place an order 175
place of birth 15
place of residence 15
placement 102
plagiarism 115
plagiarize 115
plain 18, 25, 131
plain cooking 46
plan 120, 123
plane 92, 167, 168
plane crash 167

planned parent-hood 33
planning 33, 113, 133, 134
plant 132, 140, 150, 151
plant kingdom 140
plant manager 151
plaque 60
plaster 56, 107
plastic 149
plastic surgery 143
plate 47
platform 73, 166, 172
platoon 85
play 20, 56, 68, 109, 110, 112, 156
play at sth. 20
play cards 127
player 27, 125
playgroup 20
playwright 112
pleasant 24
pleated skirt 52
plentiful 139
plenty 170
pliers 149
plot 105, 112, 115
plough 132
plow 132
plug 152
plug in 152
plum 44
plumber 180
plump 18
plus 144
pneumonia 54
PO box 157
POB 157
pocket 176
pocket money 42
poem 104, 115
poet 114
poetic 114
poetry 114, 115
point 67, 145, 146
point of view 115
poison 37
poisoning 37, 54
polar bear 138
pole 129
police 78, 80, 148

police officer 80
police state 71
police station 80
policy 72, 84, 173, 177
polish 35, 69
polite 24
politeness 32
political 71, 72
politically 72
politician 72, 73
politics 72
poll 73
pollution 135
polo shirt 51
pond 130
pool 65, 130, 180, 181
poor 90, 109
poor health 23
poor soils 132
poorly 104
pop 41, 45
pop art 107
pop song 109
pope 98
poplar 140
poppy 141
popular 126, 127, 156
population 134
pop-up menu 161
pork 43, 46
pornographic 33
porridge 43, 121
port 130, 160, 170
porter 121, 166
portion 50
portrait 106
position 177
possible 72
post 157
post card 157
post office 157
post-office box 157
postage 157
postal clerk 180
postal rates 157
postal service 157
postbox 157
postcard 127
postcode 157
postgraduates 100
postman 157
postmortem 36

P

postwoman 157
pot 47
pot plant 140
potato bug 139
potato chips 44
potato salad 44
potatoes 44, 46
pottery 126
potty 41
potty training 42
poultry 43, 132
pound 148, 176
poverty 22, 90
poverty line 90
POW 86
powder 35, 69
power 72
power point 67, 152
powerful 71
practice 97
practitioner 58, 142
prairie 131
pram 20
prawns 44
prayer 98
preach 97
preacher 97
prefab 64
prefabricated 64, 113
preface 154
prefer 28
pregnancy 33, 41
pregnant 33, 41
prehistoric 93
prehistory 93
prejudice(d) 29
premature 41
premiere 111
prepare 81, 82
prepare for 102, 103
preparer 82
Presbyterian 96
prescription 59
presenter 156
pre-shave lotion 35
president 74, 76, 85, 174
presidential 71
press 69, 155, 161
press conference 155

pressure 54, 59, 164
pressure cooker 47
pretty 18
prevention 91
prey 139
price 81, 122, 173, 175
pride 29
priest 71, 98
priesthood 71
primary 75
primary school 99
prime 22
prime minister 64, 77
prince 39, 100
principal 179
principle 30
print 108, 154
print run 154
printed matter 157
printer 160
printer(s) 154
prison 80
prisoner 86
privates 17
private part(s) 17
private sector 173
privates 17
privatize 165
problem 21, 144
proceedings 78
process 108, 151
processing 150, 151, 152, 160
procession 36
produce 111, 150
producer 156
product 150, 173, 178
production 111, 150, 173
production line 150
production management 151
production process 151
productivity 151, 173
profession 179
professional 124, 179
professor 23, 179

profit 173, 175
profitable 175
program 160
programme 87, 88, 111, 156
programmer 160
programming 160
progression 144
project 177
projector 105
promote 85, 178
promotion 178
prompting 105
prone 137
proofs 154
propelling pencil 182
property tax 82
property transfer 82
proportion 81
proportional 161
proposal 39
propose 39
proprietor 174
props 112
prose 114
prosecute 78, 91
prosecuting counsel 78
prosecution 78, 79
prosecutor 79
prosperity 173
prostitute 33
prostitution 33, 90
protection 135, 162
Protestant 96
Protestantism 96
proud 29
provide 87
provider 160
province 70
provincial 133
psalm 97
psychiatrist 58, 94
psychiatry 94
psychoanalysis 94
psychoanalyst 94
psychological 94
psychologist 94
psychology 94
psychopath 94

psychosis 94
psychotherapist 94
psychotherapy 94
pub 120
puberty 21
public assistance 83, 90
public-health department 143
public-health officer 143
public relations 178
public school 99
public transport 171
publicity 178
publish 154
publishing 154
publishing house 154
pull 67
pull back 67
pull-in 49
pull out 60
pullover 51
pulmonary 143
pun 115
punch 182
Punch-and-Judy show 117
punishment 80
pup 138
pupil 103
puppet show 117
puppy 138
purchase 123
Puritan 96
purse 176
purse snatcher 92
purse snatching 92
pursue 126
pursuits 126
pus 54
pushchair 20
put forward 74
put off 67
put on 47, 51, 67, 109
put on weight 58
put sb. to bed 48
put up 42, 92
puzzle 20, 127
pyjamas 52

P

return 81, 82, 105, 157, 183
return journey 166
return key 161
return ticket 166
returnable 135
revenue 81
revere 95
review 112
revival 113
revolution 93
rhetorical device 115
rheumatic 143
rheumatic fever 143
rheumatism 54
rheumatology 142
rhubarb 44
rhyme 115
rhyme scheme 115
rhythm 110
rib 16, 139
rice 43
rich 131
ride 117, 163, 164, 166, 171, 172
ride at anchor 170
ride free 171
rider 164, 171
riding 57, 127
riding instructor 179
right 30, 125
right away 181
right now 182
right wing 72
rightist 72
rights 138
ring 39
ring binder 182
ring n. 158
ring v. 67, 158
ring off 158
ring up 158
rinse 60, 69
ripe 23
rise 36, 79, 87, 88, 137, 174
rising 91
river 129, 130
riverside 130
road 134, 163, 164
road traffic 163
roast 46

roast beef 46
roast chicken 47
robber 36, 91, 92
robbery 91, 92
robot 151
rocket 86
rocking chair 67
rococo 107
roll n. 34, 43, 48, 121
roller coaster 117
roller skates 21
roller-skating 124, 127
Roman Catholic 96
Roman Catholicism 96
Romanesque 107, 113
romantic 115
romanticism 115
roof 65
room 56, 62, 65, 69, 69, 118, 120, 129, 145, 166
room service 121
root 60, 141
root beer 45
rose 27, 140, 141
rough 87
round 19, 118, 61
round trip 166
round-trip ticket 166
roundabout 117, 164
route 164, 171
row 111, 146
rowboat 169
rowing boat 169
rub down 34
rub in 35
rub off 105
rubber 149, 182
rubbish bin 67
ruddy 19
rude 25
rug 67
rugby 125
rule 183
ruler 25
ruling 72
rumpled 19
run 73, 75, 124, 163, 171

run a search 153
run a temperature 53
run aground 170
run-down 134
run late 166
run low 175
runner 18
running 124
running event 124
runway 168
rural 131
rush hour 164
rye 43

Sabbath 98
sack 88
sacrament 97
safety valve 149
sail 169
sailboat 169
sailing 127, 169
sailing boat 169
sailor 170
saint 97
salad 44, 123
salad bar 50
salad bowl 47
salad dressing 44
salary tax 82
sale 33, 123, 174
sales 174
sales figures 174
sales manager 174
sales rep 175
salesclerk 180
salesman 175
salesperson 122
saleswoman 175
salmon 44, 50
salt 44
salty 27
Salvation Army 96
same 170
sample 143
sandals 52
sandwich 43, 121, 123
sandwich bar 49
sanitary napkin 35
sanitary towel 35
sassy 25

satellite 128
satire 114
satirical 114
sauce 44
saucepan 47, 68
saucer 47
sauna 63
sausage 43, 121
save n. 125
save v. 122, 161, 169
save money 177
saw 149
say 158
say after 105
say cheese 108
scale 110
scan 59, 143, 153
scandal 73
scarf 52
scattered 136
ScD 103
scene 56, 73, 112
scenery 112, 131
scent 27
schedule 166, 167
scheduled 166, 167
scheduled flight 168
scheme 88, 115
school 96, 99, 100, 101, 102, 109, 116, 163
schoolboy 21
schoolgirl 21
science 101, 103, 160
science fiction 114
scissors 35, 149
scold 42
score 103
score a goal 125
Scotch tape™ 182
scour 68
scrambled eggs 43, 121
screen 111, 160
screenplay 111
screw(driver) 149
script 111
scroll (down) 161
scroll (up) 161
scrub 68
scruffy 19
scruple 30

S

scuba-diving 127
sculptor 107
sculptural 107
sculpture 106, 107
sea 130, 135, 169, 170
seafood 44
search 153, 161, 162, 168
search engine 153
search for 153
seasick 170
seasickness 170
seaside 130
seaside resort 118
seat 17, 74, 111, 165
seat belt 168
seaview 120
second 75, 85
second-degree 55, 79
secondary education 102
secondary school 99
secondhand 123, 154
secretarial college 100
secretary 77, 84, 180, 181
secretary of defense 77
secretary of state 77, 84
section 41, 62, 155
sector 173
secure 162
security 83
security check 168
security search 168
see 26, 50, 79, 181
seed(s) 132
seek shelter 87
seem 76
self-assured 25
self-confident 25
self-conscious 25
self-employed 88, 179
self-instruction 104

self-portrait 106
self-service 49
selfish 24
sell 122, 174
seller 174
Sellotape™ 182
seltzer 45
semibreve 110
semiskilled 179
Senate 74, 75
senator 74
send 159
send back 150
send by post 157
send off 125
sender 157
senile 23
senility 23
senior 61, 72
senior citizen 23
senior high school 99
senior registrar 61
sensation 26
sense 26
sensible 25
sensibly 25
sensitive 25, 60
sentence v. 80
sentimental 29
separate v. 40
separated 40
separation 40
serial port 160
series 156
serious 53, 78
seriously 55
sermon 97
Sermon on the Mount 97
servant 180
serve 70, 121
server 162
service n. 36, 50, 81, 83, 85, 97, 121, 122, 157, 165, 172
service v. 164
service area 164
service charge 50
services 90, 173
serving 50
session 74
set 20, 34, 90, 112
set a record 124
set homework 104

settee 67
setting 115, 161
settle 32, 84, 134, 183
settlement 78, 183
sever 84
several 66, 75
sewing 126
sewing machine 149
sex 15, 33
sex crime 33
sex criminal 33
sex education 101
sex worker 33
sexual 33
sexual abuse 33
sexual intercourse 33
sexual relations 33
sexuality 33
sexually 33
sexy 33
shabby 19
shadow 35, 76
shall 47, 64, 109, 163, 167
shampoo 34
shapely 18
share 87
shareholder 174
shark 139
sharp 58, 110, 139
sharp increase 87
sharpener 182
shave 34
shaver 34
shaving cream 34
shed 65, 132, 141
sheep 132
sheet 66
shelf 66
shellfish 44
shelter 64, 86, 87
shelves 66
shift key 161
shine shoes 69
shining 19
ship n. 86, 130, 169, 170
ship v. 157, 163, 169, 175
shipment 175
shipowner 170
shipping 169

shipwrecked 169
shipyard 169
shirt 19, 51, 68, 69
shock 56, 152
shoe shop 123, 134
shoe store 134
shoemaker 180
shoes 52, 69
shoot 89, 92
shoot at 92
shoot dead 36, 92
shooting gallery 117
shootout 125
shop 33, 49, 121, 122, 123, 134, 150, 151
shop assistant 180
shopkeeper 174
shoplifting 92
shopping 122
shopping bag 122
shopping basket 122
shopping cart 122
shopping centre 122
shopping mall 122
shopping trolley 122
shore 130
short 18
short-distance 172
short of 59, 176
short story 114
short time 88, 183
shortage 64, 87
shorthand 182
shorthand typist 180
shortly after 168
shorts 52
shortsighted 26
short-sleeved 51
short-trip 172
shot 89, 108
should 81
shoulder 16, 55
show 93, 111, 117, 156
shower 34, 66, 136
showing 73, 111
showroom 175

shrimps 44
shrubs 131
shrug 16
shut 105
shut down 160
shut off 160
shuttle 165
sick 17, 53, 59
sick leave 116
sickness 41, 53
sickness benefit 83
side 23, 46, 125
sideboard 66
sideshow 117
sidewalk 134, 164
sieve 46
sight 26
sightseeing 118
sightseeing tour 118
signature 162
silently 104
silver wedding 39
simple 162
simplify 81
sin 97
sincere 24
sing 109
singer 109
singing 109
singing lesson 109
singing voice 109
single 15, 120 166
single parent 42
single room 120
sink 66, 169, 170
sir 49, 50
sister 38, 62
sister-in-law 38
sit 67, 75
sit an exam 102
site 113
sitter 20
sitting nude 106
sitting room 65
situation 88
sixth form 99
sixth form college 99
skateboard 21
skates 21
skating 124, 127
skeleton 17
ski(ing) instructor 179

skiing 125, 127
skill 101
skilled 179
skillet 47
skim(med) milk 43
skin 17, 44
skin-diving 127
skin grafting 143
skin lotion 35
skinny 18
skipper 170
skirt 19, 51, 52
skydiving 127
skyjack 168
skyjacker 91, 168
skyjacking 91, 168
skyscraper 64
sled 21
sledge 21
sleep 87
sleep rough 87
sleep with 33
sleeper 165
sleeping car 165
sleeplessness 54
sleeveless 51
slender 18
slice 46
sliced bread 46
slick 135
slide 108
slight 54
slightly 147
slim 18
slimming pills 63
slip 52
slip-on shoes 52
slip-ons 52
slippers 52
slit dress 51
slow 67, 171
slowdown 183
slum 133
slush funds 73
small 176
small game 138
small intestine 143
small packet 157
small parcel 157
small town 133
smallpox 54
smart 18
smart dresser 19

smash hit 112
smell 26, 27
smile 29
smile please 108
smoke 89
smoked salmon 44, 50
smoker 165
smoking 63
smooth 163
SMS 159
smuggler 91
smuggling 91
snack 49
snack bar 49
snail 139
snail mail 162
snake 139
snap 108
snaps 108
snapshot(s) 108
snatcher 92
snatching 92
sneakers 52
sneeze 54
sniff 89
snow 136
soap 34, 69
soccer 125
soccer hooligan 91
social safety net 83
social security 82, 83
social services 90
social studies 101
socialism 71
socialist 73
society 70
socket 67, 152
socks 52
soda 45
soda pop 45
sofa 67
sofa bed 66
soft 27, 139
soft-boiled 46
soft drink 45
soft drug 89
soft hyphen 161
software 160, 162
software package 160
soil 132
soldier 85

solicitor 79
solidarity 82
soliloquy 112
solve 144
sometime 158
somewhere 23
son 21, 38
sonata 110
song 109
son-in-law 38
sonnet 115
sophisticated 24
soprano 109
sore throat 16, 54
sorts 126
soul 37
sound *v.* 27
soundproof 27
soup 27, 44
soup bowl 47
soup du jour 50
soup kitchen 90
soup of the day 50
soupspoon 47
sour 27
sour cream 43
source 153
south 128, 129
South Africa 129
South Pole 129
southern 129
southwest 129
sow 141
space 164
spacing 161
spam 162
spare 164
spare room 65
spare time 126
sparkling water 45
speak 27, 57, 105, 159
speak up 105
speaker 74, 152
speaking 159
special delivery 157
special offer 123
special school 99
specialist 58
specialist literature 153
specialize in 33, 62

S

T

T

U

unsympathetic 24
upbringing 42
update 162
upgrade 162, 168
upper 31, 60, 74
upset stomach 54
upstairs 65
urban 134
urinary tract 143
urinate 17
urine 17
urn 36
urologist 142
urology 142
use *v.* 115, 159,
160, 171
used to 150
useful 122, 171,
172
user 57, 162
user-friendly 162
usually 106
utensils 69

V-neck(ed) 51
vacancy 120
vacation 116
vaccination 54,
119
vaccine 54
vacuum 69
vacuum cleaner
67, 69
vagina 17
valid 119
valley 131, 140
value 175
value-added tax
81
valve 149
van 163
vandal 91
vandalism 91
vanilla 44
varicose veins 17,
54
varnish 35
VAT 81
VCR 156
veal 43
veep 76
vegetable 46
vegetable(s) 44
vegetarian 47, 63

vehicle 163, 164
vein 17
venereal disease
33
vermin 139
verse 114
version 154
vessel 143, 169
vest 51, 52, 168
vet 139
veteran 22
veto 74
via 172
via airmail 157
vicar 98
vice president 76,
174
victim 56, 91, 137
Victorian 113
victory 86, 125
video 26, 33, 156
video recorder
156
videocassette 156
view 26
viewer 156
village 70
villain 112
vine 141
violence 91, 92
violent 24, 79,
92, 137
violent crime 91
violin 109
violin concerto
110
virtual 153
virus 162
visa 119
visible 26
visit 84, 118, 162
visual 26
visual aid 26
vitamin 63
V-neck(ed) 51
vocation 179
vocational college
99
voice 109
volcano 137
volleyball 125
volt 152
voltage 152
volume 27
voluntary 126
vomit 17

vomiting 53
vote 75
voter 75
voyage 169
vulgar fraction
144

wage 90, 183
wage increase
183
wage settlement
183
wage tax 82
waistcoat 51
wait 29
waiter 50
waiting room 166
walk 57, 131
walk-in 66
walking 63
wall 55, 67, 113
wall socket 152
wall-to-wall 67
wallet 176
walnut 44
waltz 110
want 40, 42, 47,
102, 119, 120,
158
war 31, 70, 85
war crime 86
war criminal 86
ward 61, 62, 142
ward doctor 62
ward sister 62
wardrobe 66
warehouse 175
warm 136
warming 135
warning strike
183
warrant 80
warranty 175
wash 34, 68
wash out 68
wash up 68
washbasin 66
washcloth 34
washing 35, 69
washing machine
66
washing powder
69
wasp 139

waste 135
waste bin 67
wastebasket 67
wastepaper 67
watch 26, 111, 117
watch TV 156
watchdog 138
watchmaker 180
water 17, 45, 58,
135
water heater 67
water jet 60
water-skiing 127
watercolour 106
watercraft 169
waters 129, 169
watt 152
wave 136, 137
wax crayons 20
wax museum 117
waxworks 117
way 41
weak 23, 25
weakness 23
wealth 173
weapon 86
wear 19, 20, 51
wear the pants
40
weather 136
weather forecast
136
weather person
156
weatherman 156
weatherwoman
156
weaving 126
Web 153, 162
webpage 162
website 162
wed 39
wedding 39
wedding anni-
versary 40
wedding ceremony
39
wedding dress
39, 51
wedding gown 51
wedding ring 39
weed 141
week 41, 61, 81
weekend 116
weekly 155
weep 29

weeping willow 140
weigh 148
weight 15, 58, 147
welfare 83, 138
welfare assistance 83
welfare cuts 83
welfare grant 83
welfare reform 83
welfare state 83
well 51, 68, 108
well done 47
well groomed 19
west 128
West 95
western 128
wet 136
whale 139
whaler 169
what ... like 136
what time 120
wheat 43, 132
wheel 23, 117, 164
wheelchair 57
whip 46
whipped cream 43
Whit Sunday 116
white bread 43
white-collar 179
white-haired 19
White House 76
Whitehall 76
Whitsun 116
whole 110
whole-grain bread 43
whole milk 43
wholefood 63
wholemeal bread 43
wholesale 175
wholesaler 175
whose 105
wide 147
wide-angle lens 108

wide range 150
widow 36, 40
widower 40
wife 39, 40
wig 19
wild 138
wild flower 140
wild plant 140
wildcat strike 183
wilderness 131
wildlife park 131
will n. 37
willow 140
win 75, 113, 125, 145
wind 129, 136
window 65, 68, 113
windowsill 65
windsurfing 127
windy 136
wine 50
wine bar 49
winter 136
wipe 68
wipe off 68, 105
wiry 18
wisely 25
wish 50
with honours 102
withdraw 86, 177
withdrawal 89
withholding tax 82
within 133, 158, 169
witness 78, 79
wolf 138
woman 18, 23
wonderful 106
wood 131, 149
wood carving 107
wooden 149, 150
woods 131
woodworking 126
wool 35
Worcester sauce 44
Worcestershire sauce 44

word 46
word-processing 160
word processor 160
words 109
work n. 82, 126, 153, 171, 182, 183
work v. 105, 130, 131, 179, 183
work force 183
work of art 107
work out 63
work to rule 183
worker 83, 88, 150, 165, 169, 179, 183
worker hour 151
working breakfast 48
working mother 42
workman 179
workout 63
works 107, 151
works manager 151
workshop 151
world 96, 118, 124, 128, 129, 132
World Cup 125
world market 173
world record 124
world war 85
World Wide Web 162
worm 139, 162
worship 97
wound 56
wounded 86, 92
wrestling 125
wrinkled 19
wrinkles 19
write 101, 105, 111, 114, 178, 182
writer 115, 179
writing paper 182

written 93, 102
wrong 23, 30
wrong number 158

X-ray 59

yacht 169
yachting 125, 127, 169
yachtsman 125
yachtswoman 125
yard 65, 147, 148
year 22, 23, 39, 59, 80, 100, 102, 103, 116, 148, 175
yellow 141
Yellow Pages 158
yet 42, 157
yew (tree) 140
yield 147
yoga 63
young 18, 21, 57, 80
young people 33
youngster 21
youth 20, 21
youth club 21
youth hostel 21, 120
youths 21

zero 136, 145, 146
zero growth 145
zip 52, 145
zip code 157
zipper 52
zone 128
zoo 139
zoological garden 139

Register Deutsch

Um Platz zu sparen, ist mitunter bei Wörtern wie *Politiker(in)*, *Rentner(in)*, *Student(in)* nur die männliche Form aufgeführt. Die weibliche Form ist aber in jedem Fall genannt, wenn ihr im Englischen ein eigenes Wort entspricht (z. B. *Schauspielerin = actress, Zeichnerin = draughtswoman*).

A

Aalpastete 50
abbauen 84, 173
abblasen 183
abbrechen 84
abdrehen 66
Abdruck 60
Abend 48, 136, 156, 158
Abendbrot 48
Abendessen 48
Abendkleid 51
Abendmahl 98
Abendschule 100
Abfahrt 119, 166
Abfall 135
Abfallbeseitigung 135
Abfallentsorgung 135
Abfertigungshalle 167
Abfertigungs- schalter 168
Abflug 119, 167
Abflughalle 167
Abfrage 162
abfrottieren 34
abgeben 81
abgehen 168
abgelegen 70
Abgeordnete(r) 74
abgespannt 18
abhalten 181
abheben 177
abholen 167
Abitur 102
Abiturient(in) 103
Abiturzeugnis 102
abkippen 135
abknallen 92
Abkommen 84
abladen 135

Ablage 182
Ablauf 151
ablaufen 119
ablegen 51
ableisten 85
abmelden 161
abnehmen 23, 51, 58, 158
Abneigungen 28
abnorm 94
Abonnement 155
Abonnent(in) 155
abonnieren 155
abräumen 69
Abreise 119
abreisen 121
abreißen 134
abrubbeln 34
Absatz 105
Absatzmarke 161
Absatzzahlen 174
abschalten 160
Abschlussfeier 103
Abschlussprüfung 102
Abschneiden 73
Abschnitt 136
abschreiben 102, 105
Abschreibung 82
Abseits 125
Absender 157
absetzbar 82
absichern 83
absolut 71
Absolution 98
Absolutismus 71, 93
Absolvent(in) 103
abspeichern 161
Abspielgerät 156
abspülen 69
abstammen 138
Abstammung 38
abstauben 69
absteigend 162
abstimmen 75

Abstimmung 75
abstrakt 107
Absturz 37, 55, 160
abstürzen 55, 160
Abteil 165
Abteilung 62, 100, 179
Abtreibung 33, 75
abtrocknen 69
abwaschen 47, 68
abweichen 101
abwenden 183
abwerfen 141
abwerten 177
abwischen 105
abziehen 86
Abzüge 108
Achseln 16
Achtelnote 110
Achterbahn 117
Achtung 31, 32
Acker 131, 132
Ackerland 131, 132
Addition 144
Adelsherrschaft 71
adoptieren 42
Adoption 42
Adoptivkind 42
Adressbuch 153
Adresse 15
Adressenliste 157
Affäre 40
Affe 138
Afrika 128
afrikanisch 128
After 17
Ahnenforschung 93
ähnlich sein 42
Ahorn 140
Aids 54
Akademie 100
Akademiker(in) 103
Akkord 110
Akt 106, 112

Akte 182
Aktien 177
Aktienmarkt 177
Aktionär(in) 174
aktivieren 162
Aktivität 127
Aktmalerei 106
aktualisieren 162
aktuell 19
Albtraum 94
Algebra 144
Alkohol 89
alkoholfreie Getränke 45
Alkoholiker(in) 89
Alkoholismus 89
Alkoholkrankheit 89
alle 81
alle fünf Min. 171
alle möglichen 126
allein Erziehen- de(r) 42
Allergie 54
Allergiker(in) 54
allergisch 54
allergisch gegen 54
alles 30
allgemein 143
Allianz 84
Alliierte 84
Almanach 153
Alt 109
alt 15, 23, 93, 126, 127, 128, 134
alt werden 22
Altar 97
Altbau 134
Alte Welt 128
Altenheim 22
Alter 15, 22, 23
älter werden 22
ältere(r, s) 22
ältere Menschen 22
Altern 22

Altersheim 22
Altersrente 83
altersschwach 23
Altersschwäche 36
Altertum 93
Altes Testament 97
altgedient 22
Altglascontainer 135
Alzheimerkrankheit 23, 53
Amateur(-) 124
ambulante(r) Patient(in) 61
Ambulanz 61
Ameise 139
Amen 98
amen 98
Amerika 128
amerikanisch 128
Amokschütze 91
Ampel 164
Amt 76, 77
Amtsarzt 143
Amtsärztin 143
Amtsinhaber(in) 75
Amtssitz 64
Amtszeit 75, 76
Analphabetentum 90
Anamnese 61
Ananas 44
Ananassaft 45
Anästhesie 62
Anästhesist(in) 62
Anästhetikum 62
anbauen 132
anbieten 123, 175
anbringen 60
andere 27, 32, 33, 84
ändern 170
anders 133
anfahren 55
Anfall 53
anfangen 105, 126
anfassen 27
anfertigen 106
anfühlen 27
Anführer(in) 31
Angebot 50, 122, 123, 159, 173, 175
Angebot abgeben 175

angehören 95, 183
angelernt 179
Angeln 127
angeln 127
angenehm 136
angespannt 25
Angestellte(r) 179, 180
angestrengt 27
angewiesen auf 90
Anglikaner(in) 96
anglikanisch 96
Anglistik 100
angreifen 85
Angreifer 91
Angriff 85
Angst 94
Angst haben 36, 167
Angst haben vor 29
Angstgefühle 94
ängstlich 17
Anhalter 163
Anhalter(in) 163
Anhang 154
Anhänger(in) 31
ankaufen 175
Anker 170
ankern 170
Anklage 79
Anklage(behörde) 78
Anklageerhebung 79
anklagen 79
anklicken 161
ankochen 46
ankommen 120, 166
Ankunft 119, 166, 167
Ankunftshalle 167
Ankunftszeit 167
Anlage 151, 162
anlegen 161, 170
anliefern 151
anmachen 46, 67
anmelden 100, 120, 161
anonym 89
Anordnung 106
anpflanzen 132, 140
Anreiz 104
Anrichte 66

Anruf 158
Anrufbeantworter 159
anrufen 121, 158
Ansager(in) 156
anschauen 26
anschießen 92
Anschlag 25
Anschlagtafel 182
anschließen 152
Anschluss 160, 166
Anschluss verpassen 170
Anschlusskabel 152
anschnallen 168
Anschrift 15
ansehen 26, 29, 111, 117
ansetzen 75
ansiedeln 134
Anspruch auf 82, 83
Anspruchsdenken 83
anspruchslos 24
anspruchsvoll 24
anständig 24, 30
Anständigkeit 30
Ansteigen 87
Anstieg 174
anstößig 30
Antarktis 128
Anthologie 114
antik 93, 107
Antike 93
Antiquariat 123, 154
antiquarisch 154
Antiquität 127
Antiquitätengeschäft 123
Antrag 39, 74, 119
antreten 76
Antwortauswahltest 102
Anus 17
Anwender(in) 162
Anzahlung 120, 123
Anzeichen 53
Anzeige 178
anziehen 51, 59
Anziehsachen 51
Anzug 19, 51
Apfel 44

Apfelsaft 45
Apfelsine 44
Apotheke 123
Apparat 108, 159
Appetit 27, 48, 59
Applaus 112
Aquarell 106
Äquator 128
Arbeit 88, 103, 104, 105, 116, 171, 176, 183
Arbeit niederlegen 183
arbeiten 105, 130, 131
Arbeiter 183
Arbeiter(in) 179
Arbeiterschaft 183
Arbeitgeber 183
Arbcitnehmer 83, 183
Arbeitsamt 88
Arbeitsbeschaffungsmaßnahmen 88
Arbeitsbeschaffungsprogramme 88
Arbeitsessen 181
Arbeitsfrühstück 48
Arbeitsgang 151
Arbeitskräfte 88
arbeitslos 88
Arbeitslosengeld 88
Arbeitslosenhilfe 88
Arbeitslosenziffer 88
Arbeitslosigkeit 88
Arbeitsmarkt 88
Arbeitsmedizin 142
Arbeitsplatz 88
Arbeitsspeicher 161
Arbeitsstunde 151
Arbeitsstunden 181
Arbeitsvermittlung 88
Arbeitszimmer 65
Architekt(in) 113
architektonisch 113
Architektur 113

A

Archiv 93
ärgerlich 29
Arithmetik 144
arithmetisch 144
Arktis 128
Arm 16, 56
arm 90
Arme 90
Armee 85
Ärmelkanal 130
ärmellos 51
Armmuskeln 57
Armut 22, 90
Armutsgrenze 90
Aroma 27
Arrangement 109
Art 49, 64, 83, 114, 115, 135, 169
Arterie 17
Arthritis 143
Artikel 26, 153, 155, 175
Artillerie 86
Arznei 59
Arzneimittel 59
Arzt 58, 61, 158
Ärztin 58, 61
Ärztin für Allgemeinmedizin 58
Arztpraxis 58
asiatisch 128
Asien 128
Assistentin 180
Assistenzarzt 61
Ast 141
Asthma 143
Asthmaanfall 53
Asthmatiker(in) 143
asthmatisch 143
Atelier 106
Atem 59
Atemwegserkrankung 53
Atlas 153
atmen 59
Atmosphäre 115
Atombombe 86
Atom-U-Boot 86
attraktiv 18, 33
Attraktivität 18
Audio- 27
Audiogeräte 27
audiovisuell 104
auf die Straße setzen 87

auf Raten 123
aufdrehen 66
Aufenthalt 118, 166
auferstehen 36
aufessen 48
Aufführung 111
Aufgabe 104, 126
aufgeben 104, 119, 166
Aufgebot 39
aufgeregt 25
aufhaben 104
Aufklärung 93
aufladen 152
Aufladung 152
Auflage 154
auflegen 109, 158, 159
auflösen 75
aufmuntern 45
Aufnahme 108
Aufnahmen machen 108
Aufnahmeobjekt 108
aufnehmen 177, 182, 183
Aufpreis 120
aufräumen 69
aufrichtig 24
Aufsatz 101
Aufschlag 120, 172
aufschlagen 105
aufsetzen 51
aufsteigend 162
aufstellen 124
Auftrag 175
auftragen 35
Auftritt 112
Aufwendungen 177
aufwischen 68
aufzeichnen 153
Aufzeichnungen 93
aufziehen 67
Aufzug 65
Auge 16, 18, 19, 29, 26
Augenblick 159
Augenheilkunde 142
aus 50
ausbilden 104
Ausbilder(in) 104

Ausbildung absolvieren 104
Ausbildungsprogramm 104
Ausblick 26
ausbreiten 95
Ausbruch 137
Ausdruck 125
auseinander nehmen 68
Auseinandersetzung 84
ausfallen 118, 167
ausfallen lassen 167
Ausflug 118
ausführen 151, 175
ausfüllen 81
Ausgabe 154, 155
Ausgaben 177
ausgeben 176
ausgebildet 104
ausgebucht 120
ausgegangen 50
ausgeglichen 173
ausgelaufenes Öl 135
ausgemergelt 18
ausgezehrt 18
ausgleichen 75
Ausguss 66
aushalten 27, 28
aushandeln 84, 183
auskommen 31
auskugeln 55
Auslage 178
Ausländer 28, 29
Auslandshilfe 84
auslaufen 169
Auslegung 115
ausliefern 175
ausmachen 67
auspacken 157
ausrechnen 144
ausreichender Lohn 90
ausrenken 55
Ausrüstung 149
aussäen 141
aussagen 78
ausschalten 152, 162, 172
ausscheiden 17
ausschimpfen 42
Ausschlag 54

ausschlagen 141
Ausschuss 74, 75, 77
aussehen 140
Außenminister 77, 84
Außenministerium 76, 84
Außenpolitik 84
außer Atem 59
außer Betrieb 172
äußere 18
außergerichtlich 78
außerhalb 65, 129
außerstande 57
aussetzen 42
Aussicht 26
aussperren 183
Aussperrung 183
ausspülen 60
Ausstattung 66
aussteigen 166, 172
ausstellen 107, 119
Ausstellung 107
Ausstellungsraum 175
Ausstellungsstück 107
Aussterben 135
Ausstoß 151
ausstrahlen 156
austeilen 105
Australien 128
australisch 128
Ausverkauf 123
auswählen 50
auswandern 96
auswärts essen 49
Auswärtssieg 125
auswendig lernen 104
ausziehen 51, 59
Auszubildende(r) 179
Auto 55, 122, 163, 164
Autobahn 163
Autobahnraststätte 164
Autobiografie 114
autobiografisch 114
Autofahrer(in) 163
Autofokus 108
Autogramm 127

A

Berufskrankheit 143
berufstätige Mutter 42
Berufsverbrecher 91
Berufsverkehr 164
Berufung 78, 80, 179
berühmt 112, 117
berühren 27
Berührung 27
Besatzung 168, 170
Besatzungstruppen 85
beschäftigen 88
beschäftigt 182
Beschäftigte 88
Beschäftigung 82, 88, 126
Beschäftigungssituation 88
Beschäftigungstherapie 94
Beschäftigungsverhältnis 82
beschämt 30
beschränken 63, 112
beschränkt 174
beschuldigen 79, 115
Beschwerden 58
beschwipst 89
Besen 69
besetzen 85
besetzt 129, 159, 165
besetzt halten 87
Besetzung 85, 112
Besichtigungen 118
besitzen 24
Besitzer(in) 174
besondere 27
Besprechung 112, 181
besser 51, 105
bessern 88
Bestattung 36
Bestattungsunternehmer 36
beste 16, 164
beste Jahre 22
Bestechlichkeit 30
Bestechung 91

bestehen 102
bestehen aus 74
bestellen 50, 120, 121, 132
Bestellung 50
besteuern 81
Bestie 138
bestimmt 153
Bestrafung 80
bestreiken 183
Bestseller 154
Besuch 118
besuchen 49, 99, 100, 101, 118, 162
Betätigung 126
Betäubung 62
Beton 113
betragen 167
betrauern 37
betreiben 126
Betreten verboten 91
Betrieb 150, 151
Betriebsleiter(in) 151
Betriebssystem 160
betroffen 137
Betrug 91
Betrüger 91
betrunken 89
Betrunkene(r) 89
Bett 48, 66, 69, 130
Bett machen 69
Bevölkerungsgruppe 70
bewaffnet 84, 92
bewegen 63
bewegend 29
Bewegung 63
Beweise 80
bewerben 178
Bewohner 133
bewölkt 136
bewusst 94
bewusstlos 54
Bewusstlosigkeit 54
bezahlen 82, 119, 176, 177
Bezahlung 176
beziehen 83, 155
Beziehung 31
Beziehungen 31, 32, 38, 84
Bezirk 70

BH 52
Bibliografie 153
Bibliothek 153
Biene 139
Bier 148
Bierdeckel 127
bieten 125
Bigamie 40
Bigamist(in) 40
Bild 106, 107
bilden 42, 76, 173
bildende Kunst 101
Bilder 115
Bilderbuch 20
Bildersprache 115
Bildhauer(in) 107
Bildhauerei 106, 107
bildhauerisch 107
Bildhauerkunst 107
Bildnis 106
Bildschirm 160
Bildsymbol 161
Bildung 42
Bildungseinrichtung 134
Bildungseinrichtungen 99
Bildwerk 107
billig 123
Binde 35
Bindestrich 161
Biograf(in) 114
Biografie 114
biografisch 114
Biokost 63
Biolebensmittel 63
Biologie 101
Birke 140
Birne 44
Bischof 39, 96, 98
bisschen 26, 109, 159
bitte 50, 105, 121, 157
bitte recht freundlich! 108
bitten 49
blasen 35
Blaskapelle 110
Blatt 141
Blätter 141
blättern 153
blau 18

blaue Flecken 56
blauer Fleck 56
bleiben 28, 30, 32, 80, 110, 159
bleich 19
bleifreies Benzin 135
Bleistift 182
Bleistiftanspitzer 182
Bleistiftmine 182
Blick 25, 26
blicken 26
blind 16
Blinddarm 54, 62
blinder Passagier 170
Blitz 108, 136
blitzen 108
Blitzlicht 108
blond 19
Blondine 19
bloß 26
blühen 140, 141
Blume 140
Blumengeschäft 123
Blumenkohl 44
Blumenstecken 126
Bluse 19, 51
Blut 17, 54
Blutbank 143
Blutdruck 54, 59
Blüte 140, 141
bluten 56
Bluterguss 56
Blutgefäß 143
Blutgerinnsel 143
Blutprobe 143
Blutspender(in) 17
Blutuntersuchung 143
Blutwäsche 143
Boden 65, 68, 132
Bodenpersonal 168
Bohnen 44, 47
bohnern 69
Bohnerwachs 69
bohren 60, 149
Bohrer 149
Bohrmaschine 149
Boiler 67
Bombardieren 86
bombardieren 86
Bombe 86

B

D

Durchschnitts- 136
durchsuchen 162
Durchsuchungs-
    befehl 80
Dürre(periode) 137
Durtonart 110
Dusche 34, 66
duschen 34
Düsenflugzeug 167
Düsenmaschine
    167
DVD(-Player) 156
Dynamo 152

E

Eau de Cologne 35
Ebbe 130
Ebene 131
Ecke 163
Ecstasy 89
editieren 161
EDV 160
EDV-Abteilung
    174
effizient 163
Ehe 39, 40
eheähnlich 39
Eheberater(in) 39
Eheberatung 94
Ehebruch 40
Ehefrau 40, 92
ehelich 40
Ehemann 40
Ehepaar 39
Ehering 39
Ehescheidung 39,
    40
Eheschließung 39
ehrenamtlich 126
ehrlich 24, 25
Ehrlichkeit 30
Ei 43, 46
Eibe 140
Eiche 140
Eichel 140
Eichhörnchen 138
Eier 48, 121
Eierkuchen 43
Eifersucht 29
eifersüchtig 29
eigen 21
Eigentümer(in) 174
Eignungstest 102
Eiland 130
Eilzustellung 157

einäschern 36
Einäscherung 36
Einbahnstraße 163
Einband 154
Einbauschrank 66
einbrechen 92
Einbrecher 92
Einbruch 92
eindosen 47
einfach 85, 162,
    166
Eingabe 161
Eingabetaste 161
Eingangshalle 65
eingeben 160
eingehen in 93
Eingeweide 59
einhängen 158,
    159
Einheit 85
Einhcits- 172
einige 36
Einigung 84
einjährig 141
Einkäufe 122
Einkaufen 122
einkaufen 175
Einkaufskorb 122
Einkaufstasche 122
Einkaufswagen
    122
Einkaufszentrum
    122
Einkommen 81,
    82, 177
Einkommensteuer
    81
Einkommensteuer-
    erklärung 81
einlegen 108
Einleitung 154
Einliegerwohnung
    64
einlösen 119
einmachen 47
einmal 146
einmarschieren 85
einnehmen 59, 86
einreiben 35
einreichen 40
Einrichtung(en)
    134
einschalten 152,
    162, 172
einschiffen 170
einschlagen 92

einschließlich 81
einschreiben 100
Einsegnung 98
Einsetzen 41
einsperren 80
einstechen 92
Einsteigekarte 168
einsteigen 166
einstellen 88, 156
Einstellung 28,
    161
Einstufungstest
    102
einstündig 163
Einteilung 128
Eintopf 44
Einvernehmen 32
einverständlich 40
Einwanderungs-
    gesetz 75
einwecken 47
Einweisung ins
    Krankenhaus 61
Einzel- 120
Einzelhandel(s-)
    175
Einzelhandelspreis
    122
Einzelhändler 175
Einzelkind 20
einzeln 150
Einzelzimmer 120
einziehen 81
Einzimmerwoh-
    nung 64
Eisbär 138
Eisberg 130
Eisenbahn(-) 165
Eisenbahner 165
Eisenbahnerstreik
    165
Eisenbahnfahrt
    166
Eisenbahnlinie 165
Eisenbahnwagen
    165
Eiskunstlauf 124
Eiter 54
elegant 19
Elektriker(in) 152
elektrisch 152
elektrischer Stuhl
    37
Elektrizität 152
Elektrizitätsgesell-
    schaft 152

Elektrogerät 66
Elektroinge-
    nieur(in) 152
Elektrolok 165
Elektromotor 149
Elektronik 152
Elektronikgeschäft
    123
elektronisch 152
Elektrorasierer 34
elektrostatisch 152
Elektrotechnik 152
Elend 90
Elfmeterschießen
    125
Ell(en)bogen 16
elterliche(s) Sorge-
    (recht) 40
Eltern 40, 41
Elternschaft 33
E-Mail 153, 162
E-Mail-Adresse 15
Emotion 28
Empfang 121
Empfängnis 33
Empfängnis-
    verhütung 33
Empfangsdame
    181
Empfangsherr 181
empfehlen 50
empfindlich 60
Empfindlichkeit
    108
Empfindung 26
enden 172
Endoskopie 142
endoskopisch 142
Energie 23
Energieträger 135
eng 31, 52
Engel 97
englisch 47
Englischunterricht
    104
engstirnig 25
Enkel 38
Enkelin 38
Enkelkinder 38
enorm 175
Entbehrung 90
entbinden 62
Entbindung 41
Entbindungs-
    station 61, 142
Ente 43, 139

F

F

G

Geschwulst 54
Geschwür 54
Gesellschaft 31, 70, 174
Gesetz 74, 75, 78, 98
gesetzgebend 74
gesetzlich 116
Gesicht 16, 19
Gesichtsfarbe 19
Gesichtspuder 35
Gesichtssinn 26
Gespräch 32
gestalten 113, 162
gestaltend 178
Gestaltung 113
Gestank 27
gestört 94, 158
gesund 53, 63
Gesundheit 23, 63, 101
Gesundheitsamt 143
Gesundheits-apostel 63
gesundheits-bewusst 63
Gesundheitsfana-tiker(in) 63
Gesundheitsfarm 63
Gesundheitslehre 101
Getreide 43
Getreideflocken 43
getrennt leben 40
Getriebe 149
Gettobewohner 133
Gewächshaus 132
Gewahrsam 80
Gewalt 92
Gewaltkriminalität 79, 91
gewalttätig 92
Gewalttätigkeit(en) 91, 92
Gewaltverbrechen 91
Gewaltverbrecher 91
Gewässer 169
Gewebe 143
Gewerbe 174
Gewerbesteuer 82

Gewerkschaft 183
gewerkschaftlich organisiert 183
Gewicht 15, 58, 147
Gewinn 173, 175
Gewinn bringend 175
Gewinnanteil 177
gewinnen 113, 145
Gewissen 30
Gewitter 136
Gewohnheits-verbrecher 91
Gewürz 44
Gewürzkräuter 44
Gezeiten 130
Gicht 54
gießen 107
Giftpilz 141
Gipfel 131
Gipfeltreffen 84
Gips(-) 107
glänzend 108
Glanzparade 125
Glas 47, 69, 113, 149
Glas(-) 149
glatt 19, 103
Glatze 19
Glaube(n) 95
glauben 50, 95
Glaubensbekennt-nis 98
Glaubensgemein-schaft 96
gleich 28, 144, 145, 148
Gleichnis 97
Gleichstrom 152
Gleichung 144
Gleis 166
Glocke 67
Glossar 153
glücklich 39
Glühbirne 152
Gott 98
golden 39
Goldfisch 139
Golf 130
Golfplatz 124
gönnen 32
gotisch 107, 113
Gottesdienst 97
Gouverneur 76
Grab 36

Grab(mal) 36
Grabstein 36
Grad 55, 103, 144
Graduierung 103
Grafschaft 70
Grapefruitsaft 45
Gras 141
Gräser 141
grau werden 19
Graubrot 43
Greifvogel 139
Grenze 84
grillen 47
Grimmdarm 143
grinsen 29
Grippe 53, 54
Grislibär 138
grob 25
Groll 32
groß 15, 18, 106, 131, 137, 147, 176
Großbritannien 81
Größe 15
Großeltern 38
Großhandel(s-) 175
Großhändler 175
großjährig 21
Großmutter 38
Großraum 133
Großstadt 70, 133
größter Teil 81
Großvater 38
Großwild 138
großziehen 42
großzügig 25
grün 45, 135
Grund 80, 170
Grundbedürfnisse 90
Grunderwerbsteuer 82
Grundfach 101
Grundfreibetrag 82
gründlich 60, 68
Grundsatz 97
Grundschule 99
Grundsteuer 82
Gruppe 31, 71
grüßen 40
gucken 67
Guillotine 37
gültig 119
Gummi(-) 149
Gunsten 78
Gurke 44

Gürtel 52
gut 17, 25, 28, 30, 31, 32, 68, 103, 104
gut anziehen 51
gut aussehend 18
gut gehen 174
gut gelaunt 25
Gut und Böse 30
gutartig 54
gute Reise! 118
guten Appetit! 48
Gutenacht-geschichte 42
Güterzug 165
gutes Abschneiden 73
gütig 25
gymnasial 99
Gymnasium 99
Gynäkologie 142

H

Haar 19
Haar(e) 16
Haarbürste 34
Haare 34
Haare schneiden 16
Haartrockner 34
Haarwäsche 34
Haarwaschmittel 34
haben 50
Hackfleisch 46
Hafen 130, 170
Hafenanlagen 130
Hafenstadt 130
Hafer 43
Haferbrei 43, 121
Haft 80
Haftbefehl 80
Haftung 174
Hai(fisch) 139
halb 110, 148
halb durch 47
halbe Note 110
halbgar kochen 46
Halbinsel 130
Halbkugel 128
Halbpension 120
halbstündig 171
Halbzeit 125
Halle 121
Hals 16

H

Investition 177
Investor(in) 177
Iren 148
Ironie 115
Islam 95
islamisch 95
isolieren 152
Isolierung 152
Israel 98

Jacht 169
Jacke 51
Jackett 51
Jagd 127
Jagdhund 138
jagen 138
Jahr 22, 39, 59,
 102, 103, 148
Jahre 80
Jahrestag 146
Jahreszeit 136
Jahrmarkt 117
Jahrmarkts-
 attraktion 117
jäten 141
Jeans 52
jede(r, s) 20
jemand 32, 65
jenseits 133
jetzt 50
Job 29
Joggen 127
joggen 63
Journalismus 155
Journalist(in) 155
Jucken 54
Juckreiz 54
Judaismus 95
Jude 95, 96
Judentum 95
Jüdin 95
jüdisch 95
Jugend(-) 20, 21
Jugend(zeit) 21
Jugendgericht 21
Jugendherberge
 21, 120
Jugendklub 21
jugendlich 21, 80
Jugendliche(r) 21
Jugendstil 107, 113
Jugendzeit 21
jung 18, 21, 57
Junge 90

junge Leute 21
Junges 138
Junggeselle 39
Jury 78
Juwelier 123
jwd 129

Kabel 152
Kabine 27
Kabinengepäck
 168
Kabinett 76
Kabinettssitzung
 76
Kabinettsumbil-
 dung 76
Käfer 139
Kaffee 27, 45, 47,
 48, 50, 121
Kaffee trinken 48
Kaffeekanne 47
Kaffeemaschine
 47
Kaffeemühle 46
Käfig 139
Kaiser 76
Kaiserin 76
Kaiserschnitt 41,
 62
Kakao 45
Kaktus 141
Kalbfleisch 43
kalt 136
Kälte 136
kälteempfindlich
 60
Kalvinismus 96
Kamera 108
Kamin 65
Kamm 34
kämmen 34
Kammer 74
Kammerorchester
 109
Kampf 85, 92,
 117, 124
Kämpfe 86
kämpfen 30, 92
Kampfhund 138
Kanal 130, 156
Kanarienvogel 139
Kandidat(in) 73,
 75
kandidieren 73, 75

kann 74
Kanne 47
Kantine 48, 49
Kanu (fahren) 169
Kanzlei 181
Kapelle 110, 117
Kapital 173
Kapitalertrag(s)-
 steuer 82
Kapitalismus 71
Kapitalist(in) 71
kapitalistisch 71
Kapitän 125, 168,
 169, 170
Kapitulation 86
kapitulieren 86
kaputt 29
Karamellbonbons
 43
Kardinal 98
Kardiologie 142
Karfreitag 116
karg 132
Karies 60
Karte 50, 133
Kartei 182
Karten 20
Kartenspiel 127
Kartentelefon 159
Kartoffelbrei 44
Kartoffelkäfer 139
Kartoffeln 46
Kartoffelsalat 44
Karussell 117
Karussell fahren
 117
Käse 43
Kasino 117
Kasperletheater
 117
Kasse 73, 83, 111,
 121, 176
Kassenarzt 83
Kassenbrille 83
Kassenwart 177
Kassettenrekorder
 156
kassieren 172
Kassierer(in) 121
Kastanie 44, 140
Katalog 153
Katastrophe 137
Katastrophen-
 gebiet 137
Kater 138
Kater haben 89

Kathedrale 97
Katholik 96
Katholik(in) 96
katholisch 96
katholisch werden
 96
Katholizismus 96
Kätzchen 138
Katze 54, 138
Katzenjunges 138
kaufen 122, 123,
 175
Käufer(in) 174
Kauffrau 174
Kaufhaus 122
Kaufmann 174
kaufmännisch 174
Kautschuk 149
Kehle 16
Keks 43
Keller 65
kennen lernen 31
kentern 170
Kerl 30, 41
Kernfach 101
Kernwaffen 86
Kessel 47
kg 148
Kiefer 140
Kiez 70
Kilo 148
Kilogramm 148
Kilometer 148
Kind 20, 21, 38,
 40, 41, 42, 48,
 57, 90, 160, 171
Kinderarbeit 90
Kinderarzt 58
Kinderbekleidung
 20
Kinderbett 20
Kindergarten 20,
 99
Kinderheilkunde
 142
Kinderkleidung
 150
Kinderkrippe 20
Kinderprostitution
 90
Kinderstation 142
Kinderstube 42
Kindertagesstätte
 20
Kinderwagen 20
Kindesalter 20

K

M

Name 15, 50, 153, 167
Narkose 62
Narkosearzt 62
Narkoseärztin 62
Narkosemittel 62
Narzisse 140
Nase 16
nass 136
Nation 70
Nationalgalerie 107
Nationalität 15
Nationalpark 131
Nationaltrainer 125
NATO 85
Natur- 137
Naturalismus 115
Naturell 24
Naturkatastrophe 137
Naturkost 63
natürlich 36, 135
Natürliches 36
Naturschutzgebiet 131
Naturwissenschaft 101
Naturwissen-schaften 103
nautisch 170
Nazi 71
Nazismus 71
neb(e)lig 136
Nebel 136
Nebenattraktion 117
Nebenhandlung 115
Nebenstelle 159
Neffe 38
Negativ 108
negativ 81
negativer Schräg-strich 161
nehmen 26, 34, 42, 50, 59, 80, 86, 104, 109, 116, 165, 168
Neid 29
Neige 175
Neigungen 28
Nelke 141
Nenner 144
neofaschistisch 71

Neonazi 71
Nerv 17
Nerven- 17
Nervenzusammen-bruch 17
nervös 17
Nettoeinkommen 81
Netz 83, 153, 162
Netz(werk) 162
Netzspannung 152
neu 66
Neue Welt 96, 128
Neues Testament 97
neueste 87
Neugeborene 20
neugotisch 113
Neujahr 116
Neurologie 142
Neurose 94
Neurotiker(in) 94
neurotisch 94
Neuvermählte 39
Nichte 38
nichtehelich 40
Nichtraucher(-) 165
Nichtregierungs-organisation 76
Nichtsnutz 30
nie 51, 64
niederer Ordnung 78
Niederlage 86
niederlegen 183
Niederwild 138
niedlich 18
niedrig 54, 90, 167, 177
niemand 26
Niere 17
Nierenstein 54
Nierenversagen 143
Nieselregen 136
niesen 54
noch 80
nominieren 73
Nominierung 73
Nord- 129
Nordirland 129
Nord-Süd-Gefälle 129
Nordamerika 128
Norden 129

nordirisch 129
nördlich 129
Nordpol 129
nordwestlich 129
Notarzt 56
Notaufnahme 56, 62
Note 103, 110
Noten 109
Notfall 56
Notiz nehmen 26
Notizblock 182
Notizbuch 182
Notizen machen 105
Notunterkunft 64
Novelle 114
nüchtern 17
null 136, 145
Null 145
Nullwachstum 145
Nummer 158, 159
nur 26, 59
nur schnell 69
Nuss 44
Nussknacker 47
nützlich 172

Obdach 64
obdachlos 87
Obdachlose 64, 87
Obdachlosigkeit 87, 101
Obduktion 36
oben 65
Ober 50
Oberarzt 61
Oberärztin 61
Oberhaus 74
Oberhemd 51
Oberkellner 50
Oberkiefer 60
Oberklasse 31
Oberkomman-dierende(r) 85
Oberstufe 99
Oberteil 51
Obhut 42
Objekt 108
Objektiv 108
objektiv 29
obligatorisch 101
Obst 44, 48
Obsthändler 123

Obstsalat 44
offen gesagt 170
offener Kamin 65
Offenherzchirurgie 143
Offensive 86
öffentlich 99, 171
öffentliche Schule 101
öffentlicher Dienst 180
Öffentlichkeits-arbeit 178
Offiziere 85
öffnen 161
Öffnungszeiten 118
oft 32, 90, 117
ohne Charme 25
Ohr 16, 57
ökologisch 135
ökonomisch 173
Öl 44, 106, 164
Ölgemälde 106
Olive 44
Olivenöl 44
Ölpest 135
Öltanker 169
Ölteppich 135
Omelett 43
Onkel 38
Oper 109
operabel 62
Operation 62
Operationssaal 62
operierbar 62
operieren 62
operiert 62
Opfer 56, 91, 137
Opferzahl 137
Oppositionsfüh-rer(in) 74
Optimismus 29
optimistisch 21, 25, 29
Orange 44
Orangenmarme-lade 48, 121
Orangensaft 45, 121
Orchester 109
Orchidee 141
Ordnung 78
Ordnung bringen 69
Ordnung schaffen 69

N

P

Raucher(-) 165
Räucherlachs 44, 50
Raum 65
Raumpfleger(in) 180
Räumung 87
Rauschgift 89
Rauschgiftsucht 89
rauschgiftsüchtig 89
Rauschmittel 89
rausgehen 68
rausschmeißen 88
Realismus 107, 115
Realität 153
Rechenaufgabe 144
rechnen 144
Rechnen 144
Rechner 160
Rechnung 50, 123, 144, 176, 177
Rechnungswesen 82
recht 30, 136
Recht 78
Rechte(r) 72
Rechteck 144
rechteckig 144
rechter Flügel 72
rechts 125
Rechtsanwalt 79
Rechtsanwältin 79, 179
rechtsextrem 72
Rechtsextre-mist(in) 72
Rechtsmedizin 142
Rechtsradikale(r) 72
Rechtswesen 78
recyceln 135
Recyclingpapier 135
Redakteur(in) 154, 155
Rede 74
Redensart 159, 172
Redlichkeit 30
Reeder 170
Referendum 75
Reformation 93
Reformhauskost 63

reformiert 96
Reformkost 43, 63
Reformstau 73
Refrain 109, 114
Regal 66
Regalbrett 66
Regel 59
regelmäßig 59
Regelung 151
Regen 135, 136
Regenmantel 51
Regenwald 131
Regenwetter 136
Regie 112
regieren 71
Regierung 71, 72, 76
Regierungschef 76
Regierungskreise 76
Regierungspartei 72
Regierungssystem 71
Regierungsumbil-dung 76
Regiment 85
Region 70
regional 70
Regionalbahn 165
Regisseur(in) 111
Register 153
regnen 136
regnerisch 136
Reh(e) 138
reichlich vorhan-den 139
Reichtum 173
reif 22, 24
Reife 22
Reifen 164
Reifendruck 164
Reifenpanne 164
Reihe 11, 146
Reihenhaus 64
Reim 115
reimen 115
Reimschema 115
rein 30
Reinfall 112
reinigen 35
Reinigung 35
Reinigungscreme 35
Reinigungskraft 180

Reinigungsmittel 69
Reinigungs-utensilien 69
Reinlichkeit 34
Reis 43
Reise 118, 169
Reiseablauf 118
Reisebüro 118
Reisebus 171
Reiseflughöhe 168
Reiseführer 118
Reiseleiter(in) 118
Reisen 118
reisen 28, 117, 167, 170
Reisende(r) 166
Reisepass 119
Reiseplan 118
Reiseprospekt 118
Reiseroute 118
Reiserücktrittver-sicherung 119
Reisescheck 119
Reiseveranstalter 118
Reisevertreter 175
Reiseziel 118, 167
Reißer 112
Reißnagel 182
Reißverschluss 52
Reißzwecke 182
Reiten 127
Reitlehrer(in) 179
Reitunfall 17
reizend 18
Reklame 178
Reklame machen 178
Reklamesendun-gen 178
Reklamewand 178
Rekord 124
rektal 143
Rektum 143
Relief 107
Religion 95
Religionsausübung 97
Religionsfreiheit 95
religiös 95
Renaissance 107
Rennbahn 124
Rennen 117, 124
Rennfahrer(in) 124

Rennsport 124
Rennstrecke 124
Rennwagen 124
rentabel 175
Rente 83
Rentenalter 22, 23
Rentner(in) 22
Reparaturwerkstatt 151
reparieren 126, 164
Reporter(in) 155
Repräsentant(in) 175
Repräsentanten-haus 74
Reproduktion 107
Reptil 139
Republik 71
Requisiten 112
reservieren (lassen) 50
reservieren 49, 118, 120, 165
Reservierung 49, 120, 167
Residenz 64
Respektlosigkeit 32
respektvoll 25
Ressource 135
Restaurant 49, 121
retten 169
Rettungsboot 169
Rettungsmann-schaft 137
Revier 80
Revision(sverfah-ren) 80
Revolution 93
Rezept 59
rezeptfrei 122
Rhabarber 44
rhetorisch 115
Rheuma(tismus) 54
Rheumakranke(r) 143
rheumatisch 143
Rheumatologie 142
Rhythmus 110
richten nach 72
Richter(in) 78
richtig 30, 107, 109, 117

R

Schlaflied 42
Schlaflosigkeit 54
Schlafstadt 129
Schlafwagen 165
Schlafzimmer 65
Schlag 152
Schlaganfall 53
schlagen 42, 46, 92, 110
Schlager 109
Schlägerei 92
Schlagsahne 43
Schlagzeile 155
Schlange 121, 139
schlank 18
Schlankheitskur (machen) 63
Schlankheitspillen 63
schlecht 17, 25, 28, 30, 53, 68, 104
schlecht gehen 174
schlechte Gesundheit 23
Schlepper 169
Schleuse 170
schlicht 25
schließen 161
Schlingel 41
Schlips 52
Schlitten 21
Schlittschuhe 21
Schlittschuhlauf(en) 124, 127
Schloss 64
Schlosser 151
Schlüpfer 52
Schluss 115
schmal 18
Schmarotzer 139
schmecken 27
Schmerz(en) 27, 58, 59
Schmerzmittel 59
Schmetterling 127, 139
Schminke 35
schmoren 46
schmuddelig 19
Schmuggel 91
Schmuggler 91
schmutzig 19
Schnappschuss 108
Schnaps 89
Schnecke 139

Schneckenpost 162
Schnee 136
schneiden 16, 46
schneiden lassen 34
Schneidern 126
schneien 136
schnell 56, 167
Schnellarbeitsstahl 149
Schnellgerichte 43
Schnellkochtopf 47
schnellste 164
Schnellzug 165
Schnittblumen 140
Schnittstelle 160
Schnittwunde 56
schnitzen 107
Schnorcheltauchen 127
Schnuller 20
Schnupfen 53
schnupfen 89
Schnur 152
schnurlos 158
Schock 56
Schöffen 78
Schokolade 43, 45, 148
schön 19, 26, 70, 116, 127, 131, 136
Schönheitswettbewerb 117
schöpferisch 178
Schornstein 65
Schornsteinfeger 180
Schottenrock 52
Schrägstrich 161
Schrank 66
Schraube 149
Schraubenzieher 149
schrecklich 90
schreiben 101, 105, 111, 178, 181, 182
Schreibgerät 182
Schreibmaschine 181
Schreibmaschinenpapier 181
Schreibpapier 182
Schreibtisch 181
Schreibtischlampe 181

Schreibwarengeschäft 123
Schreibwarenhandlung 123
Schreibzentrale 181
schreien 29
Schreiner 180
Schriftenverzeichnis 153
schriftlich 93, 102
Schriftsteller(in) 115, 179
schrubben 68
Schublade 68
Schuh 52, 69
Schuhgeschäft 123
Schuhmacher 180
Schulabschluss 103
Schulaufsatz 101
Schuld 30
schulden 176
Schulden 176
schuldig 79
Schule 99
Schüler 21, 103, 104
Schülerin 21
schulfrei 116
Schulter 16, 55
Schuppen 65, 132
Schurke 112
Schürze 52
Schürzenjäger 40
Schuss 89
Schüssel 47
Schusswaffen 92
Schutz 162
schützen 161
Schutzimpfung 119
schwach 23, 25, 90
schwach gebraten 47
Schwäche 23
Schwager 38
Schwägerin 38
Schwamm 69
schwanger 33, 41
Schwangerschaft 33, 41
Schwangerschaftsabbruch 33
schwarz 45, 51, 70

Schwarzarbeit 82
schwarze Kassen 73
schwarzes Brett 182
Schwarzfahrer 172
Schwarzgeldaffäre 73
Schwarzweißabzug 108
Schwein 132
Schweinebraten 46
Schweinefleisch 43
Schweineschmalz 44
Schweizer Käse 43
Schwellung 54
schwer 55, 86
schwerhörig 26
Schwerhörigkeit 57
Schwerverletzte(r) 62
Schwester 38, 62
Schwiegereltern 38
Schwiegermutter 38
Schwiegersohn 38
Schwiegertochter 38
Schwiegervater 38
Schwierigkeiten 58
Schwimmbad 65, 130
Schwimmbecken 130
Schwimmen 125
Schwimmlehrer(in) 179
Schwimmweste 168
schwören 30
schwül 136
schwul 33
Schwule(r) 33
See 130, 169
Seebad 118
Seeblick 120
seefest 170
seekrank 170
Seekrankheit 170

S

S

S

Textverarbeitungs-
programm 160
Theater 111, 112,
134
Theaterkasse 111
Theaterkritiker(in)
112
Theaterregis-
seur(in) 111
Theaterstück 112
Theaterviertel 70
Thema 112
Theokratie 71
Theologie 97
Therapeut(in) 94
Therapie 94
Thermometer 136
Thermoprinter 160
Thesaurus 153
Thora 98
Thorax 143
Thriller 112
Thunfisch 44
tief 59, 95
Tiefenstruktur 115
Tiefkühltruhe 66
Tier 55, 138
Tierarzt 139
Tierärztin 139
Tierquälerei 138
Tierschutz 138
Tierschützer(in)
138
Tiger 138
Tinte 182
Tintenpatrone 182
Tintenstrahl-
drucker 160
tippen 181
Tippfehler 181
Tiramisu 50
Tisch 49, 50, 66,
68
Tischdecke 66, 68
Tischler 180
Titelseite 155
Toast 47
toasten 47
Toaster 47, 66
Tochter 38
Tod 36, 37
Todesanzeige 37
Todesfall 36
Todesopfer 137
Todesspritze 37
Todesstrafe 80

Todeszelle 36
tödlich 36
Todsünde 97
Toilette 35, 49, 66
Toilettenfrau 180
Toilettenmann 180
Toilettenpapier
34, 35
tolerant 25
Tomate 27, 44,
121
Tomatensalat 44
Ton 107, 110
Ton- 27
Tonbandgerät 156
Tonhöhe 110
Tonlage 110
Tonleiter 110
Topf 41, 47
Töpfchen 41
Töpfern 126
Topfpflanze 140
Tor 65, 125
töricht 25
torlos 125
Tornado 137
Torwart 125
tot 36
total 112, 120
totalitär 71
Tote 36, 86
Tote(r) 36
töten 37
Totenschein 36
Totes Meer 129
Totschlag 79, 91
Tötung 79
Tötungsdelikt 91
Tour 118
Tourismus 118
Tourist(in) 118
Touristenattrak-
tion 117
Touristenklasse
167
Tragbahre 56
tragen 19, 51, 125
tragisch 114
Tragödie 114
trainieren 63
Training 63
Traktor 132
trampen 163
Tramper(in) 163
Transformator 152
Transistor 152

Transistorradio
152
Transplantation
143
Transportmittel
163
Traubensaft 45
trauen 29, 39
Trauer 37
Trauerfall 37
Trauerfeier 36
trauern 37
Trauerweide 140
Trauerzug 36
Traum 94
Träumen 94
Trauring 39
Trauschein 39
Trauung 39
Trauzeuge 39
treiben 124
Treibhauseffekt
135
trennen 40, 159
Trennstrich 161
Trennung 40
Treppe 65
treten 125
treu 30, 40
treu bleiben 30
Treue 30
trinken 28, 48
Trinker(in) 89
Trinkgeld 50, 119
Trinkgeld geben
119, 172
Trinkwasser 45
Trivialliteratur 114
trocken 50, 136
Trockner 67
Trommelfell 16
Tropen 128
Tropenkrankheit
53
Tropf 62
trübsinnig 25
Trunkenheit am
Steuer 164
Truppen 86
Truthahn 43
Tube 34
Tuberkulose 54
Tuch 69
Tulpe 141
Tulpenzwiebel 141
Tumor 54

Tunichtgut 30
Tür 65
Türklingel 67
Turm 113
Turnen 63
Turnier 124
Turnschuhe 52
Tuschkasten 20
Tüte 49
Typ 17, 25
Typoskript 154

U-Bahn 171
U-Bahnfahrer 171
U-Bahnfahrgäste
171
U-Bahnhof 171
übel 53, 59
Übelkeit 41, 53
über 65, 73, 80,
123, 136
überbelichtet 108
Überdosis 89
Überdüngung 135
Überfahrt 170
Überfall 85
überfallen 85
überfliegen 26,
153
überflüssig 88
überflutet 137
übergeben 53
übergewichtig 18
überhaupt kein 27
überkronen 60
überleben 53, 137
Überlieferung 93
übernachten 87
Übernachtung 121
übernehmen 182
überraschen 29
überraschender
Schluss 115
überrascht 29
Überraschung 29
überregional 155
Überschrift 105,
155
überschwemmt
137
Überschwemmung
137
übersetzen 154
Übersetzer(in) 154

U

V

verzweifeln 29
Verzweiflung 29, 90
Veteran(in) 22
Veto 74
Veto einlegen 74
Vetter 38
Video(-) 26, 156
Videokassette 156
Videorekorder 156
Vieh 132
Viehbestand 132
Viehzucht 132
viel 60, 104, 127
viel lesen 127
viele 63
vielen Dank 158
Vielflieger(in) 167
Vielzahl 150
Vierergruppen 105
Viertel 70
Viertelnote 110
Violinkonzert 110
virtuell 153
Virus 162
Visite 61
Visitenkarte 181
visuell 26
Visum 119
Vitamin(e) 63
Vizepräsident(in) 76
Vogel 139
Vogelbauer 139
Vogelbeobachtung 127
Vogelnest 139
Volk 70
Völkermord 37
Volksentscheid 75
Volksfest 117
Volkshochschule 100
Volkshochschul-kurs 100
Volkswirt(schaft-ler)(in) 173
Volkswirtschaft 173
Volkswirtschafts-lehre 173
voll 141
vollautomatisch 108
voller 29

völlig 57
Vollkornbrot 43
Vollmilch 43
Vollnarkose 62
Vollpension 120
Vollprothese 60
Vollwertkost 63
Volt 152
vor 41
vorbereiten 102, 103
vorbestellen 49
voreingenommen 29
Voreinstellung 161
Vorfahr 38
vorgehen 67
vorgehen gegen 78
Vorgeschichte 93
vorgeschichtlich 93
Vorgesetzte(r) 181
Vorhang 67
Vorhersage 136
vorig 39, 102, 103, 148
Vorlage 74, 75
vorlesen 104
Vormarsch 85
Vormund 42
Vormundschaft 42
vorn 111
Vorname 15
vornehmen lassen 33
Vororte 134
Vorrat 175
vorrätig 175
Vorrichtung 149
vorsagen 105
Vorschrift 183
Vorschule 99
vorscrollen 161
vorsichtig 24
Vorsitz 77
Vorsitzende(r) 179
Vorspeise 50
Vorstand 174
Vorstandsvorsit-zende(r) 174
Vorstellung 111
Vorurteil 29
Vorwahl 75
Vorwort 154
vorzeitig 41

vorziehen 28
Vulkan 137
Vulkanausbruch 137

Wache 80
Wachhund 138
Wachraum 62
wachsen 132, 147
Wachsfiguren-kabinett 117
Wachsmalstift 20
Wachstation 62
wackeln 60
Waffenruhe 86
Wagen 163, 165, 177
Wahl 73, 75
wählen 50, 71, 75, 159
Wähler(in) 75
Wahlfach 101
Wahlkampf 75
Wahlkreis 75
Wahlplattform 73
Wahlprogramm 73
Wählton 159
während 158, 164
wahrnehmen 26
Wahrnehmung 94
Währung 177
Währungsunion 177
Waise(nkind) 42
Waisenhaus 42
Wal(fisch) 139
Wald 131
Waldgebiet 131
Walfänger 169
Walnuss 44
Walzer 110
Wand 113
Wanderer 118
Wanderin 118
wandern 118
Wandern 63, 127
Wanderung 118
Wandschrank 66
Wanze 135
Ware(n) 27, 163, 167, 173, 174, 175, 176
Warenhaus 122

Warenlager 175
Warenrechnung 177
Warensendung 175
warm 136
Warmwasser-bereiter 67
Warnstreik 183
Warteliste 168
warten 29, 159
Wartesaal 166
Wartung 150
Waschbecken 66
Wäsche 34, 35, 68, 69
waschen 34, 68, 69
Wäscherei 35
Waschlappen 34
Waschmaschine 66
Waschmittel 69
Waschpulver 69
Waschsalon 35
Wasser 45
Wasserhahn 66
Wasserlassen 58
Wasserschildkröte 139
Wasserskilaufen 127
Wasserstoffbombe 86
Wasserverschmut-zung 135
Watt 152
Watte 35
Wattestäbchen 34
Weben 126
Webseite 162
Wechseljahre 22
Wechselkurs 119, 177
wechseln 119, 164, 176
Wechselstrom 152
Wecker 67
Weg 164
wegen 78, 117, 138
wegräumen 69
Wehen 41
Wehr setzen 92
Wehrdienst 85
wehtun 60
Weibchen 138
weiblich 15

weich 27, 89, 139
weich gekocht 46
Weide 131, 132, 140
Weideland 132
Weihnachten 116
Weihnachtsfest 116
Weihnachtstag 116
Wein 50
Wein(rebe) 141
weinen 29
Weinstube 49
Weintraube 44
Weißbrot 43
weißhaarig 19
Weiterbildung 100
weiterführend 99
weitsichtig 26
Weitsprung 124
Weitwinkel-objektiv 108
Weizen 43, 132
Wellensittich 139
Welpe 138
Welt 96, 129
Welt bringen 41
Weltkrieg 85
Weltmarkt 173
Weltmeister(in) 124
Weltreich 70
Weltreise 118
Weltrekord 124
wenig 18, 106
weniger 103, 147
wenigstens 68
wenn 23, 55, 68
wer 71
Werbeabteilung 178
Werbeagentur 178
Werbeanzeige 178
Werbefeldzug 178
Werbegeschenk 178
Werbekampagne 178
Werbeleiter(in) 178
Werbemüll 162
Werbeschrift 178
Werbespot 156, 178
Werbetext 178
Werbetexter(in) 178

Werbezettel 178
Werbung 178
werden 19, 22, 59, 96
werdende Mutter 41
Werfen 124
werfen 26
Werft 169
Werftarbeiter 169
Werk 107, 150, 151
Werkstatt 151, 164
Werkstoff 149
Werkzeug 149
Werkzeug-maschine 149
Wert 175
Wesen 24
Wespe 139
West- 128
Weste 51
Westen 95, 128
westeuropäisch 128
westlich 128
Wettbewerb 113, 117, 124, 173
Wetter 136
Wetterfrau 156
Wettermann 156
Wettervorhersage 136
Wettkampf 117, 124
Wettlauf 124
Wettspiel 124
wichtig 72, 178
wickeln 41
Widerstand 86
widmen 126
wie 27
wie viel 50
wieder aufnehmen 183
wiederbeleben 56
wiederherstellen 84
wiederverarbeiten 135
Wiege 20
wiegen 15, 148
Wiegenlied 42
Wiese 132
Wild 138
wild 138
Wildblume 140

wilder Streik 183
Wildnis 131
Wildpark 131
Wildpflanze 140
Wille 37
Wind 129, 136
Windel 41
windig 136
Windpocken 54
Windsurfen 127
Winkel 144
Winter 136
winterhart 140
Wirbelsäule 143
Wirbelsturm 137
wirkend 18
Wirkungsgrad 151
Wirtschaft 173
wirtschaftlich 170, 173
Wirtschaftspolitik 72, 173
Wirtschaftsprüfer 82
Wirtschaftsteil 155
Wirtschaftstheorie 173
Wirtschaftswachs-tum 173
Wirtschaftswissen-schaft 173
Wirtschaftswissen-schaftler(in) 173
wischen 68, 69
wissen 30
Witwe 36, 40
Witwer 40
Woche 41
Wochenende 116
wochenlang 61
wöchentlich 81
Wochenzeitschrift 155
Wochenzeitung 155
Wohlfahrtstaat 83
wohlgeformt 18
Wohlgeruch 27
Wohlstand 173
Wohnblock 64
wohnen 65, 118, 120, 121
Wohngegend 70
Wohngeld 83
Wohngemein-schaft 87

Wohnhaus 64
Wohnheim 87
Wohnhochhaus 64
Wohnort 15
Wohnraum 64, 87
Wohnraumbewirt-schaftung 87
Wohnschlaf-zimmer 64
Wohnsiedlung 64
Wohnung 64, 65, 147
Wohnungen 64, 87
Wohnungs- 87
Wohnungsanzei-gen 87
Wohnungsbau-gesellschaft 87
Wohnungsbau-programm 87
Wohnungsgesell-schaft 87
Wohnungsmak-ler(in) 87
Wohnungsmangel 87
Wohnungsmarkt 87
Wohnungssuche 87
Wohnwagen 65
Wohnzimmer 65
Wolf 138
Wolke 136
Wolkenkratzer 64
wolkenlos 136
wolkig 136
wollen 28, 39, 40, 64
Wort 115
Wörterbuch 153
Wörterverzeichnis 153
Wortspiel 115
wovon 112
Wunde 56
wunderschön 18
Wunsch 28
wünschen 116
würde 28
Wurm 162
Wurst 43, 121
Würstchen 43
Wurzel 141

W

Wurzelbehandlung 60
Wüste 131
wütend 29

Y

Yoga 63
Yogaübungen 63

Z

zäh 25
Zahl 89, 137, 145
zahlen 40, 50, 80, 176
zählen 144
Zähler 144
Zahlungsunfähigkeit 177
zahm 138
Zahn 16, 34, 60
Zahnarzt 60
Zahnärztin 60
Zahnbehandlung 60
Zahnbelag 60
Zahnbürste 34
Zahnfleisch 60
Zahnpasta 34
Zahnpastamarke 123
Zahnprothese 60
Zahnrad 149
Zahnschmerzen 60
Zahnseide 60
Zahnstein 60
Zahnstocher 34
Zange 149
Zapfen 140
zart 23
Zaun 65
Zecke 139
Zeh 16
Zehn Gebote 97
Zeichen 161
Zeichner 106
Zeichnerin 106
Zeichnung 106
zeigen 106
Zeit 68, 104, 120, 127, 168
Zeit der Handlung 115
Zeitalter 93

Zeitarbeitskraft 88
zeitgenössisch 93
Zeitgeschichte 93
Zeitschrift 155
Zeitung 26, 155
Zeitungshändler 123
Zeitungskiosk 155
Zeitungsstand 155
Zeitvertreib 126, 127
Zeitzone 128
Zelt 65
Zement 151
Zensur 103
Zentimeter 147, 148
Zentrale 159
Zentralheizung 67
Zentralnervensystem 143
Zentrum 72, 95, 133
Zerfall 60
zerknittert 19
zerren 56
Zerrung 56
zerstören 86
Zerstörung 86
zerzaust 19
Zeuge 79
Zeugin 79
Zeugnis 103
Zeugnisse 93
Ziegelstein 113
ziehen 60, 129, 161
Zielflughafen 118, 167
Zielgruppe 178
ziemlich 136, 176
Zimmer 65, 69, 118, 120, 129, 147
Zimmerbestellung 120
Zimmermann 180
Zimmerreservierung 120
Zimmerservice 121
Zinsen 173, 177
Zirkus 117
Zitrone 27, 44
Zitronencreme 121
Zitronenlimonade 45
Zivilbevölkerung 86

Zoll (Maß) 147, 148
Zoll(abgabe) 82, 119
Zoll(behörde) 119
zollfrei 119
zollfreie Ware 119
Zoo 139
zoologisch 139
Zorn 94
zu Hause 42, 64
Zubehör 52
züchten 132
zucken 16
Zucker 47
Zuflucht suchen 87
zufolge 155
zufrieden 24
Zug 28, 85, 165, 166, 169, 172
Zugang 161
Zugbegleiter(in) 165
Zugriff 162
Zugverbindung 165
zuhören 27
zulegen 38, 126
Zulieferer 151
zumachen 105
zumute 28
zunächst 42
Zunahme 87
Zuname 15
zunehmen 58, 79, 88
Zunehmen 91
Zuneigung 32
Zunge 16
Zurechnungsfähigkeit 79
zurechtkommen 31
zurück 157
zurückgeben 105
zurückgeblieben 42, 57, 94
zurückgehen 88, 174
zurückrufen 158
zurückschicken 150
zurückscrollen 161
zurücktreten 77
zurückziehen 86
zurzeit 120

Zusammenarbeit 32
zusammenarbeiten 32
zusammenbrechen 53
Zusammenbruch 177
zusammenfassen 105
Zusammenfassung 105
zusammenheften 182
zusammenschlagen 92
Zusammenschluss 71
Zusammenstoß 55
zusammenstoßen 32, 55
zusätzlich 182
Zuschauer(in) 112, 156
Zuschlag 172
zusehen 26
zusprechen 40
Zustand 56
zustellen 157
Zusteller(in) 157
Zustellung 157
zutiefst 95
zuverlässig 24
zuziehen 53, 56, 67
Zwangspfand 135
Zweibettzimmer 120
Zweig 141
Zweigstellenleiter(in) 177
zweijährig 141
zweimal 35, 146
zweite 85, 125
zweiten Grades 55
Zwickmühle 170
Zwiebel 44, 141
Zwilling(e) 41
zwischen 31
Zwischenablage 161
Zwischenaufenthalt 166
Zwischendeck 170
Zwischenlandung 168